프로이트의 **정신분석**으로 감상하는 세계의 명시

카우치에 누운
# 시인들의 삶과 노래

이병욱 저

학지사

## 정신분석으로 읽는 시인들의 정신세계

인간의 감정은 말이나 글자로 표현하기가 정말 힘들다. 다만 예외적으로 시인은 그런 표현에 남다른 재능이 있는 사람이라 할 수 있다. 따라서 누구나 시를 쓸 수는 있지만 시인의 탁월한 직관을 도저히 따라갈 수는 없다. 온갖 불순물이 제거되고 오로지 순수하게 정제된 형태로 살아남은 시어(詩語)들만이 문자화된다는 점에서 시인들의 고통은 이만저만 큰 게 아니다. 그런 진통을 거쳐 여과되어 나온 작품이야말로 오랜 세월이 흘러도 그 생명력을 잃지 않고 역사에 길이 남아 사람들의 입에 오르내리는 명시가 되는 게 아니겠는가.

세상에 공짜가 없다는 말도 있지만, 단 한 편의 시가 나오기까지 시인이 겪는 정신적 고통은 이루 말할 수 없는 것이다. 그것은 어쩌면 산모가 출산의 고통을 겪는 과정에 견줄 수 있을지도 모른다. 물론 산모에게 아기라는 축복의 선물이 주어지듯이 시인 역시 완성된 작품을 얻게 되지만, 시인은 그런 출산의 과정을 끝없이 되풀이해야만 한다는 점에서 산모보다 더욱 큰 대가를 치른다고 볼 수 있다.

물론 그 대가는 우울증으로 나타나기도 하고 알코올에 의지하도록 이끌기도 한다. 역사적으로나 통계적으로 보더라도 정신적으로 고통받은 예술가들 중 절대다수는 시인들이었다. 소설가들보다 시인들이 우울증에 걸릴 확률이 훨씬 더 높다는 연구조사도 있다. 그것은 끈질긴 인내심이 요구되는 소설 집필과 달리 단시간에 승부를 걸어야 하는 시작(詩作)의 엄청난 정신적 압박감 때문일지도 모른다.

　사람들은 흔히들 시는 아름다운 것이라고만 여기기 쉽지만, 모든 그림들이 아름답기만 한 것이 아니듯 시 역시 그렇다. 오히려 시인 자신의 고통과 슬픔, 아픔을 통해 여과되어 나오는 시심(詩心)의 추출물이 더욱 큰 감동을 선사할 수도 있다. 변두리 이발소에 걸려 있는 풍경화에서 우리가 아무런 감동도 받지 못하는 이유는 비록 아름다운 풍경을 있는 그대로 그린 것이라 하더라도 그 안에 담겨 있는 작가의 뜨거운 혼을 찾아보기 힘들기 때문일 것이다. 마찬가지로 시인의 뜨거운 혼이 실려 있지 못한 시어들은 그저 죽은 활자들의 배열에 지나지 않을 뿐이다. 그런 점에서 주옥같은 명시의 작가들은 시어들에 생명을 불어넣는 데 탁월한 재능을 지닌 천재들이라 할 수 있다.

　시인이 시를 쓰는 이유는 아무도 모른다. 아마 시인 자신도 잘 모를 것이다. 다만 뭔가 주체할 수 없는 힘에 이끌려 떠오르는 시상과 감흥을 글로 옮길 것이라는 추측을 한번 해 볼 뿐이다. 정신분석은 바로 그런 시인의 심리적 배경에 관심을 기울인다. 시인으로 하여금 시를 쓸 수밖에 없도록 만드는 그 주체할 수 없는 힘의 정체가 과연 무엇인지, 그리고 시인은 무슨 힘에 이끌려 그토록 밤잠을 설치며 시상(詩想)에 골몰하는 것일까 관심을 기울이지 않을 수 없게 한다.

　미국의 저명한 문예비평가 수전 손택(Susan Sontag)은 일찍이 모든 해석은 작품의 본질을 훼손한다고 질타하기도 했는데, 부분적으로 일리가 있는 주장이라 하더라도 그것은 지나친 과민반응으로 보인다. 모든 해석이 작품의 본질을 해친다기보다는 개인적 감정이 실리거나 부적절한 해석일 경우 그럴 것이기 때문이다. 오히려 작가에 대한 이해를 동반한 중립적이고도 적절한 해석이야말로 작품의 가치를 더욱 높이는 결과를 낳을 수도 있을 것이다.

그런 점에서 문학비평가들이 하는 작업 가운데 가장 중요한 것 중 하나가 바로 작품뿐 아니라 시인 자체를 연구하는 것이라고 할 수 있다. 시인을 이해하지 않고는 그가 낳은 시를 이해하기 힘들기 때문이다. 따라서 저자 역시 모든 문학 장르 중에서도 가장 압축적이고 상징적 작업의 진수라고 할 수 있는 시 분야에 관심을 기울이는 것이다. 물론 오늘날에 와서는 실로 다양한 대중매체의 발달로 시를 읽는 독자들이 갈수록 줄어들고 있는 상황이지만, 시인들이 사라지고 없는 세상을 상상한다는 것 자체가 너무도 끔찍스러운 일이 아닐 수 없다.

동서고금을 막론하고 세상을 바라보는 안목이 가장 날카롭고 예리했던 예술가는 시인들이었다. 시인을 그 시대의 예언자라고 부르는 이유도 그래서일 것이다. 그런 점에서 시인은 시대의 아픔과 슬픔을 전하는 리트머스 시험지와도 같은 존재라 할 수 있다. 시인이 아프면 그 시대가 병든 것이요, 시인이 슬프면 그 시대가 암울한 것이다. 저자가 이 책에서 시인들의 정신세계를 정신분석적 안목에서 살펴보고자 하는 이유도 바로 그런 시대적 아픔과 슬픔을 공유하고자 몸부림쳤던 시인들의 마음에 남다른 공감을 느꼈기 때문일지 모른다.

이 책의 제목에 '카우치에 누운 시인들'이라는 표현을 사용한 것은, 실제로 그들 모두가 정신분석을 받아서가 아니라, 시인들을 카우치에

늪히고 정신분석을 하듯이 그들의 삶과 노래 이면에 감춰진 정신적 고통을 살펴보겠다는 의도를 반영한 것임을 독자들이 이해해 주기 바란다. 그들이 남긴 시는 결코 하늘에서 어느 날 갑자기 뚝 떨어진 것이 아니라 시인들의 삶과 그 시대의 결정체라고 할 수 있다. 따라서 저자는 시인들의 삶과 노래를 정신분석적 관점에서 살펴보는 과정이 그들의 정신세계를 이해하는 데 큰 도움이 될 것이라고 확신한다.

저자로서는 한 권의 시집을 사 읽을 돈으로 차라리 최근 개봉한 블록버스터 영화를 관람하는 편이 낫다고 여기는 오늘날의 풍조가 참으로 마음 아프기도 하지만, 그래도 그중에는 이미 고전이 된 영화 〈죽은 시인의 사회〉처럼 많은 생각을 하게 만드는 작품에 관심을 기울이는 독자들도 적지 않으리라는 기대를 안고 이 책을 썼다. 그런 점에서 부족한 점이 많은 이 책의 출간을 선뜻 허락해 주신 학지사 김진환 사장님과 그동안 애써 주신 편집부 임직원 여러분께 감사의 말씀을 전하며, 마지막으로 어려서부터 문학에 대한 관심을 키워 주신 아버지의 영전에 이 책을 바치고자 한다.

이병욱

# �֍ 차례 �֍

# Part 2　독일과 러시아의 시인들

# Part 3　라틴유럽의 열정

# Part 1
# 영국의 시인들

# 셰익스피어의 소네트

 

 

영국이 자랑하는 위대한 시인이며 극작가인 윌리엄 셰익스피어 (William Shakespeare, 1564~1616)는 영국의 비평가 토마스 칼라일이 자신들의 식민지 인도와도 바꿀 수 없다고 호언장담할 정도로 영국인들의 사랑을 독차지해 온 대문호다. 그만큼 셰익스피어 연극은 영국인들의 문화에 있어서 빠트릴 수 없는 삶의 일부로 자리 잡은 지 오래다. 영국인들의 그런 자부심은 독일인들이 바그너를 신주 단지처럼 떠받드는 것에 비견할 만하다.

셰익스피어는 잉글랜드 중부에 위치한 작은 마을 스트랫퍼드에서 부유한 상인의 아들로 태어났다. 하지만 소년 시절에 가세가 기울어 학업을 중단하는 바람에 대학에 진학할 기회를 잃고 말았다. 18세 때 자신보다 8년이나 연상인 앤 해서웨이와 혼인해서 맏딸 수잔나와 쌍둥이 남매 햄니트와 주디스를 얻었는데, 아들 햄니트는 11세 나이로 일찍 죽고 말았다. 학자에 따라서는 햄니트의 죽음이 걸작 희곡 〈햄릿〉의 모티브가 되었다고 주장하기도 하지만 입증된 사실은 아니다.

어쨌든 셰익스피어는 아내에게 정이 별로 없었던지 쌍둥이 남매를 낳자마자 곧바로 집을 떠나 떠돌이 생활로 접어들었는데, 그 후 7년간의 행적에 대해서는 알려진 사실이 없다. 20대 중반에 갑자기 런던에 나타난 그는 그때부터 배우, 극작가로 활동하기 시작했는데, 처음에는 대학도 졸업하지 못한 무식한 작가라는 비아냥을 듣기도 했으나 얼마 가지 않아 그만의 독특한 재치 있고 현란한 대사와 극적인 내용으로 대중적인 인기를 독차지하기에 이르렀다.

그 후 20여 년에 이르는 전성기를 통해 그는 수많은 걸작 희곡을 발표했으며, 당시 엘리자베스 여왕도 그의 연극을 보고 극찬을 아끼지 않을 정도로 그는 명실상부한 대작가로 크게 성공했다. 그러나 사회적인 유명인사로 떠오른 뒤에도 셰익스피어는 자신의 아내 앤에게는 아무런 관심을 기울이지 않았는데, 그가 죽을 때 남긴 유언장에도 자신이 소유한 부동산을 장녀인 수잔나에게 상속한다고 기록하면서 정작 아내에게는 자신이 사용하던 침대 하나만을 달랑 남긴다는 유언을 했을 뿐이다. 아내 앤으로서는 몹시 모욕적인 내용이 아닐 수 없었을 것이다.

데뷔 시절에 페스트의 창궐로 여러 극장들이 임시 폐업하자 사랑을 주제로 한 서사시 〈비너스와 아도니스〉를 쓰기도 했던 셰익스피어는 말년에 이르러 154편의 소네트를 담아 책으로 출판했는데, 그 시를 읽은 독자들은 실로 경악을 금치 못했다. 왜냐하면 당시로서는 매우 낯뜨거운 동성애적 연시로 가득한 내용이었기 때문이다. 그중에서도 가장 악명이 자자했던 소네트 20번은 두고두고 사람들 입에 오르내릴 정도로 화제가 된 작품이다.

그대는 처음에 여자로 태어났으나

자연의 여신이 그대를 만들다 사랑에 빠져

남성을 덧붙임으로써 내게서 그대를 앗아갔네.


　어떤 평자는 이 시를 가리켜 혐오감과 분노의 감정 없이는 도저히
읽을 수 없는 작품이라며 치를 떨기도 했다. 이처럼 큰 파장을 불러일
으킨 그의 소네트는 대부분 남성에게 바쳐진 것으로 많은 독자들의 분
노를 샀기 때문에 당시 출판업자 존 벤슨은 셰익스피어가 사망한 지
24년 후에 자기 멋대로 소네트의 남성대명사를 모조리 여성대명사로
바꿔치기해서 출판했는데, 그 결과는 대성공이었다. 그런 관점에서 그
의 소네트 71번 〈나 이제 세상을 떠나도〉를 감상해 본다면 좀 더 색다
른 감흥으로 다가올지도 모른다.


　　나 이 세상 떠나도 내 죽음일랑 서러워 말고

　　그저 침울하고 음산한 조종(弔鐘)마냥 흘려보내시오.

　　그리고 세상 사람들에게 경고나 한 마디 해 주시오.

　　내가 이 더러운 세상을 떠나 가장 더러운 구더기와 함께 살러 갔다고

　　혹시 그대가 이 시를 읽는다 해도 기억일랑 마시오.

　　이 시를 쓴 손을, 그대 이토록 사랑하거든

　　그대의 감미로운 생각에선 잊혀지길 바랍니다.

　　나를 생각하면 공연히 슬퍼지실 것이기에

　　오! 설혹 이 시를 보신다 해도,

　　내가 녹아서 진흙이 되었을 때

　　내 가엾은 이름일랑 부르지 마시고

　　그대의 사랑이 나의 생명과 함께 썩어 버리게 하시오.

현명한 세상이 그대의 슬픔을 꿰뚫어 보고

나 하직한 뒤에 그대까지 비웃으면 어찌 합니까.


사실 셰익스피어는 연애의 고수였다. 그는 아내를 돌보지 않은 대신에 수많은 여성들과 사랑을 나눴는데, 그것도 대부분 하류 계층의 여성들을 상대로 바람을 피웠다. 그런 점에서 그를 단순히 동성애자로 몰고 가는 건 무리이며, 엄밀히 말하자면 그는 양성애자였다고 할 수 있다.

그의 동성애 파트너로 가장 흔히 구설수에 오르내린 인물은 당시 뛰어난 미모로 소문이 자자했던 사우댐턴 백작과 펨브로크 백작으로 두 사람 모두 셰익스피어의 적극적인 후원자였다. 하지만 동성애자였던 작가 오스카 와일드는 자신의 단편소설 〈미스터 W. H.의 초상〉을 통해 셰익스피어의 연인은 그의 연극에서 여자 역을 맡은 미소년 윌리 휴즈였을 것으로 추정하기도 했다.

물론 셰익스피어는 소네트를 통해서만 동성애 주제를 다룬 게 아니었다. 특히 프로이트는 그의 비극 〈오셀로〉를 분석하는 가운데 오셀로는 망상적 질투에, 그리고 데스데모나는 투사적 질투에 사로잡힌 것으로 보고, 이들 남녀 모두에게 동성애적 욕구가 있었음을 주장하기도 했는데, 그 증거로 4막 3장에 나오는 데스데모나의 노래를 인용하고 있다.


"내 사랑 거짓이라 했더니, 그때 님은 뭐라 했던가.

내 다른 여자 사랑하거든, 당신도 다른 남자 데려와 자라."

많은 독자들은 오셀로의 사악한 부하 이아고의 복수심이 어디서 비롯된 것인지 의아해할 수 있는데, 사실 그의 간교한 행동의 동기는 처음부터 끝까지 명확하게 드러나지 않는다. 하지만 데스데모나에 대한 이아고의 질투는 결국 오셀로에 대한 애정을 빼앗기지 않으려는 무의식적 동기에서 나온 것일 수도 있다. 그렇다면 이아고의 질투는 경쟁적 질투에 속한다고 볼 수 있다. 프로이트는 질투심의 유형을 경쟁적 질투와 망상적 질투, 그리고 투사적 질투 등 세 가지로 구분했는데, 그런 점에서 오셀로와 데스데모나, 이아고 모두 동성애적 질투심에서 비롯된 비극의 희생자가 되는 셈이다.

어쨌든 셰익스피어는 그 어떤 제약도 받지 않고 자유분방한 애정행각을 구가했음이 드러난다. 물론 그가 동성애자였든 양성애자였든 상관없이 그가 남긴 걸작들은 시대를 불문하고 여전히 만인의 사랑을 받고 있다. 그런 점에서 그를 두고 '셰익스피어는 어느 한 시대의 사람이 아니라 모든 시대의 사람'이라고 치켜세웠던 어느 평자의 말은 결코 과장이 아니었다.

셰익스피어는 〈뜻대로 하세요〉 2막 7장에서 '세상은 무대요, 세상 남녀들은 모두 배우'라고 하면서 인간의 삶의 각 단계를 배우가 자신에게 주어진 역을 연기하는 7막에 비유했는데, 그것은 인간의 성장 과정을 주어진 사회적 역할에 따라 구분한 최초의 언급이기도 했다. 물론 고대 그리스 신화에 나오는 그 유명한 스핑크스의 수수께끼, '아침에는 네 발로 기고, 낮에는 두 발로 걷고, 저녁에는 세 발로 걷는 짐승의 정체가 무엇이냐'는 질문에 대해 오이디푸스는 곧바로 인간이라고 답해 죽음을 모면했지만, 그것은 정신적 과정이 아니라 단지 육체적 변화 과정을 가리킨 것이었을 뿐이다. 오히려 심리적 관점의 발달 과정에 관해서는 루소의 〈에밀〉에서 말한 5단계가 프로이트 이전에 나온 가장 탁월한 심리학적 안목이라 할 수 있겠다.

어쨌든 우리의 인생이 세상이라는 무대 위에 올려진 연극이요, 우리 모두는 한낱 배우에 지나지 않는다는 셰익스피어의 명언은 카우치라는 무대 위에 누워 자유연상을 통한 독백으로 자신의 인생을 회고하고 정리하는 환자들의 모습을 떠올리게 하기에 족하다. 프로이트가 셰익스피어의 작품에 그토록 매력을 느낀 이유를 알 만도 하다. 그런 점에서 프로이트 이전에 가장 뛰어난 인간 심리의 대가로 셰익스피어를 꼽는 데 이의를 달 사람은 아마 없을 것이다. ✐

# 존 밀턴의 〈실낙원〉

17세기 영국이 낳은 대시인 존 밀턴(John Milton, 1608~1674)은 청교도적 사상에 입각한 대서사시 〈실낙원〉을 통해 명실상부한 영문학 최대의 시인이 되었다. 그는 생의 대부분을 성서 연구에 바쳤으며, 교리적 전통보다 복음 정신의 실천을 무엇보다 강조함으로써 지성이 결여된 종교적 맹신을 경계했다.

런던에서 독실한 청교도 집안의 아들로 태어난 밀턴은 어려서부터 문학에 뛰어난 재능을 보였는데, 그의 아버지는 작곡가이며 공증인으로 성공한 재력가였다. 케임브리지 대학을 졸업한 후 시골에 있는 아버지의 별장에서 은둔하며 독서와 사색에 몰두한 밀턴은 프랑스와 이탈리아 여행에서 귀국한 뒤 청교도를 탄압하는 영국 성공회에 대항해 투쟁을 계속하면서 당시 청교도 혁명을 이룩한 올리버 크롬웰을 열렬히 지지했다.

서양 역사에서 최초로 언론의 자유를 주장하며 왕정에 반대하고 공화제를 지지했던 그는 결국 왕의 미움을 사 모든 공직에서 추방되었으며, 40대 중반 무렵부터는 시력까지 잃게 되는 불운을 겪었으나 초인적인 의지로 불후의 대작 〈실낙원〉을 썼는데, 이 작품은 단테의 〈신곡〉에 비견될 만큼 영문학사상 가장 위대한 걸작으로 꼽힌다. 그가 시력을 상실한 것은 10여 년에 걸친 외교문서 번역 작업으로 인한 과로 때문인 것으로 알려졌지만 망막박리나 녹내장 때문이었을 가능성이 더 높다.

이처럼 실명과 가난을 무릅쓰고 각고의 노력 끝에 완성한 〈실낙원〉은 사탄의 농간으로 에덴동산에서 쫓겨난 아담과 이브의 시련과 고통을 그린 서사시로 밀턴의 종교적 신앙에 바탕을 둔 내용이지만, 그 주된 테마는 결혼 제도와 우상숭배에 대한 비판에 역점을 둔 것으로 보인다. 특히 아담과 이브의 관계가 지배와 종속의 관계가 아니라 상호의존적 관계임을 강조함으로써 매우 진보적인 시각에서 부부 관계의 본질을 파악하고 있음을 보여 준다.

여기서 우리는 밀턴의 결혼 생활에 대한 문제를 살펴보지 않을 수 없는데, 일생 동안 모두 세 번 결혼했던 그는 메리 파웰과의 첫 결혼부터 쓰디쓴 좌절을 맛봐야만 했다. 당시 34세였던 밀턴은 거의 20년이나 연하인 16세의 어린 신부 메리와 혼인했으나 그녀는 얼마 가지 않아 곧바로 친정으로 돌아가고 말았다. 분명한 이유는 알려져 있지 않지만 정치적 입장 차이 때문인 것으로 추정될 뿐이다. 당시 잉글랜드 내전으로 혼란에 빠진 상태에서 왕당파 집안 출신인 메리의 입장에서는 공화제를 지지하며 왕정에 반대하는 남편과 뜻을 함께할 수 없었을지도 모른다.

밀턴은 메리와 이혼할 뜻이 있었지만 당시의 보수적인 법과 제도하에서는 이혼 승인을 받을 수 없었다. 마음대로 이혼조차 할 수 없는 현실에 분격한 밀턴은 곧바로 이혼의 자유에 관한 소책자를 발간해 불합리한 체제를 상대로 투쟁을 계속함으로써 교회와 왕당파 모두로부터 배척을 당해야만 했는데, 밀턴이 재혼을 강행하려 들자 마지못해 다시 돌아온 메리는 남편과 화해하고 그 후 계속해서 4남매를 낳았다.

하지만 그녀는 아들을 출산하자마자 곧바로 막내딸을 임신했으며, 결국에는 산후 합병증으로 사망하고 말았는데, 당시 그녀 나이 불과 27세였다. 게다가 메리가 숨진 후 한 달 만에 젖먹이였던 아들마저 죽고 말았으니 밀턴의 상심이 클 수밖에 없었다. 그녀가 죽은 후 이미 40대 중반에 이른 밀턴은 어쩔 수 없이 딸들을 떠맡아 키우게 되었지만 딸들과의 관계 역시 매우 껄끄러워 애를 먹기도 했다.

48세에 이르러 밀턴은 캐서린 우드콕과 재혼하지만 불과 2년도 안 되어 그녀 역시 딸을 사산하고 죽었다. 당시 그는 이미 시력을 완전히 상실한 상태였으니 그에게는 액운이 겹친 셈이었다. 이처럼 연이은 시련에도 불구하고 결국 그는 54세에 이르러 당시 24세였던 엘리자베스와 세 번째 결혼을 맞이함으로써 비로소 안정을 되찾았으나 가난과의 힘겨운 씨름은 여전히 계속되었으며, 더군다나 엘리자베스는 앞을 보지 못하는 밀턴의 약점을 이용해 그의 딸들을 구박하기 일쑤였다.

하지만 〈실낙원〉을 쓰게 된 동기가 그 자신의 불행한 결혼 생활에서만 비롯되었다고 보기에는 다소 무리가 있을 법하다. 그의 정치적 이상이 좌절된 현실 또한 무시할 수 없는 요인으로 작용했을 수 있기 때문이다. 그가 열성적으로 지지했던 크롬웰이 사망한 후 왕정이 복구되면서 공화제가 완전히 폐지되는 현실을 목격해야 했기에 그의 좌절감이 더욱 컸을 게 분명하다.

따라서 밀턴은 이래저래 자신에게 주어진 부당한 현실로 인한 분노와 절망감을 〈실낙원〉을 통해 드러낸 것으로 볼 수 있는데, 보는 시각에 따라서는 가장 중요한 인물로 등장하는 사탄이 왕으로 복귀한 찰스 2세를 가리키는 것이며, 사탄의 유혹에 넘어간 이브는 왕정복고를 환영한 영국민을 상징하거나 또는 왕당파에 속함으로써 그의 곁을 떠났던 첫 아내 메리 파웰을 나타낸 것일 수 있다. 또한 절망에 빠진 아담은 밀턴 자신을 상징한 것이기 쉽다. 그런 점에서 〈실낙원〉의 도입부에 나오는 첫 구절은 작품 전체의 주제를 이미 다 내포하고 있는 것으로 볼 수 있다.

> 인간이 처음으로 하나님을 거역하고 죽음에 이르는
> 금단의 나무 열매를 맛봄으로써
> 죽음과 온갖 재앙이 세상에 들어왔고
> 에덴까지 잃게 되었으니,
> 이윽고 한 위대한 분이
> 우리를 회복시켜 복된 자리를 도로 얻게 하셨으니,
> 노래하라 이것을, 하늘의 뮤즈여.

그 후 밀턴은 죽기 직전에 이르러 다시 〈복낙원〉을 써서 그 어떤 불합리한 세상이 다가오더라도 여전히 인간의 미래에 대한 희망이 남아 있음을 예고한다. 물론 그것은 제2의 아담이라고 할 수 있는 예수 그리스도의 복음 정신을 통해 이룩될 문제라고 그는 굳게 믿었다. 그래서 밀턴은 〈복낙원〉에서 다음과 같이 노래했던 것이다.

> 내 일찍이 한 인간의 불순종으로 인해

상실된 행복의 동산을 노래했으나,

이젠 모든 유혹을 통해 충분히 시련 받은,

한 인간의 확고한 순종에 의해 온 인류에게 회복된

낙원을 노래하리라.

온갖 간계에 실패한 유혹자는 패퇴하고

에덴은 황폐한 광야에 세워졌도다.

이처럼 사탄의 유혹에 굴복하지 않는 예수 그리스도의 모습을 통해 구원이 길이 열려 있음을 강조한 〈복낙원〉은 결국 왕정복고로 인해 모든 이상이 물거품처럼 사라지고 말았지만, 그럼에도 불구하고 복음 정신의 실천만이 유일한 구원의 메시지가 될 것임을 설파한 것이다. 그런 점에서 〈실낙원〉과 〈복낙원〉의 주된 모티브는 공화제의 폐지와 왕정복고로 인한 밀턴의 현실적 좌절과 소망을 동시에 드러낸 것으로 볼 수 있겠다.

그러나 다른 한편으로는 밀턴 자신의 개인적 갈등 차원에서 살펴볼 수도 있는데, 그중에서도 불행한 결혼 생활과 실명이 가장 큰 배경을 이루고 있다고 본다. 그가 생각하는 이상적인 에덴동산이란 한마디로 행복한 결혼 생활을 뜻하는 것이었겠지만, 그는 만족스러운 성생활을 누리기에는 너무도 어린 신부를 선택했으며, 그런 성적인 요구에 겁을 집어먹은 메리가 친정으로 달아난 것으로 보인다. 메리가 밀턴의 곁으로 다시 돌아와 첫딸을 낳은 것은 그녀의 나이 21세 때였으니 단지 정치적인 입장 차이 때문에 친정으로 도망간 것만은 아닌 듯하다.

메리가 사망하고 2년이 지난 1654년 밀턴은 완전 실명 상태에 빠졌는데, 그럼에도 불구하고 그는 캐서린과 재혼했으며, 그녀가 결혼한

지 불과 15개월 만에 출산 직후 사망하자 다시 4년 뒤에는 30년이나 연하인 엘리자베스와 혼인했으니 밀턴의 정력이 얼마나 왕성했는지 짐작할 수 있다. 성의 유혹은 곧 사탄의 유혹이며, 그런 유혹에 굴복한 아담의 운명은 곧 밀턴 자신에게 다가온 실명이라는 가혹한 운명과 그 궤를 함께하는 것이기도 했다. 결국 밀턴은 자신에게 주어진 실명을 신이 가한 징벌로 받아들였기 쉽다.

따라서 그가 아담과 이브의 낙원 추방에 그토록 집착한 것도 사실 따지고 보면 사탄의 유혹에 빠져 선악과를 먹고 성에 눈뜬 아담과 이브가 그런 원죄로 인해 에덴동산에서 추방되어 출산과 노동의 고통을 감수해야 하는 징벌을 당한 사실이 밀턴 자신의 삶을 통해 뼈저리게 느껴졌기 때문일 것이다. 자신의 두 아내가 출산으로 인해 사망했으며, 그녀들을 죽음으로 몰고 간 원인 제공자는 밀턴 자신이었으니 그로서는 죄의식을 느꼈음직도 하다. 청교도적인 신앙을 지녔던 밀턴의 입장에서는 충분히 그럴 만도 했을 것이다. ✒

# 호반 시인 워즈워드

아름다운 서정시를 남긴 윌리엄 워즈워드(William Wordsworth, 1770~
1850)는 19세기를 대표하는 영국의 낭만주의 시인으로 동시대에 활동
하다 일찍 요절한 바이런, 셸리, 키츠 등과는 달리 80세까지 장수했다.
73세에 뒤늦게 계관시인 자리에 오른 그는 매우 서정적인 작품을 통해
자연의 아름다움을 찬미하고 사랑과 이별의 아픔을 노래함으로써 영
시의 수준을 격조 높은 단계로 이끌었다는 평을 듣는다.

그는 영국 북서부 컴버랜드 지방의 아름다운 호반 도시 코커머스에
서 비교적 유복한 법정 대리인의 아들로 태어났다. 하지만 그가 8세 때
어머니를 잃고 13세가 되어서는 아버지마저 세상을 뜨는 바람에 어린
나이에 고아가 된 워즈워드는 매우 고독한 소년 시절을 보내야 했다.
친척들의 심한 구박으로 부모 없는 서러움을 톡톡히 겪은 그는 심지어
자살까지 생각할 정도로 심적인 고통을 겪어야 했다. 그는 자연의 아
름다움에서 위안을 찾으며 성장했는데, 그것이 나중에 그의 전원시를
낳는 배경이 되었다.

케임브리지 대학에 들어간 그는 도중에 프랑스 혁명으로 몹시 어수선한 분위기의 파리를 방문했다가 그곳에서 프랑스 여성 아네트 발롱과 사랑에 빠져 딸 카롤린까지 낳았지만, 가족을 부양할 능력이 없었던 그는 모녀를 놔두고 서둘러 혼자 귀국하고 말았다. 더군다나 때마침 벌어진 영국과 프랑스 간의 전쟁으로 그는 오랜 기간 모녀를 만날 수도 없었다.

그 사이에 어릴 적 친구였던 메리 허친슨과의 결혼을 앞두고 누이동생 도로시와 함께 프랑스로 건너간 그는 딸 카롤린을 만나 함께 시간을 보내기도 했으나 그 후로는 영원히 상면할 기회가 없었다. 대신에 그는 정기적인 송금을 통해 아네트 모녀를 도왔는데, 그것은 메리와 결혼한 이후에도 계속되었다.

그의 시 가운데 가장 유명한 〈무지개〉를 보면 어린 시절 하늘의 무지개를 바라보며 가슴 설레었던 그의 순수한 모습을 떠올릴 수도 있겠지만, 자식들에게 무심했던 자신의 아버지처럼 그 역시 무심하게 프랑스에 남겨 둔 불쌍한 모녀를 제대로 거두지 않은 것은 아무리 금전적인 지원을 계속했다 하더라도 결국 워즈워드의 삶에 있어서 유일한 오점으로 남는 부분이라 할 수 있다.

> 하늘의 무지개를 바라보면
> 내 마음 뛰노라.
> 어렸을 때도 그러하였고
> 어른이 된 지금도 그러하다.
> 앞날 늙어서도 그럴 것이다.
> 그렇지 않다면 난 죽으리라.

어린이는 어른의 아버지
원컨대 내 생애의 하루하루가
순진한 경건으로 이어 가기를……

어린이는 어른의 아버지라는 표현은 어린 시절의 순수한 마음을 어른이 되어서도 잃지 않기를 바라는 뜻에서 한 말이겠지만, 어린 시절에 그가 겪었던 마음의 고통 또한 손쉽게 지울 수 없는 상처로 남는다는 점에서, 그리고 그런 상처의 흔적이 어른이 되어서도 자신도 모르게 되풀이된다는 점을 제대로 인식하지 못하고 있는 시인의 모습을 보는 듯해 그렇게 낭만적으로만 읽혀지지 않음을 어쩌랴.

물론 정신분석에서는 어른의 마음속에 간직된 아이의 모습을 탐색하는 작업이 매우 중요하게 다루어지는데, 그것이 아동기에 해결되지 못한 갈등의 흔적을 찾는 작업인 동시에 유아기 시절부터 형성되기 시작한 내적 대상과의 관계를 재정립하기 위한 시도이기 때문이다. 여기서 내적 대상(internal object)이란 성장 과정을 통해 각자의 마음속에 각인된 중요한 인물상을 말하는 것으로 물론 가장 중요한 내적 대상은 당연히 부모가 되겠지만, 어린 시절 부모와의 관계가 그만큼 성인기에 겪는 갈등 문제에 결정적인 역할을 끼친다는 의미도 된다.

그런 점에서 일찍 고아가 되어 온갖 구박과 설움을 겪어야만 했던 워즈워드는 자신을 무심하게 버리고 떠나 버린 부모처럼 자신의 어린 자식을 버린 셈이다. 마치 고아로 자란 장 자크 루소가 자신의 자식들을 고아원에 내다 버렸듯이 말이다. 정신분석에서는 그런 경우를 적대적 동일시(hostile identification)라 부르는데, 부모에 대한 원망감이 극도로 심각할 경우 그들의 부정적인 측면을 자신의 일부로 받아들여 자신도 그들과 똑같은 행동을 반복하는 경우를 말한다.

그의 또 다른 시 〈초원의 빛〉 역시 마찬가지다. 초원에 핀 꽃의 영광이 무엇을 의미하는지 분명치는 않지만, 아름답게 만개한 꽃의 화려함이 영원히 지속될 수 없다는 사실을 너무 아쉬워하지 말라는 뜻으로 이해하면 무리가 없을 것이다. 다만 되돌릴 수 없다고 해서 서러워만 하지 말고 뒤에 남은 것에서 오히려 힘을 얻자는 말은 청춘과 사랑을 잃은 사람들에게 큰 위안을 줄 수 있는 말이기도 하겠지만, 워즈워드 자신이 행한 돌이키기 어려운 지난날의 과오에 대한 변명처럼 들리기도 한다. 그것은 비록 아네트를 잃기는 했지만 뒤에 남은 메리를 통해서 얼마든지 힘을 얻어 나갈 수 있다는 자위의 말이 아니겠는가.


여기 적힌 먹빛이 희미해질수록

당신을 향한 마음이 희미해진다면

난 당신을 잊겠습니다

초원의 빛이여

꽃의 영광이여

다시는 그것이 돌려지지 않는다 하더라도 서러워 말지니

차라리 그 속 깊이 간직한 오묘한 힘을 얻으소서

초원의 빛이여

그 빛 빛날 때 그대 영광 빛을 얻으소서!

한때 그렇게도 찬란한 빛이었건만

이젠 영원히 눈앞에서 사라져 버리고

초원의 빛이여

꽃의 영광이여

다시 찾을 길 없을지라도 우리 서러워 말지니

도리어 뒤에 남은 것에서 힘을 얻으소서

여태 있었고 또 길이 있을 그 원시의 공감 가운데에서

인간의 고뇌에서 우러나는 그 위로의 생각 가운데에서

죽음을 뚫어 보는 그 믿음 가운데에서

현명한 마음을 부르는 세월 가운데…….

〈초원의 빛〉은 엘리아 카잔 감독의 영화 제목으로도 잘 알려져 있는데, 이 영화에서 나탈리 우드가 실연의 아픔을 딛고 수업 시간에 울먹이며 읊던 시가 바로 〈초원의 빛〉이었다. 아픔을 먹고 자란 나무가 더욱 강하게 큰다는 말도 있지만, 워즈워드는 불행했던 어린 시절의 아픔을 딛고 더욱 강해졌다기보다는 오히려 자신에게 주어진 현실에 더욱 잘 적응하는 쪽으로 변해 간 듯싶다.

그는 대학 시절에 프랑스 대혁명을 지지해 직접 파리를 찾을 정도로 젊은 혈기에 충만해 있었으나 얼마 가지 않아 보수적인 입장으로 선회했는데, 그것은 〈무지개〉에서 어렸을 때나 어른이 되어서도 그리고 앞으로 늙어서도 변함없이 순수하고 경건한 마음을 잃지 않고 지내겠다고 다짐했던 것과는 거리가 있어 보인다.

어쨌든 워즈워드는 메리 허친슨과 혼인해서 다섯 자녀를 낳고 평온한 삶을 보냈다. 그리고 노년에 이르러서는 계관시인의 명예도 얻었다. 호반 도시에서 태어난 워즈워드는 결혼한 이후 가족과 함께 다시 고향으로 돌아가 시작(詩作)에 몰두하다 그곳에서 80세를 일기로 생을 마쳤기 때문에 호반 시인으로 불리기도 했지만, 특히 그에게 호수는 항상 시적 영감을 주는 상징적인 어머니였기 쉽다.

그는 결혼한 후에도 자신의 누이동생 도로시와 계속 함께 살았는데, 오빠처럼 시인으로 활동한 도로시는 일생을 독신으로 보내다 84세로 생을 마쳤다. 일찍 고아가 된 이들 남매는 일생 동안 서로 의지하며 지낸 셈이다. 도로시는 어릴 때 다른 친척집에 맡겨져 따로 떨어져 지낸 일 외에는 오빠가 죽을 때까지 한평생을 함께 지내며 조언자 역할도 마다하지 않았다. 그런 점에서 워즈워드에게는 아내 메리보다 오히려 누이동생 도로시가 상징적인 어머니였던 셈이다.

# 바이런의 정열

    만인의 연인으로 불리며 수많은 독자들의 가슴을 설레게 했던 조지 고든 바이런(George Gordon Byron, 1788~1824)은 존 키츠, 셸리 등과 함께 19세기 영국의 낭만주의를 대표하는 시인으로 동시대의 그 어떤 시인 보다 왕성한 창작력을 발휘한 인물이다. 하지만 자유분방한 성격에 반항적 기질이 농후했던 그는 한동안 방탕한 생활로 보수적인 영국 사회에서 비난의 대상이 되었으며, 결국에는 영국을 떠나 그리스 독립 전쟁에 참여해 싸우다가 말라리아에 걸려 36세라는 아까운 나이로 요절하고 말았다.

    런던 태생인 바이런은 귀족 가문의 후예로 10세 때 남작 칭호를 이어받고 주로 노팅엄에서 자랐다. 어려서부터 문학적 재능을 발휘한 그는 케임브리지 대학에서 역사와 문학을 전공했지만, 학업에는 관심이 없고 시작(詩作)에만 몰두해 이미 재학 시절에 시집을 출판했다. 수년간에 걸쳐 스페인, 그리스 등 지중해 연안을 여행한 그는 귀국한 이후 〈차일드 해롤드의 순례〉를 발표해 일약 유명해졌으며, '아침에 눈을 떠 보니 갑자기 유명 인사가 되어 있더라' 는 그의 고백은 그때 나온 말이다. 그는 이후 〈만프레드〉 〈돈 주앙〉 등으로 영국 문단에서 자신의 입지를 확고히 다졌다.

그러나 바이런은 문란한 사생활에 동성애자라는 소문까지 겹치는 바람에 사회적 지탄을 받기에 이르러 더 이상 영국에서 활동하기 힘들어지게 되면서 해외로 도피성 여행을 떠나야 했다. 그는 앤 이자벨라 밀뱅크와 혼인해 딸까지 낳았지만, 평소에 그가 저지른 불미스러운 행적으로 인해서 그 결혼은 곧 파경을 맞고 말았다.

당시 바이런에 대한 소문은 가정폭력, 여배우와의 간통 혐의, 이복 동생인 오거스타와의 근친상간 혐의, 남색 혐의 등으로 걷잡을 수 없이 퍼져 나갔는데, 결혼 전에 이미 그와 깊은 관계를 맺었던 캐롤라인 부인의 질투심과 앙심 때문에 소문은 더욱 증폭되었다. 심지어 그녀는 자신의 소설에서 바이런을 매우 추잡하고 더러운 인물로 묘사해 사태를 더욱 악화시켰다.

실제로 바이런은 희대의 바람둥이 카사노바에 결코 뒤지지 않을 만큼 숱한 염문을 뿌렸지만, 여성만을 공략한 카사노바와는 달리 동성애 스캔들까지 겸했다는 점이 다르다. 그런 점에서 그의 시 〈이제는 더 이상 헤매지 말자〉를 살펴보면, 바이런이 밤잠을 설치도록 헤매야 할 고민거리가 무엇인지 좀 더 납득이 갈 수도 있겠다.

이제는 더 이상 헤매지 말자.
이토록 늦은 한밤중에
지금도 사랑은 가슴속에 깃들고
지금도 달빛은 훤하지만

칼을 쓰면 칼집이 해지고

정신을 쓰면 가슴이 헐고

심장도 때로는 쉬어야 하니

밤은 사랑을 위해 있고

낮은 너무 빨리 돌아오지만

이제는 더 이상 헤매지 말자.

아련히 흐르는 달빛 사이를……

　물론 이 시는 사랑하는 여성 앞에 과감히 나서지 못하고 아련한 달빛 속에 서성이며 망설이는 한 남성의 정신적 방황을 묘사한 작품으로 이해할 수도 있겠지만, 보는 시각에 따라서는 이성애와 동성애의 상반된 감정 사이에서 혼란을 느끼는 시인 자신의 갈등을 엿볼 수도 있을 것이다.

　왜냐하면 칼을 쓰면 칼집이 해지고, 정신을 쓰면 가슴이 헌다는 표현을 통해 서로 상충된 욕구의 흔적을 찾아볼 수 있기 때문이다. 여기서 칼과 칼집은 분석적으로 말해서 각기 남근과 여성 성기를 상징하는 것으로 볼 수도 있다. 따라서 칼집에 꽂은 칼은 남녀의 교합을 의미하는 것으로 이해할 수 있지만, 의외로 시인은 칼을 쓰면 칼집이 해지는 것을 염려하고 있다.

　그렇다면 시인은 과도한 성행위를 두려워하는 금욕주의자란 말인가. 하지만 평소 바이런의 행적을 보면 전혀 그렇지 않다. 그는 오히려 못 말리는 바람둥이였다. 그래서 이 수수께끼 같은 구절을 이해하려면 그의 동성애적 열망을 고려해야만 할 것으로 보인다. 물론 바이런이 생각한 동성애적 관계는 정상적인 남녀관계에서처럼 무리하게 칼을 쓸 필요가 없는 아가페적인 사랑이었기 쉽지만, 여성에 대한 뜨거운 열정 못지않게 시인의 마음을 사로잡은 또 다른 강력한 힘으로 작용했을 것으로 보인다.

그래서 그런 모순된 감정에서 비롯된 갈등으로 정신을 소모하게 되니 가슴까지 헐어 버린다고 묘사한 것이 아니겠는가. 그런 점에서 바이런은 양성애자였다고 할 수 있다. 물론 동성애적 성향을 노골적으로 드러내 보인 적은 없었지만, 그것은 당시만 해도 잘못하면 감옥에 갈 수도 있는 사회적 금기 사항이었으니 귀족 신분이었던 그로서는 매우 조심스러웠을 게 분명하다.

바이런 사후 70년이나 지난 1895년에 오스카 와일드가 동성애 혐의로 실형을 선고받고 감옥에 갈 정도로 보수적이었던 영국 사회였으니 바이런이 살았던 시절은 두말할 것도 없었을 것이다. 결국 바이런은 자신에 관한 불미스러운 소문을 감당하지 못해 해외로 도피한 셈이다.

비록 그는 인습에 얽매이지 않는 자유분방한 태도로 인해 숱한 입방아에 오르내렸지만, 자신의 뜻대로 살아갈 수 없는 현실 때문에 항상 우울한 성향을 보이기도 했다. 그의 또 다른 시 〈그대는 울었지〉에서 보듯이 그의 침울한 마음에 밝은 빛을 던져 주는 '그대' 의 존재는 남자든 여자든 상관없이 우울한 시인에게는 태양처럼 빛나는 구원자의 모습으로 나타난다.

그대 우는 걸 나는 보았지.
커다란 반짝이는 눈물이
그 푸른 눈에서 솟아 흐르는 것을
제비꽃에 맺혔다 떨어지는

맑은 이슬방울처럼

그대 방긋이 웃는 걸 나는 보았지.

청옥(靑玉)의 반짝임도

그대 곁에선 그만 무색해지더라.

그대의 반짝이는 눈동자

그 속에 괸 생생한 빛 따를 길 없으니

구름이 저기 저 먼 태양으로부터

깊고도 풍요한 노을을 받을 때

다가드는 저녁 그림자

그 영롱한 빛을 하늘에서 씻어 낼 길 없듯이

그대의 미소는 침울한 이내 마음에

그 맑고 깨끗한 기쁨을 주고

그 태양 같은 빛은 타오르는 불꽃을 남겨

내 가슴속에 찬연히 빛난다.


　바이런의 성격은 한마디로 종잡을 수 없는 특성을 지니고 있었는데, 좋게 말하면 지나친 열정의 소유자였고 나쁘게 말하면 변덕스럽기 그지없는 이중적인 성격이었다고 할 수 있다. 그것은 곧 정서적 불안정을 의미하는 것으로 태어날 때부터 그를 괴롭혔던 신체적 장애도 한몫했을 것으로 보인다. 그는 비록 뛰어난 외모의 소유자이긴 했지만, 어릴 때부터 한쪽 발을 절어야 했던 절름발이였기 때문이다.

　정확한 원인은 알 수 없지만, 짐작컨대 소아마비였거나 선천성 내반족(club foot)이었을 것으로 추정된다. 열등감에 사로잡힌 바이런은 자신의 신체적 불구에 지나치게 집착했고 이러한 집착은 그의 성격 형성에도 큰 영향을 끼친 것으로 보인다. 외출할 때는 기형인 발을 감추기 위해 특별히 제작된 신발을 신고 다녔던 그는 스스로 '절름발이 악마'라는 별명을 자신에게 붙일 정도로 자학적인 모습을 보이기도 했는데, 결국 그런 성향은 자신과 아무런 상관도 없는 그리스의 전쟁터로 그를 이끌어 일찍 요절하게 만든 원인으로 작용했을 수도 있다.

어쨌든 다리에 부담을 주지 않기 위해 무진 애를 쓴 그는 항상 다이어트에 신경을 쓰고 비스킷과 포도주만 마셨으며, 채식주의자였음에도 불구하고 가끔씩 폭식을 한 후에는 모조리 토해 내는 행동도 보였다. 뿐만 아니라 광적인 만능 스포츠맨으로 복싱과 승마, 수영 등 못하는 운동이 없을 정도였다. 땀을 빼야 한다는 집념 때문에 여러 벌의 옷을 겹겹이 걸치고 다니기도 했다. 특히 외모에 신경을 쓴 것으로 알려진 바이런은 잘 때도 머리를 마는 종이를 쓰고 잘 정도였는데, 그것은 그만큼 그가 열등감에 빠져 지냈기 때문이다.

그런데 그의 성격 형성에 영향을 준 상처가 또 있다. 어린 시절 그는 수시로 성추행을 당했던 것이다. 어머니를 대신해서 그를 돌봐 주던 보모 메리가 밤마다 그의 침대에 와서 성적인 희롱을 가했는데, 그의 입을 열지 못하도록 협박까지 했으며, 결국에는 손찌검을 했다는 이유로 해고되고 말았다. 이처럼 어릴 때부터 겪은 불미스러운 경험은 그로 하여금 성에 매우 민감한 소년으로 자라게 만든 요인이 되었을 수 있는데, 소년 시절 자신의 사촌인 메리 더프를 보자마자 첫눈에 사랑하게 된 점이나 메리 채워드에 푹 빠져 등교를 거부하는 바람에 어머니의 애를 먹이기도 하는 등, 어쨌든 우연의 일치인지는 모르나 그가 어린 시절에 메리라는 이름의 여성들과 맺은 관계를 통해 알 수 있는 사실은 바이런이 나이에 맞지 않게 지나치게 성적으로 조숙했다는 점이다.

그런데 문제는 그것으로 끝나지 않았다. 수년 뒤에는 어머니에게 접근하던 그레이 경으로부터 은밀한 성적 유혹을 받은 것이다. 당시 그의 어머니 캐서린은 일찍 남편을 여의고 과부 신세로 지내고 있었는데, 그런 사건 이후로 바이런은 집에 그레이 경만 나타나면 매우 신경질적인 반응을 보였지만, 그 자세한 내막은 어머니에게 고자질하지 않았다.

하지만 어릴 적 당했던 일련의 이런 사건들은 그 후 나타난 그의 애정 생활에 결정적인 영향을 주었음이 분명하다. 특히 학창 시절에 그가 보인 동성애적 친구관계는 그레이 경의 유혹에서 자극받은 결과로 보인다. 그는 대학 시절에도 존 에들스턴과 묘한 동반자 관계를 유지하기도 했으며, 느닷없이 지중해 연안으로 훌쩍 여행을 떠난 것도 사실은 동성애 경험을 하기 위해서였을 것으로 추정된다.

처음에 그는 유럽 대륙 여행을 계획했으나 나폴레옹 전쟁으로 대륙 전체가 혼란에 빠졌던 때인지라 어쩔 수 없이 지중해 쪽으로 발길을 돌린 것인데, 지금 생각해 보면 아무리 정열에 불타는 귀족 청년이라고 하더라도 수많은 젊은이들이 전장에서 죽어 가는 그런 참담한 시기에 낭만적인 바다 여행이나 즐기고 있는 모습이 선뜻 이해하기 어려운 대목이기도 하다.

물론 어머니 캐서린 역시 문제가 많은 여성이었다. 수시로 기분이 바뀌는 데다 우울할 때는 항상 술에 취해 지냈으며, 게다가 사생활도 건전치가 못해서 한창 감수성이 예민한 아들이 보거나 말거나 신경 쓰지 않고 외간 남자와 시시덕거리는 추태를 보이기 일쑤였다. 사려가 깊지도 못하고 자제력도 부족한 여성이었던 그녀는 변덕마저 심해서 일관성 없는 태도로 아들을 키우는 바람에 바이런을 제멋대로에 버릇 없는 아이로 만들고 만 것이다. 바이런은 그런 어머니를 항상 '뚱보 난쟁이'라고 놀려 대기 일쑤였으며, 그런 아들에게 그녀는 '절름발이 새끼'라고 거침없이 욕을 퍼붓곤 했으니 바이런이 어떤 환경에서 자랐는지 짐작이 가고도 남는다. 소위 말하는 애비 없는 후레자식으로 키운 셈이다.

하지만 바이런의 아버지는 더욱 질이 안 좋은 남자였다. 왜냐하면 재산을 노리고 유부녀였던 전처를 유혹해 강제로 이혼까지 시키며 결혼했지만 결국 그녀를 잔인하게 학대한 것으로 악명이 자자했던 인물이기 때문이다. 딸을 낳고 전처가 사망하자 그는 이번에는 캐서린 고든의 재산을 노리고 그녀에게 접근해 결혼을 성사시킨 후 자신의 성도 고든으로 바꿨는데, 이는 물론 아내의 재산을 합법적으로 상속받기 위한 술책이었다.

바이런의 어머니 캐서린은 항상 빚에 쪼들려 있는 남편을 위해 자신의 부동산을 처분해 그 빚을 갚아야 했지만 그의 돈타령은 끊이지 않았다. 결국 아버지는 바이런이 세 살 되던 무렵 외국 여행 중에 세상을 뜨고 말았으니 바이런은 아버지의 얼굴조차 제대로 기억하지 못하고 자란 셈이다. 그런 아버지의 전철을 밟아 바이런 역시 무절제한 삶으로 낭비벽이 심해 죽을 때까지 계속해서 어머니의 속을 태웠으니 아무래도 피는 속일 수 없었던 모양이다.

바이런의 또 다른 특징 가운데 하나는 동물을 끔찍이 사랑했다는 사실이다. 특히 뉴펀들랜드 종의 애견 보츠웨인에 대한 애정은 그야말로 각별한 것이었다. 보츠웨인이 광견병에 걸렸을 때조차도 그는 위험을 무릅쓰고 끝까지 애견을 돌봤으며, 개가 죽자 묘비를 세워 주고 헌시까지 바쳤다. 그는 여러 필의 말 외에도 고양이, 염소, 여우, 원숭이, 앵무새, 독수리, 매, 까마귀, 공작새, 거위, 오소리 등을 집 안에 두고 키워 마치 동물원을 방불케 했는데, 그것은 아마도 어머니의 사랑을 제대로 받지 못한 결과로 홀로 남겨지는 것에 대한 불안감을 갖게 되었기 때문이었을 수도 있다. 그런 점에서 바이런은 외로움을 견디지 못하는 지독한 나르시시스트였음에 틀림없다.

우리는 바이런을 위대한 정열의 시인, 또는 만인의 연인으로 부르기도 한다. 하지만 그의 방만한 삶의 여정을 알고 나면 다소 씁쓸한 뒷맛을 느끼게 됨을 어찌할 수 없다. 물론 위대한 작품을 낳은 시인이라고 해서 그 사람의 인격 또한 반드시 위대할 필요는 없다. 시인은 오로지 작품을 통해서만 평가될 뿐이기 때문이다. 그럼에도 불구하고 머나먼 이국땅 그리스에서 맞이한 그의 때 이른 죽음은 뜨거운 열정의 결과라기보다는 차라리 사전에 예고된 죽음이었다고 볼 수도 있다. 부모에게 모두 실망한 그에게는 마땅히 돌아갈 조국도 모국도 없었기 때문이다. 더욱이 그는 동성애자였으니 그야말로 발붙일 곳이 없었던 셈이다.

# 사랑에 실패한 크리스티나 로세티

　사랑의 아픔을 노래한 애달픈 시로 유명해진 크리스티나 로세티 (Christina Rossetti, 1830~1894)는 영국의 여류 시인으로 미국의 에밀리 디킨슨과 동시대에 활동한 여성이다. 생전에 무명 시인이었던 디킨슨과는 달리 로세티는 일찌감치 문단의 총아로 등장하며 화려한 명성을 쌓았으나 연이은 실연의 아픔으로 결혼을 포기하고 독신을 고수하며 외롭게 지내다 불치병에 걸려 64세를 일기로 생을 마감했다.

　로세티는 런던에서 태어난 영국인이지만, 그녀의 부모는 모두 이탈리아계로 아버지 가브리엘 로세티는 이탈리아에서 영국으로 정치적 망명을 한 시인이었다. 그녀의 오빠 단테는 화가이며 시인이었고, 작은 오빠 윌리엄과 언니 마리아는 작가로 활동했다. 그런 집안 배경 때문에 그녀는 어려서부터 이탈리아 문학에 접하면서 종교적으로 신비주의적인 영감을 많이 받았으며, 그 영향은 그녀의 시작(詩作)에도 드러난다.

　하지만 소녀 시절 아버지의 건강이 악화되어 경제적으로 궁핍해지면서 그녀의 행복한 시절도 끝이 나고 말았다. 아버지는 폐결핵과 시력 약화로 대학에서 자리를 잃고 오랜 세월 우울증에 시달려야 했는데, 집안 사정이 어려워지자 어머니와 언니도 돈을 벌기 위해 집을 비우는 일이 많아져 로세티는 홀로 고립되는 처지에 놓이게 되었다.

사춘기 시절에 로세티는 우울증에 빠진 나머지 학업도 중단한 상태였는데, 20세 때 종교적인 이유로 화가 제임스 콜린슨과의 약혼이 깨지면서 더욱 큰 실의에 빠졌으며, 그 후 다시 또 언어학자 찰스 케일리와 역시 종교적인 이유로 결별하게 되면서 극심한 우울증을 앓게 되었다. 결혼에 대한 의욕을 잃은 그녀는 결국 화가 존 브렛의 구혼마저 뿌리치고 혼자 살기로 결심했으며, 그 후로는 죽을 때까지 독신을 고수했다.

소녀 시절부터 익명으로 시를 발표하던 그녀는 30대 초반에 발표한 시집 『도깨비의 시장』으로 비평가들의 격찬을 받으며 화려하게 등단했는데, 도깨비들로 인해 겪는 두 자매의 불운을 통해 빅토리아 시대 여성들이 겪은 불합리한 삶의 어두운 실상을 우화적인 수법으로 비판한 작품으로 평가된다.

이 시집에는 그녀 자신의 개인적인 좌절뿐 아니라 그녀가 창녀 등의 불우한 여성을 대상으로 자원봉사를 했던 경험이 반영되어 있다. 어쨌든 그녀의 연애시 대부분은 자신이 겪은 실연의 아픔을 드러낸 것으로 볼 수 있는데, 많은 독자층을 확보하고 있는 그녀의 시 〈기억해 줘요〉가 그 대표적인 예라 하겠다.

날 기억해 줘요, 내가 가고 없을 때
머나먼 침묵의 나라로, 나 영영 가 버렸을 때
당신이 더 이상 내 손을 잡지 못하고

나 되돌아가려다 다시 돌아서 버리는 그때에

날 기억해 줘요, 당신이 짜냈던 우리들 앞날의 계획을

날마다 나한테 이야기할 수 없게 될 때에

날 기억해 주기만 해요.

그때엔 의논도 기도도 이미 늦는다는 걸 당신은 알아요.

그러나 행여 당신이 나를 잠시나마 잊어야 할 때가 있을지라도

그 후에 곧 다시 기억해 줘요, 가슴 아파하질랑 말고―

혹시 암흑과 부패 속에서 살아생전 내가 품던

생각의 흔적이라도 보고

나를 기억하여 슬퍼하느니보다

잊어버리고 웃는 편이 훨씬 더 나을 테니까요.


이 시는 누가 보더라도 남자에게 버림받은 한 여성의 심적인 고통을 드러낸 작품이다. 내가 죽더라도 슬퍼하거나 아파할 필요는 없지만 기억만이라도 해 준다면 고맙겠다는 하소연은 실연의 아픔을 간직한 사람이라면 누구나 다 공감할 수 있는 부분이 아닐 수 없다. 누군가로부터, 특히 이성으로부터 거절당하는 아픔은 당연히 크나큰 마음의 상처로 남는다.

그런데 병약하고 우울한 아버지와 먹고 살기에 바빴던 어머니 밑에서 외롭게 자란 로세티는 어린 시절부터 부모의 적절한 관심의 대상이 될 수 없었기 때문에 유달리 거절에 대해 민감한 반응을 보였기 쉽다. 물론 거절에 대한 두려움이 클수록 상대가 거절할 기미를 보일 경우 상대보다 먼저 자신이 앞질러 거절하기도 하는데, 그것은 마음의 상처를 받지 않기 위해 미리 선수를 치는 방편인 경우가 많다. 실제로 로세

티 역시 그런 태도를 보이기도 했지만, 애정 관계에 유독 자신이 없었기 때문이기 쉽다.

김소월은 〈진달래꽃〉에서 '나 보기가 역겨워 가실 때에는 말없이 고이 보내 드리오리다'로 시작해 마지막에는 '죽어도 아니 눈물 흘리오리다'로 마무리하며 당찬 여인의 심정을 대변하고 있는 데 반해, 로세티는 처음에는 나를 기억해 달라면서도 마지막에 가서는 나를 기억해 슬퍼하느니 차라리 잊어버리고 웃는 편이 더 낫겠다는 말로 마무리하고 있다.

이처럼 야무진 여인의 다짐을 노래한 김소월의 시와는 달리 로세티의 시는 반대로 자신을 기억해 달라는 간절한 소망에서 출발해 끝에 가서는 결국 잊어버리는 편이 더 낫겠다며 다소 체념하는 태도를 보인다. 그러나 사랑에 대한 미련으로 실낱같은 소망을 드러내며 혼란스러워하는 모습은 두 편의 시 모두 동일하다.

그런데 로세티의 다른 시 〈사랑하는 그대여, 나 죽거든〉 역시 너무도 유명한 작품이지만 여기서는 내가 죽더라도 나를 기억하든 말든 크게 상관하지 않겠다는 다소 자조적인 내용을 담고 있다. 당신이 원하면 나를 기억해 주고 싫으면 잊어 달라고 하면서 나 역시 죽어서도 당신을 그리워하겠지만 어쩌면 잊을지도 모르겠다며 죽음이라는 가장 극단적인 상황을 동원해 상대의 마음에 미묘한 파장을 던져 보려는 시도를 하고 있다.

사랑하는 그대여, 나 죽거든
나를 위해 슬픈 노래 부르지 마세요.
그리고 내 머리맡에 장미를 심지 마시고

그늘진 삼나무도 심지 마세요.
내 몸을 덮을 풀이 비와 이슬에 젖어
무성하게 자라게만 해 주세요.
그리고 당신이 원한다면 나를 기억해 주시고
또 잊어버리고 싶으시면 잊어 주세요.

나는 그늘을 볼 수 없을 거예요
비가 내리는 것도 모를 거예요
두견새 구슬프게 우는 것도
나는 들을 수 없을 거예요
그리고 해가 뜨지도 지지도 않는
어둠 속에 누워 꿈꾸면서
나는 당신을 그리워할 거예요
아니, 어쩌면 잊을지도 모를 거예요.

이별은 항상 고통을 수반한다. 로세티는 두 번의 실연을 통해 이루 말할 수 없는 마음의 고통을 겪은 후 세 번째 남자에게는 오히려 그녀 자신이 상대를 거절함으로써 실연의 아픔을 안겨 주었다. 자신이 거절 당한 아픔을 거절로 앙갚음한 셈이다. 하지만 그녀는 자신의 문학적 재능을 세상으로부터 널리 인정받고 더 나아가 말년에 이르러서는 계 관시인 후보로 거론될 정도로 사회적인 저명인사가 됨으로써 젊은 시 절 겪은 거절의 아픔을 충분히 보상받았다고 할 수도 있다.

사실 로세티의 외모는 그녀의 애절한 시에서 느끼는 인상과는 너무 도 다른 모습이다. 그녀의 오빠가 그린 로세티의 초상화를 보면 긴 주

격턱을 지닌 초승달 형태의 얼굴을 지닌 모습으로 생각처럼 그렇게 연약해 보이지도 않고 오히려 남성적인 외모를 지니고 있어서 여성적인 매력은 그다지 없어 보인다. 차라리 남성이었던 바이런이 더욱 빼어난 미모를 지녔다고 할 수 있다.

그런 점에서 비록 종교적 차이 때문에 파혼당한 것으로 알려져 있지만, 반드시 그렇지만도 않을 수 있다. 왜냐하면 그녀는 어머니를 따라 영국 성공회 신도임을 자처했지만 아버지는 가톨릭 신자였기 때문에 그런 종교적 차이가 그녀에겐 그다지 큰 문제가 될 수 없었을 것이다. 다만 실연을 당한 이후 한때나마 종교적 갈등으로 고민한 적은 있었지만, 그런 고민이 오래 지속된 것은 아니었다.

오히려 미국의 노예제도와 동물학대 및 미성년자를 상대로 한 성적 착취 등에 반대하며 날카로운 비판을 서슴지 않았던 그녀의 당찬 기질로 봐서는 오로지 순종적인 여성만을 요구하던 당시 빅토리아 시대의 고루한 남성들의 눈에는 그런 도발적인 여성의 태도가 그다지 매력적으로 보이지 않았기 쉽다. 요즘 식으로 말하면 소위 대가 센 여성인 셈인데, 남성우월주의에 사로잡힌 당시 남성들에게는 기피 대상이었음에 틀림없다.

어쨌든 오랜 세월 성적인 욕망을 억제하며 외로운 삶을 살 수밖에 없었던 로세티는 자신의 그런 세속적인 욕망을 창작 활동을 통해 승화시키는 동시에 종교적인 경건함으로 극복해 나간 것으로 보인다. 더구나 그녀는 40대 초반부터 안구 돌출증을 수반한 갑상선 질환으로 고생했으며, 60대 초에는 유방암까지 겹쳐 건강 상태도 여의치 않았다. 비록 수술까지 받았으나 암이 다시 재발하는 바람에 64세를 일기로 생을 마감해야만 했다. ✎

# 예이츠의 첫사랑

일생 동안 실연의 아픔에 시달린 예이츠(William Butler Yeats, 1865~1939)
는 아일랜드의 시인이다. 켈트적 요소가 짙은 신비주의적 분위기로 유
명한 그의 시는 끊임없이 삶을 관조하는 태도로 영적인 성장을 계속
추구하면서 영원불멸의 초자연적 세계와 신화적 세계를 탐구한 노력
의 흔적으로 평가된다. 그는 이러한 예술적 탐구 정신을 인정받아 아
일랜드 작가로서는 처음으로 1923년 노벨 문학상을 받았다.

더블린에서 영국계 화가의 아들로 태어난 예이츠는 어려서부터 예
술적 분위기에서 성장했으나 신교도였던 부모는 아일랜드의 민족주의
가 거세지면서 구교도가 기득권을 차지하게 되자 재산 몰수 등의 불이
익을 염려해 그가 두 살 되던 해에 일찌감치 영국 런던으로 이주했다.
그 후 어린 예이츠는 영국계임에도 불구하고 아일랜드 출신이라는 이
유로 학교 친구들에게 놀림감의 대상이 되곤 했는데, 그는 이 시기에
관한 고통스러운 기억에서 평생 동안 벗어나지 못했으며 정체성의 혼
란을 겪기도 했다.

예이츠의 나이 15세 때 그의 가족은 경제적인 이유로 다시 아일랜드로 돌아갔는데, 더블린에서 학업을 계속한 예이츠는 처음에는 아버지처럼 화가가 되려고 했으나 도중에 마음을 바꾸고 시인이 되기로 작심했다. 하지만 그의 초기 시는 주로 아일랜드의 전설과 민담을 소재로 한 지극히 평범한 작품들로 별다른 주목을 끌지 못하다가 보다 현실적인 문제를 다룬 중기 이후부터 그 가치를 인정받기 시작했다.

더욱이 그는 문학 동료였던 제임스 조이스가 더블린에 염증을 느끼고 조국을 등진 것과는 달리 오히려 아일랜드인의 정체성 확립을 위한 문학 운동에 적극적으로 가담하는 한편, 아일랜드의 문예부흥 운동을 주도했으며, 더 나아가 아일랜드의 독립운동에도 참가해 아일랜드 자유국으로 독립한 이후에는 정계에도 진출해서 원로원 의원으로 활동하기도 했는데, 그것은 아마도 어릴 때 영국에서 당했던 마음의 상처가 그만큼 깊었기 때문일 것으로 보인다.

그의 대표작 〈이니스프리의 호도(湖島)〉는 1892년 27세 때 발표한 것으로 그가 이상적인 여성의 모델로 생각했던 미모의 여성 독립운동가 모드 곤에게 청혼했다가 거절당한 직후에 쓴 작품이다. 그는 그녀에게 무려 다섯 차례나 청혼했지만 모두 거절당하는 수모를 겪었는데, 그녀와의 만남은 예이츠의 삶과 작품에 결정적인 영향을 끼친 것으로 보인다.

나 이제 일어나 가리, 이니스프리로 가리.
윗가지 엮어 진흙 바른 오두막집 짓고
아홉 이랑 콩을 심고, 꿀벌 통 하나 두고
벌 떼 잉잉거리는 숲 속에 나 홀로 살리.

그리고 거기서 다소 평화를 누리리, 평화는 천천히 깃들어
아침의 베일로부터 귀뚜리 우는 곳으로 떨어져 내리리.
한밤중의 모든 게 희미하게 빛나고, 한낮은 자주빛으로 타오르며
저녁엔 홍방울새 날개 소리 가득한 그곳.

나 이제 일어나 가리, 밤이나 낮이나
호숫가에 찰랑대는 잔물결 소리 들려오는 그곳으로
한길이나 잿빛 포장길에 서 있어도
가슴에 사무치는 그 물결 소리 나는 들노라.

모드 곤에게 퇴짜를 맞은 후 실의에 빠진 예이츠는 이 시를 통해 자신의 좌절감과 외로움을 은밀히 드러내고 있다. 비록 노골적으로 자신의 감정을 드러내고 있지는 않지만 실연의 아픔과 슬픔이 시 전편에 묻어난다. 호수의 한적한 섬을 찾아 그곳에서 모든 것을 내던지고 홀로 조용히 살겠다는 그의 소망은 한창 혈기왕성한 20대 청년의 입에서 나올 소리는 분명 아니다.

예이츠 자신의 고백에서도 알 수 있듯이 그녀의 존재는 그에게 가장 큰 고통과 실의를 안겨 준 장본인이기도 했다. 호수의 잔물결 소리에도 가슴 사무치는 아픔을 느끼며 귀뚜라미 우는 소리에 조용히 귀를 기울이는 시인의 모습은 매우 애처롭기까지 하다. 그런데 이 시를 마치 동양적인 안빈낙도 차원의 탈속적인 메시지를 전하는 서양판 〈귀거래사(歸去來辭)〉 정도로 여기는 독자들도 물론 없는 건 아니다.

내용 자체로 봐서는 당연히 세속적인 욕망을 떨쳐 버린 채 초탈한 은둔자의 모습을 연상할 수 있겠지만, 홀로 숲 속의 오두막에 살면서

꿀벌이나 키우겠다는 말은 결코 시인의 진심이 아닐 것이다. 그것은 독립운동에 정신이 팔려 자신의 사랑을 받아 주지 않은 모드 곤에 대한 원망감 때문에 푸념처럼 했던 말이기 쉽다. 실제로 예이츠는 일생 동안 그렇게 호젓한 은둔 생활을 한 적이 없었다.

예이츠에게 그토록 커다란 마음의 상처를 주었던 모드 곤은 미국의 여배우 모린 오하라나 시고니 위버와 매우 닮은 외모의 소유자로 아일랜드 독립을 위해 투쟁한 혁명 투사였다. 예이츠는 그런 그녀에게 1891년부터 1901년에 이르기까지 모두 다섯 번이나 청혼할 정도로 강한 집착을 보였지만 매번 퇴짜를 맞았다.

그녀는 그 후 같은 이념을 나눈 동지였던 민족주의자 존 맥브라이드와 결혼했는데, 그녀의 결혼으로 인해 예이츠는 거의 공황 상태에 빠지고 말았다. 하지만 그를 더욱 두렵게 만든 사실은 다른 남자에게 연인을 빼앗긴 자신의 초라한 모습이 사람들에게 알려져 조롱의 대상이 되는 것이었다. 남들에게 놀림거리가 된다는 사실은 어릴 때부터 그를 가장 괴롭힌 아킬레스건이었던 셈이다.

그는 자신의 뮤즈를 탈취해 간 맥브라이드를 몹시 증오했으며, 그 후에도 자신의 작품을 통해 수시로 그를 조롱하고 경멸하는 태도를 드러내 보였는데, 그들의 결혼이 불과 2년 만에 이혼으로 끝나자 예이츠는 또다시 그녀에게 접근해 결국에는 1908년 파리에서 그녀와 하룻밤을 지내는 데 성공했다.

그것은 비록 오랜 세월 기다린 보람 끝에 주어진 힘겨운 보상이었지만, 그들의 관계는 더 이상의 진전을 보진 못했다. 왜냐하면 그녀는 이미 그에게 여신이 아니었기 때문이다. 예이츠는 그 하룻밤을 통해 여신에 대한 환상이 깨졌음에 틀림없다. 그래서 그는 20년 후에 쓴 시

〈첫사랑〉에서 그때의 심경을 다음과 같이 노래했다.


비록 하늘에 떠 있는 달과 같이
잔인한 미(美)의 종족으로 자랐지만,
그녀는 잠시 걷다가 얼굴을 붉힌 채,
내가 가는 길 위에 서 있었다.
마침내 내가 그녀의 몸이
심장과 피로 이루어졌다고 생각할 때까지.


비록 내가 손을 얹어, 그녀의 심장이
돌로 되어 있음을 깨달은 이후에도,
나는 많은 것을 시도하였지만,
어느 것 하나 이룬 것이 없었다.
달 위를 여행하는 모든 손이
미쳐 버리고 마는 것처럼.


그녀는 미소를 지었고, 그것이 나를 변모시켜,
개망나니로 만들었다.
여기서 지껄이고, 저기서 지껄이며,
달이 하늘에 떠 있을 때는
하늘을 떠도는 별들보다도
더 공허하게 되었다.


여신으로 여기고 숭배했던 그녀가 단지 피와 심장으로 이루어진 육체의 소유자임을 깨닫는 순간, 그리고 열정이 식어 버린 차디찬 돌과 같은 심장의 소유자임을 깨닫는 순간, 그는 그동안의 모든 노력과 시도가 헛된 것이었다는 사실에 미쳐 버리고 싶은 심정이었다. 모든 것이 갑자기 공허해지고 무의미해진 냉엄한 현실 앞에 그에게 남은 것은 자신에 관해 불미스러운 소문만 무성한 지겨운 세상뿐이었다.

헛된 노력으로 긴 세월을 낭비했던 예이츠는 그래도 모드 곤에 대한 미련을 떨치지 못하고 그 후에도 계속해서 그녀와 서신 교류를 나누었다. 그러던 중 1916년 이미 51세가 된 예이츠는 마침내 자신도 후손을 가져야겠다고 생각하고 때마침 맥브라이드가 무장봉기 사건의 주모자로 몰려 영국군에 의해 처형되자 미망인이 된 모드 곤에게 마지막 청혼을 했다. 하지만 그녀의 반응은 역시 소극적이었다. 그러자 예이츠는 갑자기 그녀의 어린 딸 이술트에게 관심을 돌리고 청혼했으나 그녀 역시 거절하고 말았다.

그의 이런 행동은 마치 '꿩 아니면 닭'이라는 속담과 비슷한 모양새를 갖추고 있는데, 모드 곤이 아니라면 그녀와 닮은 딸이라도 소유하겠다는 의도로 이해할 수 있겠다. 정신분석에서는 이런 경우를 대치 (substitution)라고 부르는데, 자신이 얻고자 했던 목적이 좌절되었을 때 그것과 비슷한 다른 것으로 대치해 대리적 만족을 얻는 것을 말한다. 괴테는 〈파우스트〉에서 "그녀의 가슴에 닿은 스카프/ 아니면 양말대님이라도/ 내 마음을 달래기 위해/ 가져다주오."라고 읊기도 한 걸 보면 여성에 대한 소유욕은 예나 지금이나 다름이 없나 보다.

결국 예이츠는 모든 것을 체념하고 25세의 조지 하이드-리즈와 혼인했는데, 그녀와의 결혼은 그런대로 평탄하게 이어졌으며 두 아이까지 낳았다. 그렇게 함으로써 그는 마침내 25년에 걸친 오랜 짝사랑에

종지부를 찍은 셈이다. 이들 부부는 신혼 초부터 신비적인 심령술에
빠져 자동수기 등의 실험에 몰두하는가 하면 무아지경 상태에서 여러
혼령들을 만나기도 했는데, 그들의 존재를 영적인 스승으로 믿고 소통
을 나누는 생활을 계속했다. 하지만 예이츠는 이미 그 이전부터 점성
술과 연금술, 초자연 현상 등에 관심을 기울였으며, 스웨덴의 신비주
의자 스베덴보리의 영향을 크게 받았다. 특히 신지학과 힌두교의 신비
주의 등에서 많은 영감을 얻은 예이츠에 대해 시인 오든은 '마술과 인
도의 허튼 의식에 사로잡힌 다 큰 성인의 개탄스러운 구경거리'라며
비꼬기도 했다.

예이츠의 신비주의는 물론 켈트적인 특성을 물려받은 결과로 볼 수
도 있겠지만, 연이은 실연의 아픔을 안겨 준 괴로운 현실에서 벗어날
수 있는 유일한 도피 수단으로 선택한 길일 수도 있다. 그런 점에서 그
의 신비주의적 시는 세속적인 사랑의 승화인 동시에 고통스러운 현실
의 부정이기도 하다. 그에게는 인간의 욕정이야말로 불완전한 영혼들
이 겪을 수밖에 없는 일종의 통과의례에 불과했을 뿐이다.

예이츠의 시 〈제정신이 아닌 제인이 주교님과 나눈 대화〉의 한 구절
에서 알 수 있듯이, 그는 사랑의 결실이 육체적인 결합을 통해 완성된
다고 보는 주장에 동의하지 않는다. 그는 이 시에서 온전한 합일이 이
루어지기 위해서는 어차피 분열의 과정을 거칠 수밖에 없음을 인정하
고 있는데, 완벽한 일체가 되기 위해 그가 선택한 길은 영적인 합일의
경지임을 암시하는 듯하다.

사랑은 배설물이 있는 그곳에
훌륭한 집을 짓는다.

그 어느 것도 분열되지 않고서는

온전한 하나가 되거나

전체를 이룰 수 없기에


사실 따지고 보면 예이츠가 일생을 통해 그토록 영적인 신비주의에 빠진 것은 육체적인 사랑에 대한 거부요 부정의 의미로 해석될 수 있다. 영과 육의 갈림길에서 그는 영의 세계를 선택한 셈이다. 배설물이 있는 그곳에 터를 잡은 사랑은 온전할 수 없다고 본 것이다. 하지만 성적인 결합을 넘어서 영적인 일체감을 추구하는 예이츠의 시도가 어느 정도 실현 가능성이 있는 것인지에 대해서는 아무도 장담하기 어렵다.

영국의 여성 정신분석가 멜라니 클라인은 초기 모자 관계에서 유아가 겪는 심리적 갈등 상태를 탐색하면서 아기들이 최초로 동원하는 방어기제로 모든 사물을 좋고 나쁜 것으로 양분하는 분리(splitting)의 기제를 언급했다. 그녀는 대상관계 이론의 핵심은 엄마로부터 떨어질 때 아기들이 받는 분리불안과 거절에 대한 민감성, 그리고 영원히 버림받지나 않을까 하는 불안심리에 있으며, 그런 상처가 큰 사람일수록 성인이 되어서도 모성에 대한 그리움과 합일에 대한 열망으로 심적인 고통을 받기 쉽다고 했다.

그런 점에서 고향에 대한 예이츠의 향수는 단순히 어린 시절을 그리워하는 것일 뿐만 아니라 잃어버린 모성을 되찾고자 하는 갈망의 표시이며, 이상적인 어머니의 상징적 대리인인 모드 곤에 대한 집념도 그런 차원에서 이해할 수 있을 것이다. 물론 어머니의 자궁 속으로 되돌아가고자 하는 무의식적 소망은 누구에게나 잠재된 근원적인 욕구가 아니겠는가.

실제로 그는 1900년 어머니가 일찍 세상을 떠나자 감당하기 어려운 상실감으로 인해 모드 곤에게 더욱 큰 집착을 보인 것으로 보인다. 그의 시에 나오는 이니스프리는 바로 어머니의 고향 슬리고에 있던 호수 이름이었다. 예이츠가 프랑스의 한 호텔에서 74세를 일기로 생을 마감했을 때, 아내 조지에게 남긴 그의 마지막 유언은 자신이 죽거든 일단 프랑스 땅에 묻었다가 사람들의 기억에서 자신의 존재가 사라질 무렵에 이장해서 어머니의 고향인 슬리고에 묻어 달라는 것이었는데, 실제로 그의 유언은 지켜졌다. 결국 그는 어머니의 곁으로 돌아간 셈이다. 그런 점에서 그의 진정한 첫사랑은 어머니였으며, 모드 곤은 단지 어머니의 상징적인 대리인이었을 뿐이다.

공교롭게도 그의 이장을 책임진 인물은 아일랜드 공화군 지도자 출신으로 당시 아일랜드 외무성 장관이었던 션 맥브라이드였는데, 그는 바로 모드 곤의 아들로 1974년 노벨 평화상까지 받았다. 참으로 기묘한 인연이 아닐 수 없다. 모드 곤은 1953년 86세를 일기로 사망했으며, 아들 션 맥브라이드는 1988년에 사망했다.

예이츠가 세상을 떠난 해에 프로이트 역시 런던에서 눈을 감았다. 물론 이 두 사람은 직접 대면한 적이 없지만, 영적인 완성과 구원을 추구하며 신비주의에 빠진 시인의 죽음과 무의식적 환상의 극복과 현실적인 적응에 중점을 둔 정신분석가의 죽음이라는 점에서 묘한 대조를 이룬다. 하지만 어차피 이 두 인물은 서로 판이한 길을 걸었기 때문에 살아생전 만났다고 해도 함께 어울리기는 어려웠을 것이다.

# D. H. 로렌스의 에로티시즘

20세기 영문학에서 매우 특이한 위치를 점하는 D. H. 로렌스(David Herbert Lawrence, 1885~1930)는 비록 에로티시즘 문학을 대표하는 소설가로 알려져 있지만, 일생 동안 800편 이상의 많은 시를 쓴 시인이기도 했다. 로렌스는 대표작이라고 할 수 있는 〈채털리 부인의 사랑〉이나 〈무지개〉 등의 에로티시즘 소설로 인해 오명을 뒤집어쓰게 되었을 뿐만 아니라 자신의 실생활에서도 불륜을 저지름으로써 보수적인 영국 사회에서 추방되어 해외를 전전하다 결국 미국에 정착해서 여생을 마치게 되었다.

성에 대한 그의 급진적인 찬미는 당시만 해도 매우 보수적인 서구 사회에서 맹렬한 비난의 대상이 되었지만, 성에 대한 금기가 무너진 오늘날에 와서는 오히려 새로운 재평가를 받고 있다. 그런 점에서 로렌스는 일찌감치 성의 중요성을 강조함으로써 오늘날까지도 여전히 비난을 받고 있는 프로이트에 비해 차라리 운이 좋은 편에 속한다.

하지만 프로이트는 로렌스처럼 무조건 성을 찬미한 게 아니라 심리적 발달 과정에 끼치는 성의 가치를 강조했다는 점에서 두 사람은 서로 다른 입장에 놓여 있음을 알 수 있다. 오히려 로렌스의 굴곡진 삶과 작품세계를 들여다보노라면 그 자체가 프로이트의 이론을 입증해 주는 산 증거라는 사실을 깨닫게 된다.

로렌스는 영국 중부에 위치한 탄광촌 이스트우드에서 가난한 광부의 막내아들로 태어났다. 그의 아버지는 문맹에다 술주정뱅이로 툭하면 폭력을 휘두르는 폭군이었는데, 그런 남편에게 실망한 어머니는 전적으로 아들에 의지해 위안을 얻으며 고달픈 삶을 유지했다. 어린 아들은 그렇게 학대받는 어머니를 아버지의 폭력에서 구해야만 한다는 절박한 심정으로 아동기를 보냈는데, 그런 구원 환상은 결국 성인이 되어서도 스승의 아내를 빼앗는 행동을 통해 재연되었다.

전직 교사 출신이었던 어머니 리디아는 특히 어려서부터 허약 체질이었던 아들 로렌스를 마치 연인처럼 대했으며, 그런 어머니와 맺은 밀착된 관계는 로렌스의 성격 형성과 그 후 작품활동에도 결정적인 영향을 끼쳤다. 특히 어머니에 대한 죄책감으로 이성 교제에 어려움을 겪었는데, 그의 오랜 문학적 조력자로 알려진 제시 체임버스와의 사랑도 끝내 결실을 맺지 못했다.

노팅엄 대학을 졸업한 로렌스는 소설 〈하얀 공작〉으로 문단에 정식 데뷔했으나 그 해에 어머니가 암으로 사망하자 큰 충격을 받고 거의 탈진 상태에 빠졌는데, 가까스로 원기를 되찾은 후 발표한 자전적인 소설 〈아들과 연인〉을 통해 비로소 어머니의 굴레에서 벗어나는 듯싶었다. 그러나 곧이어 대학 시절의 은사였던 위클리 교수의 부인 프리다를 만난 후 걷잡을 수 없는 사랑에 빠진 끝에 마침내 둘이서 사랑의 도피 행각을 벌임으로써 사회적인 질타의 대상이 되었다.

사실 〈아들과 연인〉에 나오는 모렐 부인은 로렌스 자신의 어머니를 모델로 한 캐릭터라 할 수 있으며, 이 소설에 묘사되어 있는 밀착된 모자 관계는 프로이트가 말한 오이디푸스 갈등 상황을 그대로 재현한 것과도 같았다. 하지만 로렌스는 이 작품 이후의 삶에서도 자신의 잠재된 갈등에서 충분히 벗어나지 못했음을 스스로 입증하고 말았는데, 왜냐하면 자신보다 6년이나 연상인 유부녀 프리다와 사랑에 빠져 결국 이혼시키고 말았기 때문이다. 독일 귀족의 후예인 그녀는 품위 있는 교수의 아내이자 세 아이의 어머니였지만, 27세의 젊고 야심에 가득 찬 노동자 계급 출신 신진 작가의 매력에 이끌린 나머지 자신의 가정을 과감하게 내던진 것이다.

사람들의 비난을 피해 프리다와 함께 독일로 달아난 로렌스는 그곳에서 영국 스파이 혐의로 체포되었다가 그녀의 아버지의 도움으로 간신히 풀려나기도 했다. 그 후 알프스를 넘어 이탈리아 여행을 마치고 돌아온 이들은 위클리 교수가 이혼을 받아들임으로써 마침내 1914년 정식 결혼하기에 이르지만, 곧이어 제1차 세계대전이 발발하면서 이번에는 프리다가 적국인 독일인이라는 이유로 스파이 혐의를 받아 군당국으로부터 거주지를 떠나라는 명령을 받았다.

가뜩이나 소설 〈무지개〉가 외설 시비에 휘말려 경찰에 압수당하는 수모를 겪은 로렌스는 이리 치이고 저리 치이는 환경에 이골이 난 나머지 마침내 영국을 떠나기로 작심하고 프리다와 함께 자발적인 추방을 선택하고 앞날을 장담할 수 없는 기나긴 해외 여정에 올랐다. 로렌스 자신은 이 여행을 '야만의 순례길'이라고 불렀는데, 그는 결국 그 종착지를 미국으로 정하고 1922년 마침내 뉴멕시코의 목장에 마지막 터를 잡았다.

하지만 폐결핵에 걸린 그의 건강은 이미 걷잡을 수 없이 악화되어 어쩔 수 없이 다시 또 이탈리아로 건너가 요양 생활을 보냈으며, 결국 요양소에서 나오자마자 프랑스 방스에서 45세를 일기로 숨을 거두고 말았다. 그 후 프리다는 다른 남자와 재혼해서 뉴멕시코 목장으로 돌아갔는데, 로렌스의 재는 그의 유언대로 뉴멕시코로 옮겨져 그곳에 안장되었다.

로렌스의 삶은 그야말로 한곳에 안주하지 못하는 떠돌이 삶이었다. 인간의 삶이란 것이 어차피 빈손으로 왔다가 빈손으로 가는 것이긴 하지만 그의 삶은 참으로 기구하고도 사연 많은 고난의 연속이었다. 물론 그것이 스스로 자초한 결과이긴 했지만, 일생 동안 원초적인 생명의 활력을 찬미했던 작가의 삶치고는 너무도 초라하기 그지없는 일생이었다고 할 수 있다.

그는 비록 가난한 노동자 계급 출신으로 세계적인 명성을 지닌 작가로 성공했지만, 그 자신의 심리적 갈등과 그 한계를 극복하지 못함으로써 정작 로렌스 자신은 정신적으로나 육체적으로 모두 행복다운 행복을 제대로 구가하지도 못하고 생을 마감하고 만 셈이다. 그런 점에서 프리다와 함께 애정의 도피 여행을 마치고 귀국하면서 발표한 그의 시집 『보라! 우리가 드디어 해냈도다』가 그나마 가장 삶의 절정에 올랐을 무렵에 느꼈을 희열의 순간을 드러낸 작품이라 하겠다. 당시 그가 쓴 시 〈디종의 영광〉을 보면 그런 행복의 희열감을 엿볼 수 있다.

그녀가 아침에 일어나면

난 그녀를 바라보며 서성인다.

창문 아래 목욕 수건을 펼치는 그녀에게

아침 햇살이 머물러

어깨 위에서 하얗게 반짝이고

그녀의 몸 선을 타고 흐르는 농염한 황금빛 그림자는

그녀가 스펀지를 집으려 허리 굽힐 때

불타오르고, 출렁이는 젖가슴은 요동친다.

활짝 핀 노란 장미

'디종의 영광' 처럼.


몸에서 구르는 물방울 그녀의 살결인 듯하고,

두 어깨 은빛으로 반짝이며 허물어진다.

물에 젖어 떨어지는 장미꽃처럼 내 귀 기울여

어깨의 빗물이 빚은 봇물 같은 꽃사태의 울림 듣나니.

햇살 가득한 창문에

황금처럼 빛나는 그녀의 그림자 켜켜이

새겨들어 마침내 광휘를 내뿜는다

영광의 장미꽃처럼 감미롭게.


　그런데 여기서 우리는 목욕하는 프리다의 풍만한 몸매를 화려하게 만개한 노란 장미 '디종의 영광(Gloire de Dijon)'에 비유한 대목 말고는 기대했던 만큼의 에로티시즘은 오히려 찾아보기 힘들다. 물론 육체가 지닌 생명력의 가치와 소중함을 설파한 시인의 뜻이 어느 정도 담겨 있기는 하나 생각처럼 그렇게 자극적이지는 않다. 오히려 그의 시 〈겨울 이야기〉가 더욱 에로틱하게 와 닿는다. 여기서 그는 추위도 아랑곳하지 않는 인간의 욕망을 다음과 같이 절묘한 표현으로 찬미하고 있다.

어제 들판은 오직 흩어진 눈으로 희뿌옇더니
지금은 가장 긴 풀잎도 거의 내다보이지 않는다.
그러나 그녀의 깊은 발자국은 눈을 밟고
흰 언덕 끝 솔밭을 향해 걸어갔구나.

눈 위에 드러난 여인의 발자국을 뒤따르는 한 남자의 모습이 추위마저 물리치는 듯하다. 차가운 눈의 감촉과 남자의 뜨거운 열정이 하얀 솔밭길을 따라 서로 갈등하며 끝없이 이어진다. 마치 이성과 감성의 대립과 반목에 번뇌하는 인간의 보편적 갈등을 나타내는 장면처럼 보이기도 한다.

그의 대표적인 시 〈뱀〉은 단순한 에로티시즘 차원이 아니라 일종의 생명 찬가에 속하는 작품으로 볼 수 있다. 물론 제목만 봐서는 성적인 상징으로 보일 수도 있지만, 오히려 기존의 고루한 가치관을 뒤집어엎는 내용이다. 시의 첫 부분에서 보듯이 나보다 먼저 선수를 치고 낙수터에 자리 잡은 뱀이 물을 다 마실 때까지 조용히 기다리고 있는 시인의 모습은 뱀과 일체가 된 자세를 취한다. 뱀을 보고도 놀라지 않는 이유는 일반인들이 뱀에 대해 지니고 있는 사악한 존재라는 선입견에서 벗어나 있기 때문이다.

한 마리의 뱀이 낙수 대롱 밑으로 왔다.
어느 무덥고 무더운 날, 나 또한 더위에 속옷 바람으로
물을 마시러 거길 갔고,
검은 기운에 휩싸인 우람한 캐럽나무의 이상한 향기 감도는 그늘로
나는 물 주전자를 들고 계단을 내려왔다.

그리고 조용히 서서 기다려야 했던 까닭은, 거기에 그가

나보다 먼저 와 대롱의 물을 받고 있었기 때문이다.

   아무리 종교에서 뱀의 존재를 사악하고 혐오스러운 짐승으로 취급
한다고 해도 시인은 자신과 동등한 자연의 일부로 뱀을 대하고 있을 뿐
이다. 목마른 동물이라는 점에서는 다 마찬가지라는 그의 시각은 뱀이
야말로 인간을 타락시키는 원흉이라는 왜곡된 관점이 아니라 원초적
인 욕망을 채우려는 자연스러운 현상의 일부로 받아들인다. 여기에는
에로티시즘이 끼어들 여지가 없어 보인다. 있는 그대로의 자연만이 있
을 뿐이다. 그런데 〈뱀〉의 마지막 부분은 이렇게 마무리된다.

나는 신천옹을 생각했다.
그리고 내 뱀이 다시 돌아오기를 바랐다.

내게는 그가 왕처럼 보였기에,
추방당한 왕, 지하에서 왕관을 쓰지 못했으나
곧 다시 왕관을 쓸 왕처럼.

그리하여 나는 모처럼의 기회를 놓치고 말았다.
생명의 왕과의 기회를,
나는 이제 속죄해야 하느니,
나의 옹졸함을.

   여기서 시인은 뱀과 자신을 동일시하고 뱀을 통해 자신의 모습을 본

다. 지하 세계에서 왕관을 쓰지도 못하고 추방당한 왕의 모습은 바로 시인 자신의 모습이 아닌가. 하지만 생명의 왕과 마주칠 기회를 잃어 버린 것은 모두 자신의 옹졸함 때문이었으니 그 점을 속죄한다는 뜻이 다. 자기 연민에 빠진 로렌스의 회한이 담긴 이 마지막 연은 자연의 생명력을 찬미하면서도 좀먹어 들어가는 자신의 육체로 인해 충분히 즐기지도 못하고 죽음을 맞이해야만 하는 시인의 애절한 심경이 잘 드러나 있다.

그런 점에서 그의 시 〈제대로 된 혁명〉은 로렌스가 단순한 에로티시즘 문학의 선구자라는 속설을 뒤집는 메시지를 전한다. 물론 여기서 말하는 혁명은 정치적 혁명이 아니라 새로운 인식의 혁명을 가리키는 것으로 주어진 생명을 사랑하며 즐기지도 못하고 오로지 물질적 탐욕에 사로잡혀 서로 증오하고 경쟁에만 몰두하는 어리석은 서구 사회를 질타하고 있다.

혁명을 하려면 웃고 즐기며 하라
소름끼치도록 심각하게는 하지 마라
너무 진지하게도 하지 마라
그저 재미로 하라

사람들을 미워하기 때문에는 혁명에 가담하지 마라
그저 원수들의 눈에 침이라도 한번 뱉기 위해서 하라

돈을 좇는 혁명은 하지 말고
돈을 깡그리 비웃는 혁명을 하라

획일을 추구하는 혁명은 하지 마라

혁명은 우리의 산술적 평균을 깨는 결단이어야 한다

사과 실린 수레를 뒤집고 사과가 어느 방향으로

굴러가는가를 보는 짓이란 얼마나 가소로운가?


심각하고 획일적인 것에 대해 소름끼치는 반응을 보이는 시인의 태도는 곧 삶 자체를 웃고 즐기지 못하고 오로지 따지고 계산만 하는 모든 지성적인 작업에 대한 환멸의 표시라 할 수 있다. 예의 바르고 올바른 체하며 가식적인 태도로 살아가는 수많은 위선자들을 향한 매우 냉소적인 반응이 여지없이 드러난다.

특히 가난한 노동자 계급 출신으로서 그는 상류 사회의 귀족층이나 지식인들의 위선적인 삶에 대해 강한 역겨움을 드러내고 그들이 지닌 허구성과 기만적인 태도에서 질식할 것만 같은 혐오감을 느낀 것이다. 그런 점에서 성을 찬미하며 반지성의 선두 대열에 올라선 로렌스는 동시대에 활동한 주지주의 문학의 선두주자 T. S. 엘리엇과는 상극을 이룬다.

엘리엇이야말로 성을 혐오하고 지성과 도덕적 질서의 회복을 위해 일생을 바친 시인으로 대표작 〈황무지〉로 노벨 문학상까지 수상하며 사회적 존경을 한 몸에 받은 인물이었으니 로렌스와는 전혀 반대되는 입장에 놓여 있었으며, 그런 이유 때문에 그들은 서로에 대해 강한 혐오감을 지닐 수밖에 없었다.

따라서 이들의 삶의 진로 또한 전혀 달라지게 되었는데, 영국의 가난한 탄광촌에서 태어난 야생마 로렌스는 위선적인 지성인 사회에 반발해 자유의 나라 미국으로 이주했으며, 미국에서 부유하고 교양 있는 명문가에서 태어난 지성파 엘리엇은 정반대로 난잡하고 불결한 미국 사회에 혐오감을 느끼고 고상하고 품위 있는 귀족들의 나라 영국으로 건너가 귀화했던 것이다. 참으로 아이러니가 아닐 수 없다.

이처럼 현대 영국 문단의 두 거장이 성과 지성에 대한 태도 면에서 극명한 대조를 보인다는 사실은 매우 흥미롭다. 20세기 전반은 엘리엇의 승리인 듯 보였다. 그러나 후반부로 갈수록 대중들의 성에 대한 인식이 급변함으로써 로렌스의 입장이 우위에 서게 되었다. 이른바 성의 혁명이 일어난 것이다. 물론 그런 혁명의 불씨는 단연 프로이트에서 시작된 것으로 보는 견해들이 많지만, 로렌스 역시 프로이트의 학설에 동조하고 무의식적 환상에 대한 저술도 남겼다는 점에서 단순히 어느 한 개인의 업적으로 돌리기는 어려운 문제라 하겠다.

로렌스는 한때 미국의 여류 시인 힐다 둘리틀의 아파트에 얹혀사는 신세를 지기도 했는데, 그녀는 프로이트에게서 분석을 받은 몇 안 되는 미국인 중의 한 사람이다. 열렬한 프로이트 숭배자였던 그녀를 통해 프로이트의 이론을 알게 된 로렌스 역시 프로이트의 정신분석을 접한 후 흥분을 감추지 못했다. 성과 무의식에 대한 프로이트의 이론이 그에게는 백만 원군과도 같았을 것이다.

그러나 로렌스는 오로지 성에만 집착함으로써 지성의 가치를 무시하는 우를 범하고 말았는데, 인간은 언제나 그렇듯이 영과 육의 갈등에서 결코 자유롭지 못하기 때문이다. 프로이트는 그런 인간적 갈등의 근원을 탐색하는 데 있어서 성의 중요성을 지나치게 강조하기도 했지만, 그렇다고 해서 이성이나 지성의 무가치성을 주장한 것은 결코 아니었다. 그는 오히려 인간 정신의 건강은 강력한 이드의 압력과 가혹한 초자아 사이에서 갈등하는 이성적 자아의 적절한 균형 유지의 능력에 달려 있다는 점을 누누이 강조했다.

로렌스는 고상한 척하는 상류 사회의 위선과 기만에 염증을 느끼고 인간의 본성에 충실하고자 했다. 그의 모토는 결국 모든 위선을 떨쳐 버리고 자연으로 돌아가자는 것이었다. 그런 점에서 그의 대표작 〈아들과 연인〉은 그 자신의 가족적 배경에서 비롯된 오이디푸스 콤플렉스를 그대로 반영한 소설이라 할 수 있다. 아버지에 대한 반항과 적개심, 어머니에 대한 근친상간적 욕망, 이성 관계에서 드러난 미해결의 콤플렉스 등, 로렌스의 성장 배경 자체가 정신분석 이론의 고전적 교과서와 같은 역할을 하기에 충분하다. 결국 그는 자신의 아버지로부터 어머니를 탈취할 수는 없었지만 스승의 아내를 유혹하고 대리 정복함으로써 아버지에게 복수한 셈이다.

로렌스의 에로티시즘 예찬은 그의 모든 작품에 반영된 주제이기도 하지만, 금지된 사랑은 영원히 깰 수 없는 문제이기도 하다. 그것을 파기할 수 있는 유일한 가능성은 환상의 세계에서나 이루어질 수 있다. 로렌스뿐 아니라 수많은 예술가들이 추구하는 창조적 작업에는 그런 무의식적 욕망과 환상이 강력한 동기를 제공하는 것이 사실이다. 그것은 누가 시켜서 하는 일도 아니고 오로지 자발적인 충동에 내몰리는 작업이기에 더욱 그렇다.

그의 에로티시즘은 겉으로는 금욕과 절제를 내세우면서도 뒤로는 성적으로 문란하기 그지없던 빅토리아 시대의 위선과 기만적 잔재를 여지없이 공박했다는 점에서 그를 성해방론의 선구자로 여길 수도 있다. 그러나 성에 대한 그의 극단적인 찬미는 자신의 근친상간적 욕망이 차단당한 것에 대한 보복이요 화풀이였을 수도 있다.

그의 에로티시즘 자체도 지속적인 성의 희열로 이어진 실천적 철학

이 아니라 하나의 이념적 차원에서 맴돌고 말았다는 느낌을 준다. 왜
냐하면 그 자신의 실제 인생도 희열과는 동떨어진 불행한 삶의 연속이
었기 때문이다. 우선 그의 건강이 받쳐 주지 못했고, 그의 호소는 세상
에 전혀 먹혀들지 않았으며, 주변 인물들로부터도 완전히 따돌림을 받
았다. 그는 고립되었으며 안주할 땅도 마땅치 않았다.

　로렌스의 삶을 전반기와 후반기로 나눈다면 오이디푸스 갈등 해결
에 실패한 전반기 인생, 그리고 그런 갈등을 행동화한 결혼 생활 및 작
가의 길로 들어선 후반기 인생으로 구분할 수도 있겠다. 그런 점에서
로렌스의 창작 활동은 자신의 갈등을 해소하고 치유하기 위한 시도이
기도 했던 것으로 보인다.

　로렌스의 성장 과정에서 겪게 된 부모와의 갈등은 마치 프로이트의
이론을 그대로 옮겨 놓은 듯한 전형적인 삼각 구도를 보여 준다. 그런
점에서 로렌스 자신도 프로이트의 이론에 공감하고 〈정신분석과 무의
식〉〈무의식의 판타지〉 등의 저술을 쓰기도 했지만, 그렇다고 해서 정
신분석 이론의 모든 것에 동조한 것은 아니었다. 그는 〈무의식의 판타
지〉에서 다음과 같이 말한다.

　"프로이트가 말한 것의 일부분은 진실이다. 빵이 없는 것보다는 반
쪽이라도 있는 게 낫다. 그러나 빵이 없는 다른 반쪽도 생각해야 한다.
성이 모든 것은 아니다. 논쟁할 필요도 없이 성적인 동기가 모든 인간
활동에 기여하지 않는다는 것을 우리는 안다. 대성당을 세우는 것이
과연 성행위를 위해서인가? 융은 대학교의 가운을 벗고 성직자의 흰옷
을 택했으나 프로이트는 과학자 편이다."

　여기서 로렌스는 성의 가치를 인정하면서도 성적 동기에 대해서는
저항하고 있음을 알 수 있다. 성적 동기를 인정한다는 것은 그 자신에

게는 횃불을 들고 기름독 안으로 뛰어드는 것이나 다름없기 때문이다. 따라서 그는 자신의 깊은 내면을 직면할 준비가 되어 있지 못한 것으로 보인다. 대신에 로렌스는 작품 속의 주인공을 대리인으로 내세워 자신의 근친상간적 욕망을 합리화하면서 결국 모자간의 사랑은 영원한 것으로서 단지 사회적 윤리라는 이름으로 억압된 보통 남녀 간의 사랑과 근본적으로 다를 게 없다는 주장을 펼친다.

오이디푸스 갈등 차원에서 본다면 로렌스는 오히려 그 갈등을 해결하는 데 실패한 사람이라 할 수 있다. 하지만 그는 탁월한 문학적 재능과 상상력의 소유자였기에 창의적인 작품 활동을 통하여 자신의 미해결된 갈등을 부분적으로나마 해소하고 승화할 수 있는 기회를 지녔던 인물이기도 했다.

엘리엇이 일생 동안 추구했던 좌우명은 질서와 도덕의 확립이었다. 하지만 로렌스는 그런 질서를 무시하고 탈도덕을 지향했던 것이다. 그런 점에서 로렌스가 주정파(主情派)라면, 엘리엇은 주사파(主思派)인 셈이다. 또한 이들은 죽어서도 그 행로를 달리했다. 엘리엇이 신의 품에 귀의했다면 로렌스는 자연으로 돌아갔기 때문이다.

그들이 각자 그토록 평생 집착했던 성과 지성의 문제는 인간 심리의 보편적 화두라 하겠다. 그러나 성과 지성은 양자 선택의 문제라기보다는 통합과 조화의 문제임에 틀림없다. 사랑과 미움의 통합이 인간의 가장 중요한 과제이듯이 성과 지성의 조화 역시 심리적 건강을 좌우하는 중요한 열쇠가 될 것이기 때문이다. 다만 로렌스가 그 자신의 애정 관계에서 보여 주었듯이 사랑과 미움의 통합에 실패한 점을 고려한다면, 그것은 신경증적 경향뿐 아니라 매우 유아적인 이분법적 사고의 흔적을 드러낸 것일지도 모른다.

결국 성과 반지성의 극단에 치우친 삶의 철학을 지녔던 로렌스의 행보는 비록 말년에 신비주의 철학에 기울었다고는 하지만, 그 역시 유아기의 모자 관계 및 그 이후의 오이디푸스 단계 경험이 모두 여의치 못했음을 짐작케 해 주기도 한다. 자연으로 돌아가라고 외친 루소 자신은 결코 자연으로 돌아가지 않았다. 그러나 로렌스는 위선과 매연에 찌든 도시를 떠나 자연으로 돌아가 여생을 보냈으나 건강이 그를 받쳐 주지 못했다. 병마에 시달리다 45세라는 젊은 나이로 생을 마친 그는 자신이 그토록 찬미했던 성적 희열의 세계마저 충분히 누려 보지도 못하고 세상을 뜬 셈이다.

그런 점에서 그 역시 단순한 현학적 차원에 머문 성 찬미론자로 보인다. 그것은 단지 스스로가 해결하지 못했던 성적 욕망과 환상의 세계를 상상 속에서나마 재구성해 보려는 시도였을지도 모른다. 그러나 어찌됐건 그가 남긴 여파는 대단했다. 그리고 오늘날의 자유로운 성개방 풍조에 힘입어 그의 존재는 성 해방의 개척자로서 또는 순교자의 이미지로 우리에게 다가오고 있음을 부인하기 어려워지는 것도 사실이다.

# T. S. 엘리엇의 〈황무지〉

　미국 태생이지만 영국으로 귀화한 T. S. 엘리엇(Thomas Sterns Eliot, 1888~1965)은 주지주의 문학을 대표하는 현대 영국 시문학의 거장이다. 그는 1948년 노벨 문학상을 받음으로써 20세기 최대의 시인으로 추앙받기에 이르렀는데, 특히 그의 대표작 〈황무지〉는 제1차 세계대전 직후의 황폐화된 세상과 현대인의 환멸, 소외 등을 대변하는 작품으로 비평가들로부터 극찬을 받아 동시대의 젊은 시인들에게는 일약 우상적인 존재로 떠올랐다.

　물론 시란 그 시인이 속한 시대를 반영하기 마련이지만, 한편으로는 개인적 갈등과 병리를 표출하고 승화하는 치유 작업의 일종이기도 하다. 동시에 시인은 적절한 공간 배치와 시어의 선택을 통해서 자신의 내면적 메시지를 미지의 독자들에게 전한다. 시가 감동을 주는 것은 독자들의 보편적 심성에 그 어떤 울림을 주기 때문이다. 하지만 엘리엇의 시는 일반 대중들에게 감동을 주기에는 지나치게 난해하며, 더욱이 방대한 고전에 관한 지식과 냉철한 지성을 요구한다는 점에서 그

접근이 결코 용이하지 않다는 핸디캡도 안고 있다.

현대 영시의 새로운 이정표를 세운 〈황무지〉의 예기치 못한 성공은 물론 탁월한 작품성 때문이기도 하지만, 그가 처한 시대적 배경과 잘 맞아떨어졌기 때문이라는 평도 있다. 그러나 자세히 알고 보면, 그의 출세작 〈황무지〉는 시인의 삶에서 최악의 시점에 나온 작품으로 개인적 위기를 자신이 처한 시대 전체의 위기로 일반화한 경향이 없지 않다. 따라서 작품성의 문제를 떠나 당시 그가 처했던 삶의 위기와 정신적 혼란을 이해한다면 왜 그런 작품이 나올 수밖에 없었는지에 관한 수수께끼가 자연히 풀리게 될 것이다.

매우 소심하고 신경질적이며 강박적인 성격의 소유자였던 엘리엇은 원래 미국 미주리 주 세인트루이스의 부유한 사업가의 아들로 태어났지만, 그의 아버지는 말소리를 전혀 알아듣지 못하는 사람이었으며, 어머니는 자선사업 활동에 바쁜 나머지 그의 양육은 주로 하녀에게 맡겨졌다. 사교성이 부족했던 그는 초등학교 시절에도 급우들과의 게임이나 운동에 함께 끼어들지 못해서 항상 고립되고 외로운 아이였는데, 그런 외로움을 고전 탐독으로 달래면서 일찍부터 시를 쓰기 시작했다. 하버드 대학에서 철학을 공부한 후 유럽으로 건너가 학업을 계속한 그는 때마침 제1차 세계대전이 발발하자 런던에 그대로 눌러앉은 채 두 번 다시 부모 곁으로 돌아가지 않았는데, 그곳에서 비비안 헤이우드와 결혼하고 교편생활을 유지하면서 시작에 몰두했으나 결혼과 직장 모두 그에게는 끔찍스러운 재앙으로 다가왔다.

변덕이 죽 끓듯 하는 아내의 히스테리와 적성에 맞지 않는 교사 일이 시인으로 성공하는 데 가장 큰 걸림돌이 된다고 여긴 그에게 가장 두려운 사실은 시간과 정력을 낭비하는 일이었는데, 그런 이유 때문에 극심한 신경쇠약에 걸린 엘리엇은 결국 스위스의 정신과의사 비토즈 박사에게 치료를 받고 가까스로 회복되었다. 그 후 원기를 되찾은 그는 마침내 1922년 〈황무지〉를 완성해 발표함으로써 영국 시단에 일대 돌풍을 일으키게 된 것이다.

따라서 그가 〈황무지〉를 쓴 시점은 엘리엇의 삶에서 가장 고통스럽고 온갖 환멸과 스트레스로 가득 찬 시기로 부모의 반대를 무릅쓴 결혼, 미국으로 돌아가지 않고 부모와 결별한 사실, 전공 학문이었던 철학을 포기한 사실, 생계를 위해 어쩔 수 없이 교사 노릇을 한다는 점 등이 그로서는 실로 감당하기 어려운 일이었다. 수업을 극도로 싫어했던 그는 결국 교사직을 포기하고 로이드 은행 해외식민국에 일자리를 얻었지만, 히스테리적인 아내 비비안이 쉴 새 없이 쏟아내는 신체적 증상 호소에 지칠 대로 지친 나머지 극심한 불안과 우울, 의욕상실에 빠져 두 번 다시 글을 쓸 수 없게 되면 어쩌나 하는 두려움에 사로잡히기도 했다.

이처럼 잘못된 결혼 때문에 삶을 낭비하고 있다는 자괴감에 빠진 엘리엇은 결국 자신이 불결하고 혐오스러운 성생활로 정력을 낭비하고 있을 뿐 아니라 아내의 치료비와 생활비를 버느라 아까운 재능을 낭비하고 있다고 여기게 되었다. 그런 점에서 당시 그에게 가장 고통스러운 단어가 있었다면 그것은 바로 낭비라는 어휘였을 것이다.

강박적인 성격의 사람들이 가장 두려워하는 시간 낭비, 돈 낭비, 정력 낭비, 재능 낭비, 인생 낭비, 이 모든 끔찍스러운 낭비의 쓰레기 더미들이 한곳으로 결집된 낭비의 땅(waste land)이야말로 그에게는 지옥 그 자체였으며, 죽음의 땅이기도 했던 것이다. 지옥처럼 끔찍스러운 바로 그 시기에 나온 〈황무지(The Waste Land)〉는 그 자신이 가장 두려워했던 낭비된 삶의 절망적 상황을 나타낸 것으로 결국 엘리엇 자신의 정신적 위기를 가장 상징적으로 잘 드러낸 작품이기도 하다.

황무지란 바로 그렇게 온갖 낭비로 점철된 엘리엇 자신의 정신적 황무지를 상징한다. 원제인 〈The Waste Land〉는 '황무지'임과 동시에 '낭비의 땅'으로 그것은 곧 황폐해진 자신의 정신세계를 우회적인 방식으로 드러낸 것이다. 그에게는 성생활도 낭비요, 결혼도 낭비였으며, 자신의 부모형제와 그가 태어난 조국, 그리고 자신이 꿈꿨던 철학, 청춘의 꿈과 희망 등 모든 것을 잃어버린 시기였다. 그것은 바로 인생의 낭비요 쓸모없는 삶이었다. 불모의 정신세계, 결국 그는 황무지 같은 자신의 마음 상태에서 탈출하고자 〈황무지〉를 쓴 것이다.

삶을 허비하고 낭비한 죄. 엘리엇 개인에게 이처럼 정확히 그의 핵심적인 문제를 지적하는 단어는 달리 없을 것이다. 삶의 낭비란 그의 동료 에즈라 파운드가 이미 충고했듯이 예술가에게는 일종의 범죄에 해당되는 행위였기 때문이다. 〈황무지〉가 나오기까지 그는 완전히 인생을 낭비하고 살아온 셈이다. 그래서 시의 첫머리는 마치 어둠 속에 천둥이 울리듯 이렇게 시작된다.

> 4월은 잔인한 달
> 죽은 땅에서 라일락을 키워 내고
> 추억과 욕정을 뒤섞고
> 잠든 뿌리로 봄비를 깨운다.
> 겨울은 오히려 따뜻했다.

죽은 땅에서 새로운 생명들이 움트고 도약하는 4월이 왜 그토록 잔인하게 느껴진 것일까. 그는 모든 생명을 저주하고 질투했을까. 아니면 모든 삶의 축제를 거부한 것일까. 그에게는 모든 세상이 죽은 땅으로 남아 있어야만 자비의 땅으로 여겨졌을 것인가. 이 모든 의문에 대한 답변을 거부한 채 그는 애매모호한 난해함 속에 그 자신의 속내를 숨기고 이미 오래전에 사라지고 없다. 그러나 그의 이런 역설적 표현은 결국 자신의 내면적 황무지를 거부하고 새로운 질서와 순결을 지향하는 그 나름대로의 몸부림으로 해석하면 어떨까 한다.

4월의 새봄은 욕정이 움트는 춘정의 계절이기도 하다. 감미로운 라일락의 향기가 여인의 향기처럼 지성으로 무장한 시인의 감정을 자극하고 유혹하지만, 무의미한 욕정에 몸을 내던지는 현대인의 성을 엘리엇은 불결 그 자체로 보았다. 그는 자신의 욕정조차 불결한 것으로 받아들이고 성에 대한 혐오감을 애써 감추려 하지 않았다.

물론 엘리엇은 결혼에 실패했으며 성생활 역시 성공적이지 못했다. 그에게는 금욕이 오히려 축복이었다. 오랜 투병 끝에 아내 비비안이 정신병원에서 죽고 난 후에도 그는 오랜 기간 홀로 독신으로 지내다 말년에 이르러서야 비로소 나이 차가 많은 여비서와 재혼했지만, 이미 그 결혼은 성생활을 요구할 성질의 그런 관계는 아니었다. 그에게는 온갖 추억과 욕정이 움트는 봄보다 차라리 모든 것이 잠든 겨울이 더욱 따뜻했던 것이다.

〈황무지〉는 전부 5장으로 구성되었다. 1장 '죽은 자의 매장', 2장 '체스 게임', 3장 '불의 설교', 4장 '익사', 5장 '천둥이 남긴 말' 등으로 이루어진 〈황무지〉의 내용 중에는 그리스 신화와 비극에서부터 셰익스피어의 고전에 이르기까지 그리고 산스크리트어와 라틴어가 자주 인용되는 등, 지식이 짧은 대중들은 접근하기가 결코 쉽지 않은 작품임에 틀림없다.

그러나 평론가들의 열광적인 찬사와는 관계없이 엘리엇 자신이 〈황무지〉라는 작품 자체가 자신에게는 단지 삶에 대항하는 무의미한 불평불만을 해소하기 위한 전적으로 개인적인 작업이었음을 스스로 고백하기도 했다는 점을 상기한다면, 시의 내용이 엘리엇 자신의 내면적 위기 상황을 대변한 것이라는 분석이 지나친 억측이 아님을 알 수 있다. 우선 각 장의 제목들은 엘리엇의 심리적 상태를 그대로 반영한다는 점이 특색이다.

1장의 제목은 '죽은 자의 매장'으로서 이는 결혼에 실패한 시인의 참담한 심정을 상징한다. 결혼은 곧 무덤이나 마찬가지라는 느낌이 드러난다. "4월은 가장 잔인한 달"로 시작하는 유명한 시구의 장이다. 평자에 따라서는 모든 각성이 요구되는 4월이야말로 진실을 알고 싶어 하지 않는 현대인들에게는 가장 잔인한 달일 수밖에 없다는 자못 현학적인 주석을 달고 있지만, 그야말로 잔혹하고 비참한 제1차 세계대전의 지옥같은 현실에 동참하기를 회피한 나약한 지성인의 입장에서 죽음의 계절이 물러나고 새로운 생명이 움트는 봄의 축제를 가장 잔인한 달이라고 표현한 것은 너무도 역설적이다.

천만 명에 달하는 무고한 사람들이 희생된 제1차 세계대전의 악몽이 지나간 마당에, 그런 기나긴 죽음의 계절이 지나가고 새로운 희망에 들뜬 시점에 시인은 오히려 그 겨울이 따뜻했다고 그리워하는 것일까. 그러나 엘리엇은 전쟁이나 인류의 앞날에 관심을 기울이고 걱정할 만큼 거시적인 안목을 지닌 휴머니스트가 결코 아니었다. 그의 관심은 오로지 그 자신이었을 뿐이다.

결혼을 일종의 지옥 체험으로 받아들였던 그로서는 오히려 모든 생명체의 번식이 본격적으로 시작되는 4월의 봄이야말로 추악한 생명의 본색을 드러내는 춘정의 계절로서 도로 묻어 버리고 싶은 심정이었을 것이다. 보들레르를 논하는 자리에서 엘리엇은 악하지도 선하지도 않은 어중간한 상태보다는 차라리 악한 편이 낫다고 말했는데, 이는 마치 강력한 힘을 지닌 지배자 또는 가해자의 논리를 대변하는 듯이 들린다. 그는 분명 약하고 힘없는 사람들에 대한 연민의 정이나 동정심조차 느낄 수 없는 냉담한 성격의 소유자였음에 틀림없다.

2장의 제목은 '체스 게임'인데 인생은 마치 체스 게임과 같고 모든 인간이 맡은 역할은 결국 체스판 위의 말이나 다름없다는 의미로 들린다. 마치 체스판 위에서 벌어지는 왕과 왕비의 게임처럼 서로 먹고 먹히는 추잡한 게임의 연속인 셈이다. 엘리엇 자신이 아버지인 왕과 어머니인 왕비 사이에 벌어진 게임의 희생자임을 자처하는 것일까.

여기서 모든 말들은 그들의 게임에서 희생되는 자식들을 상징하는 셈이며, 동시에 왕과 왕비는 엘리엇 자신과 그의 아내 비비안을 상징한 것일 수도 있다. 이와 비슷한 상징적 의미는 그와 절친했던 에즈라 파운드의 시 〈체스 게임에서의 독단적인 말〉에서도 찾아볼 수 있는데, 그 시에서는 두 여성 사이를 오가며 방황했던 파운드 자신의 정신적 혼란을 드러내고 있다.

물론 엘리엇 부부는 추잡한 게임의 희생물인 자식을 낳지 않았다는 점에서 그나마 순결을 유지한 셈이 된다. 여기서 배경으로 사용되는 그리스 신화는 형부인 왕에게 능욕당하고 혀가 잘린 필로멜라가 종달새로 변한 이야기이며, 더럽고 불결한 성에 대한 노골적인 야유와 혐오감이 노골적으로 드러나 있다. 여기서 그는 마치 금욕적인 수도사처럼 성을 멀리하라고 외친다.

3장의 제목은 '불의 설교'로서 부처가 인간의 구제를 가로막는 욕정의 불에 대해 설교한 내용을 말한다. 엘리엇은 갠지스 강 대신에 템스 강변에서 욕정에 빠져 허우적대는 런던 시민들을 향해 훈계와 설교를 하고 있다. 마지막 부분에서 그는 동양과 서양의 대표적인 금욕주의자로 알려진 부처와 성 아우구스티누스의 설교 내용을 나란히 인용하면서 성에 찌든 현대인들을 마음껏 조롱하며 비웃고 있는데, 이는 시인 자신의 성적인 갈등을 여지없이 드러낸 부분이기도 하다.

이처럼 엘리엇이 성을 혐오한 것은 성 자체의 불결함 때문이라기보다는 성에 대한 근원적인 불안 및 두려움을 지녔기 때문이기 쉽다. 개신교 목사나 성공회 신부들도 혼인해서 자식들을 낳지 않는가. 그러나 성에 대한 태도 면에서는 엘리엇이 오히려 성직자들보다 더욱 부정적임을 알 수 있다.

4장의 제목은 '익사'다. 앞 장의 불과 마찬가지로 물 역시 정화하는 힘과 죽음을 행사하는 힘을 동시에 지니고 있다. 불로 태움으로써 죽음과 더불어 정화가 이루어지듯이 물을 이용해서도 얼마든지 정화가 이루어진다. 신이 타락의 도시 소돔을 불태우고 악에 물든 세상을 노아의 홍수로 정화하지 않았는가. 그리고 화장과 수장은 인간의 오랜 관습이기도 하다. 더럽고 추잡한 세상을 물과 불로써 정화하고자 하는 시인의 욕망이 드러난 부분이다.

이처럼 청결과 순결에 대한 시인의 강박적 희구는 마치 인종적 순결성에 병적으로 집착한 나치즘을 연상시킨다. 피의 순수성에 대한 강박적인 집착 때문에 그토록 끔찍스러운 인종 말살의 대재앙이 초래되지 않았던가. 홀로코스트야말로 불결한 열등 인종을 거대한 소각로를 통해 불태워 버린 청소 작업이었기 때문이다.

또한 익사는 노아의 홍수에서 보듯이 마음에 들지 않는 타락한 세상을 일시에 청소할 수 있는 아주 유용한 방법이기도 하다. 고결하고 순결한 소수의 선택된 인간들만이 살아남아 새롭게 모습을 드러낸 산 정상에 그 발을 내딛고 그들만의 순수한 세계를 새롭게 여는 것이다. 물론 그토록 정화된 신세계의 전제 조건은 타락한 인간들의 집단적 익사다.

5장의 제목은 '천둥이 남긴 말'이다. 마치 운명을 두드리는 소리를 암시하는 베토벤의 5번 교향곡 서주 부분처럼 천둥이 울리는 경고의 소리는 가뭄에 찌든 황무지에 비를 몰아오는 천둥소리를 의미한다. 몰아치는 빗줄기 역시 대대적인 청소 작업을 수행한다. 모든 흙먼지와 더러운 배설물들을 깨끗이 씻어 내리기 때문이다. 메마른 땅을 적시는 빗줄기는 복음 그 자체이며 엘리엇 자신을 포함한 정서적으로 메마른 인간 심성의 구원자를 의미한다. 그는 마지막 부분을 다음과 같이 마치고 있다.

〈황폐한 탑 속에 든 아퀴텐 왕자〉
이 단편들로 나는 내 폐허를 지탱해 왔다.
분부대로 합죠. 히에로니모는 다시 미쳤다.
다타. 다야드밤. 담야타. 샨티 샨티 샨티.

인도의 고대경전 〈우파니샤드〉에서 인용한 '다타, 다야드밤, 담야타'는 '주라, 공감하라, 자제하라'는 뜻이다. 이 마지막 부분은 특히 의미심장하다. 즉, 엘리엇은 황폐한 탑 속에 꼼짝없이 간힌 왕자에 자신을 비유하면서 산산조각 난 마음의 파편들로 이루어진 시 작업을 통해 간신히 자신의 내면적 폐허 상태를 지탱해 왔음을 고백하고 있기 때문이다. 그리고 그 해결책으로 아낌없이 베풀고, 공감하고, 자제할 것을 제안하고 있다.

그러나 정작 그 자신은 이를 실천에 옮기는 데 누구보다 더욱 큰 어려움을 보일 수밖에 없었다. 특히 엘리엇처럼 강박적이면서 나르시시즘적인 성격의 소유자들은 타인에게 베풀고 공감하는 능력에 상당한 결함을 지니고 있기 때문이다. 그들의 가장 큰 약점은 애정 관계를 포함한 감정적 교류가 불가능하다는 점이다. 따라서 그토록 두려운 감정의 세계로부터 도피할 수 있는 유일한 수단은 이성적 판단이 요구되는 지성의 세계, 다시 말해서 사고의 영역에만 전적으로 매달리는 것이다. 정신분석에서는 그런 현상을 지성화(intellectualization)라고 부른다. 그런 점에서 엘리엇의 주지주의는 결국 지성화의 산물이라 할 수 있다.

감정적으로 경직되고 차갑게 얼어붙어 있기 때문에 그들에게는 유머 감각이 없으며 잘 웃지도 못한다. 따라서 인색하기 그지없는 그들은 타인에게 정을 주는 데도 인색하며 오로지 자기만의 생각과 원칙에만 집착하기 때문에 타인에게 공감할 수 없다. 다만 마지막 주문, 즉 자제하라는 요구는 얼마든지 실천할 수 있다. 금욕과 근검절약은 이미 몸에 밴 일이기 때문이다.

이처럼 얼어붙은 감정의 소유자들은 비록 냉철한 이성을 무기로 지적인 활동에는 탁월한 장기를 발휘하기도 하지만, 애정 생활의 유지에는 상당한 어려움을 겪기 마련이다. 엘리엇 역시 그런 어려움 때문에 한동안 정신적으로 위기를 맞이하기도 했는데, 〈황무지〉의 서문 부분에 나오는 다음과 같은 간략한 인용구를 통해 그런 사실을 확인할 수 있다.

한번은 쿠마에서 내 눈으로

조롱 속에 매달려 있는 한 무녀를 보았는데,

그때 애들이 '당신은 무엇이 하고 싶으냐?'고 물으니,

그녀는 '죽고 싶다'고 대답하더이다.


그리스 신화의 무녀, 특히 쿠마의 무녀 이야기를 처음부터 인용한 이유는 무엇일까? 그리스의 식민 도시 쿠마의 무녀는 아폴로신과의 약속을 어긴 죄로 늙고 메마른 상태로 조롱 속에 들어가 아이들의 구경거리가 되었는데, 무녀가 처한 상태는 곧 죽음보다 못한 죽은 상태의 황무지를 상징하는 것이다.

아이들의 질문에 대한 그녀의 '죽고 싶다'는 대답은 엘리엇 자신의 심경을 한마디로 압축한 말이다. 죽고 싶어도 마음대로 죽을 수도 없는 참담한 상황. 죽음보다 못한 지옥 같은 결혼 생활에 지친 나머지 신경쇠약에 걸린 엘리엇은 멀리 스위스까지 건너가서 정신치료를 받고 안정을 되찾은 후〈황무지〉를 완성하지만, 그의 아내 비비안은 마녀가 조롱 속에 갇히듯 정신병원에 강제 수용되었다.

따라서 신으로부터 저주를 받은 마녀의 운명은 그의 아내 비비안뿐만 아니라 엘리엇 자신에게도 해당되는 운명이기도 했다. 종반부의 구절 "적어도 내 땅만이라도 바로잡아 볼까?(Shall I at least set my lands in order?)"는 혼란과 무질서에 대한 환멸에서 질서에의 열망과 희구를 담고 있는 표현이지만, 여기서 말하는 내 땅은 과연 어느 땅을 말함인가? 미국인가 영국인가? 아니면 게르만의 땅인가?

하지만 자신의 가정조차 제대로 이끌지 못한 입장에서 이 세상의 질서를 걱정한다는 것 자체가 무리한 일이 아닐까? 따라서 그가 말한 내

땅이란 그렇게 거창한 의미를 내포한 것이 아님에 틀림없다. 참전을 기피했던 그로서는 솔직히 말해 세상의 질서에 대해 운운할 자격이 없기 때문이다.

결혼 자체가 그에게 황무지였다면 이미 병든 아내 비비안과 함께 힘을 합쳐 황무지를 개간할 가능성은 사라진 셈이다. 결국 그는 아내를 포기하고 오로지 혼자만의 힘으로 그 자신의 황무지를 개간해야 할 처지에 놓인 것이다. 적어도 그가 바로잡을 수 있는 땅이란 자신이 버리고 떠난 부모의 나라 미국도 아니고 아내와 함께 살아갈 영국도 아니었다. 오로지 혼자 남은 엘리엇 그 자신 스스로가 바로잡을 내 땅이었던 셈이다.

엘리엇은 만년에 이를수록 종교적 경건함을 강조하며 자신의 죄책감을 상쇄시키고 있는데, 아내 비비안이 정신병원에서 죽기 이전부터 그는 이미 자신의 비서와 제2의 인생을 살고 있었던 것이다. 질서가 필요한 것은 엘리엇 자신이었음에도 불구하고 그는 자신의 혼란과 무질서를 세계로 투사함으로써 스스로의 무력감으로부터 벗어날 수 있었다. 결국 〈황무지〉는 그 자신의 황폐한 내면세계를 드러낸 독백이었던 것이다.

그는 〈황무지〉 전편을 통해 고대 그리스어, 라틴어, 산스크리트어로 쓰인 고전 작품과 성 아우구스티누스, 석가모니, 헤세, 바그너, 헉슬리 등의 인물을 무수히 인용하고 있는데, 그가 인용했던 작품들과 인물들의 특징은 종교적 신비주의와 금욕주의, 지성과 성스러움으로 대표된다고 할 수 있다. 그런 점에서 오늘날의 우리가 〈황무지〉를 오로지 현학적인 차원에서 감상하고 해석하는 것은 본질을 보지 못한 채 그 외면만을 피상적으로 다루는 것과 다를 바 없다.

엘리엇의 결혼 생활은 결벽증과 완전벽(完全癖)에 사로잡힌 강박적 성격의 그에게는 지옥 체험 바로 그 자체였다. 결혼이라는 짐은 그만큼 그의 삶을 수렁 속으로 몰아넣은 끔찍스러운 고문이요 무덤이었던 셈이다. 그는 결국 아버지 노릇을 한 번도 해 보지 못했다. 자식을 낳지 않았기 때문이다. 전형적인 강박적 성격의 소유자인 그가 변덕스러운 히스테리적 성격의 부인을 얻음으로써 겪은 고통과 그 대가는 이루 말할 수 없이 큰 것이었다.

물론 불행한 결혼에서 비롯된 성적 갈등과 심리적 지옥 체험은 그의 출세작 〈황무지〉를 쓰게 만든 결정적인 계기를 이루었지만, 까다롭고 신경질적인 성격의 그에게는 변덕이 죽 끓는 듯한 비비안이야말로 죽음보다 더 끔찍스러운 마녀 그 자체였다고 할 수 있다. 그래도 그는 상당 기간 동안 꾹 참고 잘 견디었다. 그리고 그에 대한 보상으로 노벨 문학상뿐만 아니라 영국 왕실로부터 귀족 칭호까지 얻는 등 그 어떤 예술가들보다도 세속적인 성공을 거두는 행운이 뒤따랐다.

그러나 엘리엇의 내면세계는 외부적 화려함과는 달리 만년에 이르기까지 고독하고 메마른 심적 상태에 있었다. 특히 성을 더럽고 불결한 타락의 징표로 간주했던 그는 자신이야말로 진정한 구도자의 길을 걷는 기독교의 수호자임을 자처했다. 〈황무지〉 제2장 '체스 게임'의 한 구절을 보자.

> 나이팅게일은 맑은 목청으로
> 온 황야를 채우지만
> 세상 사람들은 여전히 그 짓을 계속한다.
> 그 울음은 더러운 귀에 '적 적' 소리로 들릴 뿐.

이처럼 성을 혐오하고 두려워한 그는 결국 비비안과의 결혼에서 참담한 실패를 경험하는 가운데 오로지 지성의 세계만을 그의 유일한 도피처로 삼았다. 그리고 자신의 감당할 수 없는 괴로운 감성의 세계로부터 차갑고 냉정한 이성적 지성의 세계로 도피함으로써 20세기 주지주의를 대표하는 시인의 위치에까지 올랐다.

그런데 시간과 지성의 낭비에 대한 그의 강박적인 초조함은 〈황무지〉 이전에 발표한 시 〈프루프록의 연가〉에도 이미 잘 드러나 있다. 비비안과 결혼한 바로 그해에 쓴 이 작품의 첫머리와 그 일부를 인용해 보더라도 성에 대한 그의 갈등을 엿볼 수 있다.

그러면 우리 갑시다.
수술대 위에 에테르로 마취된 환자처럼
저녁놀이 하늘에 퍼지거든 우리 갑시다.
밤 동안 잠 못 자 허접스런 주막집과
굴껍질을 내놓은 톱밥 깔린 식당에서 중얼거림이 새어나오는
　골목길
거의 인기척도 없는 거리를 빠져 우리 갑시다.
험악한 음모에서 우러나온
진저리나는 시비처럼 내닫는 거리는 압도적인 문제로
당신을 인도하리다.
아, '무엇이냐'고 묻지는 마세요.

우리 가서 방문해 봅시다.
정말 시간이야 있을 겁니다.

유리창에 등을 비비면서

노란 연기가 거리로 미끄러져 내리는 데도

시간은 있을 겁니다. 시간은 있을 겁니다.

만나는 얼굴들을 만나기 위해 얼굴을 화장하는 데도

죽이고 만들어 내는 데도 시간은 있을 겁니다.

접시 위에 한 덩이 질문을 집어서 놓은

나날의 허다한 솜씨와 동작에도 시간은 있고,

당신에게도 내게도 시간은 있을 겁니다. 차와 토스트를 들기 전의

한 백번 망설이고

한 백번 검토하고, 재검토하는 데도 시간은 있을 겁니다.

소중한 시간의 흐름 속에 서서히 침몰해 가는 사랑의 부재와 그렇게 무의미하게 스쳐가는 삶의 권태를 드러낸 이 시에서 엘리엇은 끝없는 망설임과 재검토로 우유부단하기 그지없는 그 자신의 무능함을 스스로 달래고 있다. 그러나 엘리엇과 비비안에게는 상대를 기다릴 줄 아는 인내심이 부족했다. 그들에겐 기다릴 시간적 여유가 없었던 것이다.

늘 초조했던 엘리엇뿐 아니라 정서적으로 매우 불안정한 아내 비비안 역시 자신의 심적 부담을 감당하지 못하고 결국 정신병원에 입원하는 신세가 되고 말았는데, 엘리엇은 그녀가 1938년에 입원해서 1947년 세상을 떠나기까지 10년 가까운 입원 기간 내내 단 한 번도 그녀를 방문하지 않았다.

그녀가 숨을 거둔 그해는 바로 엘리엇이 모교인 하버드 대학에서 명예박사 학위를 받은 해이기도 했다. 그리고 이듬해 그는 생애 최대의 영예인 노벨 문학상을 수상했다. 결국 그는 문학적 성공으로 무엇에도

견줄 수 없는 영예를 안았지만, 그의 아내 비비안은 정신병원에서 오랜 투병 생활 끝에 비극적인 삶을 마감하고 말았던 것이다.

그런 점에서 전기 작가 린달 고든은 엘리엇을 불완전한 삶의 전형으로 보면서 그의 시는 다분히 자전적인 요소들이 강함을 지적하고, 특히 그의 결혼 문제, 이성 관계, 소수민족들에 대한 개인적인 편견, 성자다운 삶의 지향 등을 비판적인 관점으로 해석하기도 했다. 비록 엘리엇은 완벽한 삶을 추구했지만 실제로는 모순과 갈등으로 점철된 내면세계에 사로잡힌 채 불완전한 인생을 살다 간 시인이었다는 것이다.

엘리엇은 비록 미국에서 태어났지만, 청각장애인이었던 아버지의 나라이자 품위 없이 천박한 땅인 미국을 떠나 머나먼 조상의 나라이며 품위 있는 귀족의 나라인 영국에 귀화해 시민권을 얻음으로써 마침내 귀족의 일원이 되었다. 그는 영국인들과 똑같이 정장 차림으로 외출하기를 좋아했지만, 단순히 국적만 얻는 것으로는 만족할 수 없었다. 따라서 완전한 영국인이 되기 위해 그는 성공회로 개종까지 한 것이다.

그렇다면 그의 개종은 무엇을 뜻하는가. 완전벽이 있으며 신경질적인 그의 강박적 성격은 모든 불결함과 무질서, 성과 육체에 대해서 지독한 혐오감을 보였는데, 그런 특성은 자연스레 친가톨릭, 반유대 성향을 보이는 보수우익 노선으로 기울게 만들었다. 그가 자신의 조국을 바꾼 것은 곧 아버지의 나라를 바꾼 셈이었지만 다행히 모국어는 잃지 않아도 되었다. 다 같은 영어를 사용하니 '어머니의 말'은 상실될 염려가 없기 때문이다. 모국어인 영어는 계속해서 사용할 수 있었고, 더나아가 그 모국어로 시를 써서 세계적인 명성까지 얻게 되었으니 그에게 어머니는 유일한 이상향이고 구원자였던 셈이다.

그러나 어머니에 대한 그의 애정은 현실적으로 불가능했으며, 세속적 쾌락과 행복을 포기한 채 살아가는 어머니에게 연민의 정을 느꼈다. 그래서 예민한 감수성의 소유자였던 그로서는 불가능한 사랑의 땅이었던 미국은 더욱 견디기 어려운 곳이었다. 결국 그는 천박한 민중들의 나라 미국을 떠나 보다 고상하고 귀족적인 멋과 신사의 나라 영국을 새로운 조국으로 선택한 것이다.

그는 조국을 등지고 부모가 원하지 않는 배우자를 선택한 데다가 거기에 한술 더 떠서 성공회로 개종까지 함으로써 독실한 개신교도인 자신의 부모에게 3중의 복수를 가한 셈이다. 그런 점에서 그의 개종과 귀화는 상징적으로 아버지를 바꾼 것이지 어머니와는 무관하다. 그는 아버지의 존재를 무효화하고 어머니의 존재는 변함없이 자기 소유로 붙들어 둔 셈이다. 그는 어머니를 사랑했지만, 아버지라는 적수가 살아 있는 한, 어머니를 소유할 수는 없었다. 부모가 함께 있는 모습을 괴롭게 지켜보느니 차라리 그들이 보이지 않는 머나먼 땅으로 도피하는 게 마음 편했을 것이다.

비록 그는 기독교의 수호자임을 자처하며 귀족 같은 삶을 살았지만, 실제로 고통받는 민중의 삶에는 전혀 관심을 보이지 않았다. 그럼에도 불구하고 그는 기독교에 침투한 이단적 악마성에 대한 경각심을 드높이면서 기독교적 이상향을 꿈꾸기도 했다. 그런 관점에서 그는 특히 토마스 하디, D. H. 로렌스, 예이츠 등을 비난하고 경멸했다. 적어도 엘리엇은 보수 회귀를 열망하는 몰락한 서구인들을 지적 황폐화로부터 구원해 줄 등불과도 같은 존재로 비쳐졌다. 그리고 그 자신도 마치 신의 소명을 받은 예언자이기라도 한 듯이 처신했다.

엘리엇을 구도하는 순례자에 비유한 시각들은 대개의 경우 그의 그런 언행에 기반을 둔 평가이기 쉽다. 실제로 그는 뿌리 없는 서구인들의 정신적 방황을 무척 우려했으며, 또한 그의 작품 세계를 통해 꾸준히 경각심을 일깨우는 모습을 보여 주기도 했기 때문이다. 그는 분명 외부적 성공과는 달리 내면적으로는 외롭고 불행한 삶을 살았으나, 마치 가톨릭 사제와도 같은 종교적 경건함으로 여생을 보내었다.

감정을 배제하고 지성으로만 시를 쓴 시인 엘리엇, 그를 일컬어 주지주의 시인, 지성파 시인이라고들 한다. 그러나 전 생애를 강박적으로 살아갈 수밖에 없었던 그에게는 시인으로서 당연히 요구되는 시적 감흥이나 감동, 흥분된 감정을 느끼고 표현하는 데 남다른 어려움이 있었기에 주지주의는 불가피한 선택일 수밖에 없었다. 강박적인 사람들이 가장 두려워하고 회피하고자 하는 것은 다름 아닌 감정적 교류이며 표현이기 때문이다.

비록 엘리엇은 자신의 성격적 결함으로 인한 결혼의 실패를 지적 성공으로 보상받기는 했으나 개인적으로는 결코 마음의 평안을 얻지는 못했다. 그런 점에서 그는 느끼고 노래하는 시인이 아니라 오로지 생각만으로 승부를 걸었던 시인이었던 셈이다. 물론 그처럼 자신의 성격적 특성이나 결함을 오히려 예술적인 형태로 승화시켜 세속적인 영예까지 얻은 시인은 사실 문학사에서 그리 흔한 일이 아니라는 점에서 그는 확실히 보기 드문 행운아인 동시에 매우 이례적인 존재였음에 틀림없다. ✍

# Part 2
# 독일과 러시아의 시인들

# 괴테의 〈마왕〉

불후의 명작으로 꼽히는 소설 〈젊은 베르테르의 슬픔〉과 희곡 〈파우스트〉를 쓴 요한 볼프강 괴테(Johann Wolfgang von Goethe, 1749~1832)는 너무도 유명한 독일의 대문호다. 특히 그의 대표작 〈파우스트〉는 악마 메피스토펠레스에게 영혼을 팔아넘기고 세상의 모든 지혜를 한 손에 거머쥔 파우스트 박사의 탐욕과 그로 인해서 겪게 되는 온갖 시련을 통해 죄와 벌, 사랑과 구원의 문제를 다루고 있는데, 슈베르트의 가곡으로 유명한 괴테의 시 〈마왕〉 역시 악마의 유혹을 물리치고 필사적으로 달아나는 아버지와 어린 아들의 모습을 통해 비슷한 주제를 다루고 있다. 그러나 마지막에 파우스트가 구원을 얻는 것과 달리 〈마왕〉에서는 어린 아들이 결국 악마에게 희생당하고 만다.

25세 때 〈젊은 베르테르의 슬픔〉을 발표해 젊은이들 사이에서 베르테르의 자살을 모방한 연쇄자살 소동을 불러일으킬 정도로 엄청난 사회적 파장을 가져온 괴테가 노년의 원숙기에 접어들어 〈파우스트〉를 완성함으로써 자신의 문학적 정점에 도달했다면, 1782년 33세 때 쓴

〈마왕〉은 번거로운 궁정 업무로 몹시 공사다망하던 바이마르 시절에
발표한 시로 그 내용 자체는 비극적인 결말로 끝난다.


이토록 늦게 밤과 어둠을 뚫고 달리는 이들은 누구지?
그건 자기 아들을 데리고 가는 아버지이지.
아버지는 아들을 팔에 안고 있는데
아이를 따뜻하게 감싸 안고 있네.


내 아들아, 무엇이 무서워 얼굴을 가리지?
아빠, 저기 마왕이 보이지?
왕관을 쓰고 긴 옷을 입은 마왕말이야.
아들아, 그건 안개일 뿐이야.


"귀여운 아가, 나와 함께 가자!
가서 나와 재미있게 놀자.
아름다운 꽃이 가득한 동산에
꼬까옷도 많이 입혀 줄게."


아빠. 아빠. 소리가 들리지 않아?
마왕이 내게 속삭이는 소리가?
잠자코 있어, 내 아들아
저건 바람 소리란다.


"아가야 나와 함께 가자

어여쁜 내 딸들이 기다린다.
그 애들은 너와 같이 놀고 싶어하지
너를 위해 춤을 추고 노래하리.”


아빠. 아빠. 저걸 좀 봐요.
어둠 속에 마왕의 딸들이 보여요.
아들아, 내 아들아, 저기 저것이
늙은 수양버들이지.


“사랑스런 아가, 예쁜 네 모습이 너무나 탐나
같이 가지 않겠다면 억지로 데려가련다.”


아빠, 아빠, 마왕이 날 데려가요.
마왕이 날 해쳐요.
겁에 질린 아버지는 급히 달렸지
그의 팔 안에 있는 아이를 꼭 안았지
성급하게도 달려와 이제 다 왔네.
그런데 품속의 아이는 죽어 있었네.


　　마치 광야에서 고행을 하고 있던 예수 그리스도 앞에 나타나 온갖
간교한 술수로 유혹하려 들었던 사탄의 모습을 연상시키는 마왕의 존
재는 결국 아이를 빼앗아 감으로써 최종적인 승리를 쟁취하고 만다.
아버지의 극진한 부성애도 마왕 앞에서는 무력하기 그지없는 나약함
을 보인다.

그렇다면 괴테는 무슨 이유로 마왕의 손을 들어 준 것일까 궁금해진다. 〈마왕〉을 썼을 당시 괴테는 "나는 반기독교인도 아니고 말뿐인 기독교인도 아니다. 나는 그저 비기독교인일 뿐이다."라고 고백하기도 했는데, 이 말은 결국 정통 신앙에 대해 일정한 거리를 두고 있음을 가리킨 것이다. 비록 그는 독실한 루터교 가정에서 태어났지만, 나이가 들수록 점차 자신의 신앙에 회의를 느끼기 시작했기 때문에 그런 말을 한 것으로 보인다.

그 후 프랑스 대혁명이 일어나고 나폴레옹 전쟁으로 전 유럽이 폐허로 화하자 그는 종교에 대해 더욱 회의적인 태도를 갖게 되었다. 괴테는 칼 대공을 보좌하며 프랑스군을 상대로 전투를 치르기도 했지만, 전쟁의 참상은 그에게 더욱 큰 회의만을 남겼을 뿐이다. 그런 실망감은 그 후 쉴러와의 만남을 통해 활기를 되찾고 소설 〈빌헬름 마이스터의 수업시대〉와 서사시 〈헤르만과 도로테아〉를 낳는 계기가 되었는데, 두 사람의 우정은 쉴러가 죽을 때까지 지속되었다.

초기 바이마르 시절에 슈타인 부인을 자신의 이상적인 여인상으로 여기며 그녀의 매력에 푹 빠진 괴테는 갑자기 아무런 언질도 없이 이탈리아로 홀쩍 여행을 떠났는데, 그 일로 인해 그녀와의 관계가 서먹해지기도 했다. 그것은 아마도 더 이상 그녀에게 깊이 빠져서는 안 되겠다는 판단 때문이었을지도 모른다. 일종의 상징적 어머니에 대한 근친상간적 유혹으로부터 도피 여행을 떠난 셈인데, 어쨌든 여행을 마치고 귀국한 39세 무렵에 괴테는 마침내 크리스티아네 불피우스와 동거에 들어가 아들까지 낳았다. 이들이 정식 결혼식을 올린 것은 그로부터 18년 뒤로 괴테의 나이 57세 때였다. 젊어서부터 숱한 염문을 뿌렸던 괴테로서는 꽤나 오랜 방황 끝에 정착한 셈이다. 아들의 뒤늦은 결혼식을 보고 괴테의 어머니는 비로소 안심한 듯 2년 뒤에 77세의 나이로 사망했다.

젊은 시절 수많은 연애시를 쓰기도 했던 괴테지만, 실제로 사랑에 성공해 본 적은 거의 없었다. 그는 소년 시절에 첫사랑과 헤어진 후 안나 카타리나 쇤코프, 프리데리케 브리온, 샤를로테 부프 등 숱한 여성들과 사랑을 나누었지만, 그 관계는 모두 실패로 돌아갔다. 물론 그가 마음의 안식처로 정한 상대는 크리스티아네 불피우스였지만, 그녀가 먼저 세상을 떠나자 나이 74세에 이른 괴테는 당시 18세 소녀였던 울리케와 사랑에 빠진 나머지 결혼까지 하려고 했다가 그녀의 어머니가 반대하는 바람에 포기하고 말았다. 그 후에도 괴테는 폴란드의 피아니스트 마리아 지마노프스카와 열애에 빠졌으니 그의 정력은 정말 끝없이 샘솟는 용광로에 비유할 수 있겠다. 그런 그가 남긴 애송시 가운데 〈그리움을 아는 자만이〉를 보면 괴테의 애달픈 사랑의 아픔을 느낄 수 있다.

> 그리움을 아는 자만이
> 내 가슴의 슬픔을 알아줍니다.
> 홀로 이 세상의 모든 기쁨을 등지고
> 멀리 하늘을 바라봅니다.
> 아, 나를 사랑하고 나를 알아주는 사람은
> 지금 먼 곳에 있습니다.
> 눈은 어지럽고
> 가슴은 찢어집니다.
> 그리움을 아는 자만이

내 가슴의 슬픔을 알아줍니다.

이처럼 애달픈 사연을 노래한 괴테가 마왕이나 메피스토펠레스와 같은 악마를 주제로 작품을 쓴 것은 선뜻 이해하기 어렵지만, 불가지 론자였던 괴테 입장에서는 전지전능한 사탄의 존재 자체도 그렇게 사악한 존재로만 여기진 않았던 것 같다. 어쩌면 악마의 능력을 질투했을 수도 있다. 악마에게 영혼을 팔고 전지전능한 힘을 부여받은 파우스트 박사는 다름 아닌 괴테 자신의 탐욕을 상징하는 게 아닐까.

그런 점에서 어린 아들의 영혼을 마왕에게 넘겨주고 자신만 살아남은 아버지는 매우 비겁한 인간으로 보일 수도 있겠다. 여기서 한 가지 짚고 넘어갈 부분은 〈마왕〉을 쓴 시점이 괴테의 아버지가 세상을 떠난 시기와 일치한다는 점이다. 괴테는 대학 시절부터 학업을 게을리하고 연애에만 빠져 지내 아버지와 사이가 별로 좋지 않았는데, 종교에 대한 반감도 엄격한 아버지에 대한 반발심에서 비롯된 것일 수 있다.

괴테가 일종의 사랑중독증에 빠진 것은 어린 시절 어머니의 사랑을 얻기 위해 한 살 아래인 여동생 코르넬리아와 치열한 경쟁을 벌인 데서 비롯된 결과로 볼 수 있으며, 마왕이나 악마에 강한 집착을 보인 것은 권위적이고 지배적인 아버지에 대한 반항심을 드러낸 것으로 볼 수도 있다. 권력자인 아버지를 능가하기 위해서는 전지전능한 힘을 지녀야 하지만 현실적으로 무력하기만 한 아들의 입장에서는 초자연적인 힘을 빌려서라도 아버지를 굴복시켜야 하기 때문이다. 그런 점에서 신에 버금가는 초자연적 존재인 마왕은 괴테에게 상당히 매력적인 모습으로 다가왔을지도 모른다.

어쨌든 사랑을 주제로 많은 시를 썼던 괴테가 뜬금없이 마왕에게 쫓기는 부자의 모습을 노래한 것은 매우 이례적인 일이라 할 수 있으며, 아마도 그것은 아버지의 사망과 관련이 있을 것으로 보인다. 그리고 〈마왕〉은 그 후 수십 년의 오랜 기간을 걸쳐 완성에 이른 〈파우스트〉의 착상에 중요한 단초를 제공했을 수 있다. 사실 〈파우스트〉는 악마의 힘을 빌려 온갖 쾌락에 탐닉하고 온갖 지식을 만끽하던 파우스트 박사가 스스로 파멸하기 직전에 성모 마리아와 천사 같은 그레첸의 도움으로 용서를 받고 영적인 구원의 세계로 들어가는 해피엔딩 스토리가 아닌가.

실제로 괴테 자신이 그야말로 질풍노도와 같은 정신적 방황과 애욕의 갈등을 겪으며 살았지만, 결국 그가 최종적으로 얻은 결론은 한마디로 아버지의 권력을 능가하는 진정한 힘은 어머니에게서 나오는 것이며, 이 세상에서 가장 위대한 존재는 남성이 아니라 여성이라는 사실이었다. 왜냐하면 〈마왕〉에서는 아버지가 마왕의 손길에 굴복하고 아들을 구하지 못하지만, 〈파우스트〉에서는 상징적인 어머니인 성모 마리아와 그레첸이 악마의 힘을 물리치고 파우스트를 구하기 때문이다. 그런 점에서 괴테는 일생 동안 여성을 추구하고 여성을 숭배한 여성 찬미론자라 할 수 있다.

# 영원한 방랑 시인 하이네

　고독한 유대인 망명자 하인리히 하이네(Heinrich Heine, 1797~1856)는 19세기 독일의 낭만주의를 대표하는 시인이다. 그가 남긴 주옥같은 시들은 슈만, 슈베르트, 멘델스존, 질허 등 많은 작곡가들에 의해 가곡으로 만들어지기도 했는데, 그중에서도 특히 슈만의 〈노래의 날개 위에〉와 질허가 작곡한 〈로렐라이〉가 가장 유명하다.

　독일 문학의 진수는 당연히 괴테에서 찾을 수 있겠지만, 한동안 그의 뒤를 이을 만한 대가는 나오지 못했다. 그런데 영국에서 셰익스피어 이후 천재 시인 바이런이 나타난 것처럼 독일에서는 하이네가 나타나 괴테의 뒤를 이었다고 볼 수 있다. 물론 유대인이었던 하이네는 독일에서 추방되어 외로운 망명객으로 파리에서 생을 마감하고 말았지만, 그가 독일어로 남긴 아름다운 시들은 지금도 여전히 많은 이들에 의해 애송되고 있다.

　그러나 그의 작품들을 자세히 살펴보면 우리가 생각하는 것처럼 그렇게 낭만적인 것만도 아니다. 왜냐하면 하이네가 직접 체험하며 살았던 삶은 불행 그 자체로 시적인 삶과는 거리가 멀었으며, 오히려 진창 속에 허우적대며 파란만장한 삶의 길을 걸었던 반항아의 모습으로 다가오기 때문이다.

하이네는 독일 뒤셀도르프 태생으로 가난한 유대인 포목상의 아들로 태어나 백만장자인 숙부의 도움으로 대학에서 법학을 공부할 수 있었다. 그러나 학업에 흥미를 잃고 문학에만 정신이 팔렸던 그는 형편없는 성적으로 겨우 대학을 졸업한 후 적당한 일자리를 얻지 못해 여기저기를 방랑하며 지내야만 했다.

결국 아버지의 권유로 함부르크에서 은행가로 성공한 숙부에게로 가서 상인 수업을 받게 된 하이네는 그곳에서 숙부의 딸 아말리에를 사랑하게 되지만 속물적이고도 허영심에 가득 찬 그녀는 빈털터리 사촌 오빠를 거들떠보지도 않았다. 그녀에게서 받은 실연의 아픔을 스스로 달래기 위한 목적으로 시를 쓰기 시작한 하이네였지만, 시인으로서의 활동조차 결코 순조롭지 못했다.

그는 취업을 위해 기독교로 개종까지 했지만 유대인 신분이었던 그에게는 좀처럼 마땅한 일자리조차 주어지지 않았다. 이처럼 일찍부터 폐쇄적인 독일 사회의 부조리에 직면해야 했던 하이네는 이미 상당한 분노와 좌절을 겪으며 자신이 속한 봉건적 사회구조에 대해 강한 반발을 보이고 있었던 것이다.

따라서 하이네가 혁명 사건에 연루되어 해외로 망명할 수밖에 없었던 것도 그의 타고난 저항 의식 때문이었다. 그는 오히려 구태의연한 독일 낭만주의를 혐오했으며, 현실을 도외시한 독일 낭만주의 정신을 과대망상적이고도 시대착오적인 것으로 매도했을 뿐만 아니라 독일의 봉건 체제와 국수주의적 풍조에 대해서도 냉소적인 야유를 퍼부어 댔는데, 그 결과 독일인들은 그를 친불파 배신자, 유대인 하이네, 조국을 냉소한 거짓말쟁이 등으로 부르며 비난했다. 나치 독일은 하이네의 책들을 모조리 불태우기까지 했다.

자유를 그토록 열망하던 그에게 운명처럼 주어진 두 개의 상이한 세계, 즉 독일과 프랑스는 속박되기를 거부하는 자유로운 영혼의 소유자인 시인의 입장에서는 실로 견디기 어려운 갈등적 상황이었음에 틀림없다. 무엇보다 부조리한 현실에 대해 매우 날카로운 직관력을 지니고 있던 그로서는 그런 굴욕적인 환경에 몸담고 살면서 이중적인 태도를 유지할 수밖에 없는 자신의 처지부터가 견딜 수 없었을 것이다. 따라서 하이네는 낭만적인 열정에 이끌려 정치적 망명을 한 것이 아니라, 자신의 정체성에 대해 근본적인 회의를 느낀 데다 그 자신의 천재성에도 불구하고 결국은 영원한 국외자일 수밖에 없다는 유대인으로서의 신분적 한계를 결코 넘을 수 없었기 때문에 불가피하게 망명을 선택했다고 볼 수 있다.

그는 본 대학에 다닐 때에도 자신을 향한 인종차별적인 반유대주의 감정에 대항하면서 계속 분쟁을 일으킨 결과, 대학 당국과 동료 학생들로부터 철저하게 따돌림을 당하는 수모를 겪기도 했다. 그 후 베를린 대학으로 옮겨 헤겔의 강의를 듣기도 했지만, 본의 아니게 선택한 법학 공부는 그의 취향에 전혀 맞지 않았다.

결국 괴팅겐 대학을 졸업하면서 그는 본격적인 시집 출간에 나섰는데, 1830년 프랑스에서 일어난 7월 혁명을 지지했다는 이유로 당국의 탄압을 받게 되자 국외 망명길에 오를 수밖에 없었다. 파리에 망명한 후에도 그는 날카로운 필치로 독일 사회를 계속 꼬집었는데, 독일인의 관점에서 본다면 매국적 배신행위가 아닐 수 없었을 것이다. 한때 그는 파리에서 카를 마르크스와 친교를 맺기도 했지만 나중에는 공산주의 사상에도 회의를 느낀 나머지 등을 돌리고 말았다.

하이네의 날카롭고도 냉소적인 비판의식에는 그야말로 칼날처럼 번득이는 예리함이 도사리고 있음을 알 수 있는데, 대학 시절 철학에도 많은 관심을 기울였던 그는 독일의 낭만주의자들뿐만 아니라 현실과는 담을 쌓은 채 대학 강단에만 안주한 철학자들에게 따가운 일침을 놓는 일에도 망설임이 없었다.

"취침모를 쓰고 화장복을 걸치고서
조각난 세상의 틈을 막는다네"

마치 칸트를 겨냥한 것처럼 보이는 이 시구는 독일 철학의 기만성을 조롱하고 있음에 틀림없다. 실제로 칸트는 잠옷 차림으로 앉아서 저술했다고 한다. 자신이 태어나 살았던 도시 쾨니히스베르크를 죽을 때까지 한 번도 떠나 본 적이 없다는 이 대철학자에 대해 하이네가 비꼬는 것은 결국 세상 물정에 대해 아무것도 모르는 주제에 무슨 여러 말로 그렇게 어렵게 세상에 대해 아는 척을 하느냐는 빈정거림일 것이다.

그러나 모국어를 잃어버린 작가는 이미 사망 선고를 받은 것이나 다름없다. 그런 점에서 하이네의 파리 망명 생활은 정체성의 위기와 갈등 속에 흔들리는 좌절과 혼란에 가득 찬 고통스러운 삶의 연속이었다. 불운한 그의 말년은 하이네 개인의 힘으로서는 떨쳐 버리기 어려운 짐이었다. 프로이트가 〈꿈의 해석〉에서 인용한 하이네의 시에는 다음과 같은 구절도 보인다.

"그대는 가끔 나를 이해하였고

나 역시 가끔 그대를 이해하였다.

진창 속에 함께 구를 때만이

우리는 서로를 곧바로 이해한다."

진창 속에 함께 뒹구는 시련을 겪어 보지 않고는 서로를 진정으로 이해할 수 없다는 뜻이다. 마치 그것은 유대인들이 겪은 박해와 온갖 수모를 서구인들 역시 똑같이 겪어 봐야만 유대인의 서러움을 진정으로 이해할 수 있게 될 것임을 강조하는 것처럼 보이기도 하고, 동시에 같은 유대인이라 하더라도 가난한 자신을 냉정하게 뿌리친 백만장자의 딸 아말리에를 향해 던지는 탄식의 소리처럼 들리기도 한다.

프로이트가 이 시를 인용한 것도 같은 유대인으로서 겪어야 했던 수치심과 모멸감에 전적으로 공감했기 때문이 아니었겠는가. 그런 점에서 '창조해 가면서 나는 치유되고, 창조해 가면서 건강해진다' 라는 하이네의 말은 프로이트에게도 큰 영감을 주었음 직하다. 다시 말해 '질병이 창조적 충동의 근본이며, 창조도 결국은 내 몸으로부터의 배설이요, 창조를 하면서 내가 다시 건강해진다' 는 하이네의 말이야말로 창조적 작가의 무의식에 대해 언급했던 프로이트의 입장과 일맥상통하는 것이기 때문이다.

이처럼 하이네의 시는 아름답기만 한 것이 아니라 상당히 예리하고 냉소적인 태도마저 엿보인다. 따라서 그는 단순한 서정시인이 아니라 고루하고 불합리한 봉건적 사회 체제에 펜으로 저항한 혁명적 저널리스트이기도 했으며, 모든 도덕적 · 종교적 · 정치적 속박에서 벗어나 진정한 자유를 희구한 해방론자이기도 했다.

따라서 그는 생시몽주의, 즉 공상적 사회주의에 입각한 일종의 범신론을 내세우며 스스로가 영원한 국외자요 방랑자임을 자처했다. 고향 없는 실향민으로서 범세계적인 고민을 안고 예술 세계를 순례했던 하이네는 자신을 돈키호테 같은 존재로 파악하고, 타고난 풍자적 감각과 날카로운 기지로 무신론적 헬레니즘과 자유주의적인 정치철학을 옹호하면서 스스로 소외의 길을 선택한 셈이다.

자신이 속한 그 어떤 시대적 사조에도 얽매이기를 거부한 그는 고뇌와 분노, 그리고 절망의 연속으로 채워진 삶을 이어 갔으며, 그것은 곧 하이네 자신의 내적 분열에 따른 비극인 동시에 긍정과 부정, 창조와 파괴 사이에서 스스로를 제대로 통합하지 못한 결과에서 비롯된 비극이기도 했다.

그런 점에서 하이네의 시로 유명한 〈로렐라이〉는 매우 슬프고도 아름다운 낭만시로 알려져 있지만, 실은 하이네 자신이 겪은 부당한 현실에 대한 자조적인 푸념일 수도 있다. 이 시는 질허가 작곡한 노래로 더욱 유명해지기도 했는데, 가사 자체는 하이네의 시와 전혀 다르게 손질된 것이다. 하이네의 시는 이렇게 이어진다.

나도 모르겠네
내가 왜 이리 슬픈지
옛부터 전해 오는 이야기 하나가
내 마음을 떠나지 않는다네

바람은 서늘하고 날은 어두운데
라인강은 고요히 흐르고

저녁노을에
산봉우리가 빛나고 있네

세상에서 가장 아리따운 처녀가
저 언덕 위에 황홀하게 앉아서
황금빛 장신구를 번득이며
황금빛 머리를 빗어 내렸다지

황금의 빗으로 머리 빗으며
그녀는 노래했다네
그것은 이상하고 놀라운 가락이었네.

조각배의 사공이 격정에 사로잡혀
암초는 보지 않고 언덕만 바라보고 있으니
마침내 파도가 사공과 조각배를 삼켜 버렸다네
로렐라이가 부른 노래가 그렇게 했다네

여기서 시인이 언급하는 아름다운 처녀 로렐라이가 그에게 실연의
아픔을 선사한 사촌 누이인지 여부는 정확히 알 수가 없다. 오히려 배
와 함께 깊은 강물 속으로 잠겨 들어간 사공의 모습을 통해 박해받는
유대인들의 비극적인 운명을 노래한 것인지도 모른다. 아니면 그가 그
토록 혐오했던 비현실적인 낭만주의자들의 어리석음을 빗대어 노래한
것일 수도 있다.

어쨌든 〈로렐라이〉는 우리가 생각하듯 그렇게 단순한 낭만시는 아

닌 것으로 보인다. 자연의 경이로움을 찬미한 그의 시 〈햇빛과 함께〉
도 자세히 보면 소외된 아웃사이더로 살아갈 수밖에 없는 유대인의 비
애가 그대로 묻어난다. 아무리 찬란하게 빛나는 자연일지라도 세상의
그늘에서 살아가는 유대인들에게는 일종의 사치일 수 있다는 자조 섞
인 푸념임을 알 수 있기 때문이다.

> 햇빛과 함께 봄이 오면
> 봉오리를 열고 꽃은 핀다.
> 달이 비치고
> 뒤이어 별들이 반짝거린다.
> 황홀한 눈으로 시인이 바라보면
> 마음 깊은 곳에서 노래가 솟는다.
> 그러나 별도 꽃도 노래도
> 눈빛도 달빛도 찬란한 햇빛도
> 그것들이 아무리 탐스러울지라도
> 우리들은 그것들을 가질 수 없네.

그것들이 아무리 탐스러울지라도 우리들은 그것들을 가질 수 없다
는 이 마지막 구절은 모든 것을 잃은 하이네 자신의 기구한 운명을 한
마디로 압축한 셈이다. 이처럼 소외된 국외자요 망명객 신세로 전락한
하이네는 40대 중반에 이르러 뒤늦게 파리의 여점원 출신 마틸데와 별
로 내키지 않는 결혼까지 했는데, 그녀는 독일어를 한마디도 하지 못
하는 데다가 글을 모르는 문맹으로 문학 따위에는 관심조차 없는 여성
이었다. 그럼에도 불구하고 그녀는 하이네가 죽을 때까지 그의 곁을

지키며 헌신적으로 돌봐 주었다.

과거에 자신을 내버린 갑부의 딸 아말리에를 포함해 세상의 모든 부와 권력을 독차지한 가진 자들에 대한 불만 때문에 의도적으로 비천한 출신의 여성을 아내로 맞아들인 것으로 보이기도 하지만, 다른 한편으로는 밑바닥 출신이라는 공통점이 그의 마음을 더욱 편하게 했는지도 모른다. 일종의 자학적인 몸부림인 동시에 동병상련의 아픔을 공유한다는 점에서 그가 선택한 유일한 해결책이었던 것으로 보인다.

하지만 50대에 접어들면서 하이네는 갑자기 뇌신경 마비로 쓰러져 죽을 때까지 8년간을 침대에 꼼짝없이 침대에 누워 지내야만 했는데, 설상가상으로 시력마저 떨어지는 액운까지 겹치고 말았다. 당시에는 뇌 매독으로 의심되기도 했지만 최근 연구에 의하면 만성 납중독에 의한 것으로 밝혀졌다. 이처럼 비참한 지경에 이르렀음에도 불구하고 그는 놀라운 집념으로 걸작 시집 『로만체로』를 완성했다.

결국 그는 이 시집을 통해 자신의 정체성을 확립하려는 마지막 시도를 보이고 있는데, 비록 현실에서는 패배자에 머물고 말았지만, 히브리의 노래 등을 통해 역사를 새롭게 바라보고자 하는 노력이 엿보인다. 특히 그는 문둥병 환자 나자로를 자신과 동일시하고 세상에서 소외당한 채 죽음의 문턱에 도달한 자신의 처절한 심정을 노래하면서 온갖 부조리와 폭력, 그리고 고통스러운 몰락의 악순환으로 세계를 인식하고 있다.

이처럼 마지막 백조의 노래라고도 부를 수 있는 그의 『로만체로』지만, 내용상으로는 결코 아름다운 백조의 노래가 아니라 어둡기 그지없는 흑조의 노래라 불러야 할 정도로 여기서는 젊은 시절 그가 보였던 진보에 대한 낙관주의의 흔적이 완전히 사라지고 그 대신 매우 염세적인 성향이 두드러지고 있다. 물론 그것은 하이네가 처했던 개인적 불행과 시대적 상황을 고려한다면 전혀 이해 못 할 바도 아니다.

그는 결국 영원한 방랑자 신세의 유대인이 겪은 고통과 시련을 통하여 자신에게 주어진 소명 의식을 인식하고 그 소명을 이루기 위해 혼신의 힘을 다해 『로만체로』를 쓴 것이다. 자신이 몸담은 세상에서 영원히 버림받았던 이 위대한 시인은 고통과 체념, 조롱과 웃음, 반항과 좌절 등 그의 삶을 괴롭혔던 온갖 모순된 감정들이 서로 뒤엉킨 이 시집을 마지막으로 남기고 조용히 눈을 감았다.

# 푸시킨의 〈삶이 그대를 속일지라도〉

38세라는 젊은 나이로 요절한 알렉산더 푸시킨(Alexander Pushkin, 1799~ 1837)은 러시아의 시인이며 소설가로 고골리와 더불어 러시아 문학을 세계적인 수준으로 이끌어 올린 개척자로 불린다. 당시의 러시아가 유럽 변방의 낙후된 국가였고 문학 수준 역시 서구 문학을 모방하는 수준에 머물러 있었음을 감안하면, 그리고 푸시킨이 러시아 특유의 거칠고 투박한 문학적 독창성을 최초로 부각시켰다는 점을 상기해 보면 그를 19세기 러시아 국민 문학의 아버지 또는 국민 시인으로 부르는 이유를 알 수 있을 것이다.

비록 도스토예프스키는 러시아 문학의 수원지를 고골리의 〈외투〉에서 찾았지만, 막심 고리키나 투르게네프 등은 오히려 푸시킨을 더욱 높이 평가했다. 푸시킨의 진가는 특히 시와 희곡에서 발휘되었는데, 그는 〈루슬란과 루드밀라〉〈예프게니 오네긴〉〈보리스 고두노프〉 등 뛰어난 작품들을 발표하여 러시아 최고의 시인으로 평가받아 왔다. 이들 작품을 소재로 글링카, 차이코프스키, 무소르그스키, 쿠이, 림스키 코르사코프, 라흐마니노프 등 러시아의 쟁쟁한 작곡가들이 앞다퉈 오페라로 작곡하기도 했다.

푸시킨이 활동하던 시기는 1812년 나폴레옹 전쟁에서 승리한 이후 러시아가 민족적 자부심을 되찾고 한껏 고무된 상태에서 예전에 볼 수 없던 민족적 자각과 애국심으로 러시아 민족주의가 새롭게 꽃을 피우기 시작하던 때였다. 푸시킨은 그런 시대적 분위기에 발맞추어 매우 러시아적인 정취가 묻어나는 시와 소설들을 계속 발표함으로써 그 뒤를 밟은 수많은 러시아 작가들에게 진정한 문학적 스승이 되었다.

다소 검은 피부에 곱슬머리를 지닌 푸시킨은 모스크바 태생으로 어려서부터 프랑스인 가정교사의 교육을 받고 자라 프랑스어에도 능통했다. 그의 외가 쪽으로는 흑인 혈통이 흐르고 있었는데, 특이하게도 그의 외조부는 표트르 대제를 섬긴 에티오피아 출신 흑인 귀족이었다. 하지만 그는 오히려 그런 혈통 배경에 강한 자부심을 지니고 살았는데, 내면적으로 느끼는 은밀한 열등감이나 정체성의 혼란을 은폐시키기 위해 더욱 과장된 형태로 나타난 반동형성의 결과일지도 모른다. 반동형성(reaction formation)이란 정신방어기제의 하나로 쉽게 말해서 겉과 속이 다른 경우를 말한다.

농노 제도에 반대하는 사회 개혁에 뜻을 두었던 푸시킨은 매우 반항적이고도 충동적인 성향 때문에 위험인물로 간주되어 오랜 기간 유배 생활을 보내기도 했으며, 그런 유배 경험을 토대로 소설 〈대위의 딸〉을 썼다. 그의 마지막 유작인 이 작품은 18세기 러시아에서 있었던 푸가초프 반란을 시대적 배경으로 대위의 딸 마샤와 젊은 장교 표트르의 사랑에 뒤얽힌 우여곡절을 다루고 있는데, 이들의 사랑을 위협하는 가장 두려운 존재는 시바브린과 푸가초프라 할 수 있다.

그런데 동료 장교인 시바브린의 욕정과 반란군 지도자 푸가초프의 포악성은 성과 공격성을 겸비한 부정적 아버지상의 상징이라 할 수 있으며, 이들 두 인물에 대항해 맞선 대가로 표트르는 위기에 처하게 되지만, 결국에는 마샤와 여제 두 여성에 의해 구조되고, 푸가초프는 참수형을 당한다. 목이 잘린다는 것은 곧 거세를 당한다는 상징적 의미가 있는 것으로 볼 수 있는데, 그것은 표트르 자신의 거세불안을 투사한 것일 수 있다. 가장 두려운 존재인 아버지의 남근을 제거함으로써 자신의 거세공포를 가라앉히고 보다 안전한 상태에서 자신의 이상적인 여성과의 결혼에 성공한다는 설정은 그런 점에서 오이디푸스 갈등을 해결했음을 알리는 신호탄으로 보인다.

곤경에 처한 상징적 어머니를 아들이 구원하고, 위기에서 벗어난 딸이 상징적 아버지의 목숨을 구하는 이러한 구도는 곧 표트르와 마샤 자신들의 구원환상을 상징적으로 실현시킨 모습이라 할 수 있다. 그리고 그런 환상을 성취한 뒤에 이들 남녀는 안전하게 하나로 결합될 수 있었던 것이다. 소설 속에서 주인공 표트르는 마샤를 사이에 두고 연적인 시바브린과 결투를 벌이고 부상까지 입는데, 정작 푸시킨 자신도 아내의 명예를 지키기 위해 연적과 결투를 벌이다가 목숨까지 잃고 말았으니 소설 내용이 현실로 나타난 결과가 되고 말았다.

자존심이 유달리 강했던 푸시킨은 일생 동안 모두 29회에 걸쳐 결투를 벌였는데, 당시 뛰어난 미모로 소문이 자자했던 나탈리야 곤차로바와 결혼한 그는 자신의 아내가 불륜을 저지르고 있다는 헛소문을 퍼뜨린 프랑스인 귀족 당테스를 상대로 결투를 벌인 끝에 결국에는 38세라는 아까운 나이로 숨지고 말았다.

푸시킨의 소설뿐 아니라 그의 시 또한 제대로 다듬어지지 않은 러시아어를 아름다운 보석으로 재탄생시킨 계기를 만든 것으로 평가되며, 대자연의 섭리에 따라 묵묵히 삶의 시련과 고통을 이겨 나가는 러시아 민중의 위대한 정신과 삶의 철학을 대변한다고 볼 수 있다. 그런 점에서 그의 시 〈삶이 그대를 속일지라도〉는 가장 잘 알려진 애송시이기도 하지만, 푸시킨의 삶의 철학을 가장 잘 드러낸 작품이라 할 수 있다.

> 삶이 그대를 속일지라도
> 슬퍼하거나 노여워하지 마라.
> 어둠의 날을 참고 견디면
> 화창한 날이 다시 돌아오리니.
> 마음은 미래에 살고
> 그래서 현재가 비록 어둠에 잠겨 있다 해도
> 모든 것은 흘러가 버릴지니
> 가 버린 것은 다시 또 기쁨이 되어 돌아오리라.

마치 동양의 순환론적 인생관을 엿보는 듯한 이 시는 모든 번뇌를 조용히 응시하기만 해도 저절로 지나쳐 간다는 부처님의 무상론(無常論)을 떠올리게 한다. 만물은 하늘에 떠 있는 구름처럼 항상 그 자리에 멈추는 법이 없이 시시각각으로 움직여 가고 우리의 삶도 역시 구름과 같아서 덧없기 그지없다고 말씀하신 부처님이 아니신가.

그런 점에서 고달픈 삶에 지친 사람들에게 푸시킨의 시는 많은 위로를 안겨 준다. 그 어떤 불행과 절망에도 불구하고 주어진 운명을 거부하지 않고 담담하게 자연의 이치에 순종하며 참고 견디어 나가기를 바라는 시인의 권유는 삶의 본질을 거스를 때 오히려 인간은 균형 감각을 잃고 도리어 죽음을 맞이하게 됨을 강조한 셈이 아니겠는가.

하지만 푸시킨의 삶을 돌이켜 보면 그 자신이 그런 인내심과 초연함을 지니지 못했던 것으로 보이니 참으로 아이러니가 아닐 수 없다. 푸시킨은 자신의 몸에 흐르는 특이한 아프리카 혈통에 대해 강한 자부심을 느끼며 살았다고는 하지만 실제로 그랬는지는 의문이다. 오히려 반대로 남모르는 열등감에 시달리며 살았는지도 모른다. 왜냐하면 황제까지 관심을 지닐 정도로 당대 최고의 미인을 아내로 삼은 점이나 떠도는 소문에 민감한 반응을 보이며 수십 차례에 걸쳐 결투를 치른 점 등이 그런 심증을 뒷받침해 주기 때문이다.

그는 오히려 자신의 흑인 혈통을 부정하기 위해 백인 미녀를 배우자로 선택함으로써 자신의 뿌리 깊은 열등감을 극복하고자 한 것이기 쉽다. 그것은 마치 셰익스피어의 극에 나오는 흑인 오셀로가 아름다운 백인 미녀 데스데모나를 아내로 선택한 동기와 일맥상통하는 것인지도 모른다. 이아고의 간계로 인해 의처증이 도진 오셀로는 결국 아내를 목 졸라 살해하지만, 평소 열등감을 지니고 있던 푸시킨 역시 당테스의 간계에 말려들어 편집증적 불안감이 더욱 증폭된 것으로 보인다. 결국에는 자신의 열등감에서 비롯된 노여움과 복수심을 참지 못한 나머지 푸시킨은 무모한 결투를 벌임으로써 자신의 생을 스스로 단축시킨 결과를 낳았다. 푸시킨은 '삶이 그대를 속일지라도 슬퍼하거나 노여워하지 마라'라고 노래했지만 정작 본인은 자신이 지은 시의 교훈을 따르지 못한 셈이었다. 뛰어난 미모 때문에 황제와의 염문설까지 낳았던 그의 아내 나탈리야는 그 후 러시아 장교 란스코이와 재혼해 살다가 1863년에 52세를 일기로 세상을 떠났다. ✒

# 릴케의 기도

『기도 시집』『두이노의 비가』를 비롯해 소설 〈말테의 수기〉와 서한집 〈젊은 시인에게 보내는 편지〉 등으로 많은 독자들의 사랑을 받아온 오스트리아 시인 라이너 마리아 릴케(Rainer Maria Rilke, 1875~1926)는 제1차 세계대전 등 인간성 상실의 시대를 맞이하여 순수한 영혼의 회복을 추구한 구도자적 자세로 수많은 주옥같은 시들을 남김으로써 20세기가 낳은 독일어권 최고의 시인으로 꼽힌다.

오스트리아-헝가리 제국에 속했던 프라하에서 태어난 릴케는 어려서부터 매우 불행한 시절을 보내야 했다. 왜냐하면 그의 부모는 사이가 원만치 못했으며, 게다가 어머니는 어린 릴케를 마치 딸처럼 키웠기 때문이다. 어린 아들에게 여자 옷을 입히고 딸처럼 대한 어머니의 이상한 행동은 그 후 릴케의 지극히 내성적이고 여성적인 성격 형성에 결정적인 영향을 끼친 것으로 보인다.

어머니가 그런 행동을 보인 것은 태어나자마자 죽은 딸의 모습을 잊지 못했기 때문이었는데, 그녀는 마치 어린 릴케가 이미 죽고 없는 딸인 것처럼 행동하고 대했던 것이다. 그것은 곧 딸의 죽음을 부정하는 태도로 아들을 통해 딸의 모습을 바라봄으로써 대리적 만족을 구한 것으로 정신분석에서는 그런 경우를 대치(substitution)라고 부른다.

릴케가 9세 때 결국 부모는 헤어지고 말았는데, 그 후 릴케는 군인 출신인 아버지의 뜻에 따라 군사학교에 보내져 교육을 받았지만 허약한 체질로 버티지 못하고 도중에 학업을 포기하고 말았다. 짐작하건대 그의 아버지는 너무나 숫기가 없고 계집애 같은 아들을 남성답게 키워주기 위해 그랬던 것 같다. 하지만 이미 여성화된 릴케는 아버지의 남성성을 동일시할 기회마저 잃었기 때문에 매우 상처받기 쉬운 유약한 심성의 남자가 되고 말았다.

결국 릴케는 프라하와 뮌헨 등지에서 문학과 철학을 공부하며 작가가 되기로 결심했다. 그런 그에게 갑자기 눈앞에 나타난 루 살로메의 존재는 이상적인 어머니의 모습으로 다가왔는데, 마치 무엇에 홀린 듯 릴케는 그녀에게 빨려들고 말았다. 1897년 릴케의 나이 22세 때 뮌헨에서 루 살로메를 만난 이후 정신없이 사랑에 빠진 그는 마침내 그녀와 함께 두 차례에 걸쳐 러시아 여행을 떠나게 되었다. 이미 그녀는 결혼한 몸이었는데도 말이다.

러시아 출신의 루 살로메는 지성과 미모를 자랑하며 서구 지식인 사회에서 숱한 스캔들을 일으킨 장본인이었지만, 이미 그녀에게 깊이 빠져든 릴케에게는 구원의 여인상이자 사랑하는 연인이요 동시에 상징적인 어머니이기도 했다. 실제로 릴케보다 14년이나 연상이었던 루 살로메는 마치 어머니처럼 행동했으며, 라이너라는 이름도 그녀가 붙여준 것이었다.

원래 어려서부터 어머니가 부르던 그의 이름은 르네였지만, 루 살로메는 그 이름이 너무 여성적이고 연약해 보인다면서 보다 남성적이고도 독일식으로 들리는 라이너로 바꿀 것을 요구한 것인데, 릴케는 새로운 엄마의 요구를 순순히 받아들였다.

하지만 단둘이 떠난 마지막 러시아 여행은 릴케에게 쓰라린 아픔과 좌절만을 남기고 끝이 나 버렸다. 어린애처럼 매달리는 릴케에게 루 살로메가 지겨움을 느낀 것이다. 결국 릴케는 변덕이 죽 끓듯 하는 루 살로메에게 버림을 받은 셈이다. 그럼에도 불구하고 두 사람은 계속해서 서신 교류를 나누었으며, 루 살로메는 프로이트를 통해 얻은 정신분석적 지식을 릴케와 공유하기도 했다.

루 살로메와 헤어진 후 릴케는 독일 보르스프베데에 있는 예술인촌에 머물며 여류 조각가 클라라 베스토프를 만나 결혼해서 딸까지 낳았지만, 그 결혼은 그다지 행복하지 못했다. 릴케는 곧바로 가족을 떠나 파리로 가서 조각가 로댕의 조수로 일하면서 사물을 관찰하는 법을 배웠으며, 이 시기에 『기도 시집』 『형상 시집』 등을 출간했다. 오랜 기간 따로 떨어져 살면서 제각기 독립된 예술 활동을 벌이던 이들 부부는 서로 이혼에 합의하고도 공식적으로 이혼까지 하지는 않았는데, 그것은 가톨릭 교리에 위배된다는 릴케 자신의 소신 때문이었다.

물론 이들의 별거 이유는 정확히 밝혀진 바 없지만, 원래 성적인 면에 자신이 없었던 릴케 자신의 소심한 성격 탓일 수도 있다. 그는 많은 여성들과 교류하기도 했으나 그것은 어디까지나 우정의 차원이었지 성적인 관계는 아니었다. 성에 대해 남다른 두려움과 열등감을 지녔던 릴케였으니 당연한 결과라 하겠다. 그는 자신의 남근에 대한 자부심을 지니기 어려웠는데, 어려서부터 어머니가 딸처럼 키웠으니 성적인 측면에서도 정체성 혼란을 느낄 수밖에 없었을 것이다.

그 후 릴케는 아드리아 해안의 두이노 성에 머물며 『두이노의 비가』를 집필하기 시작했는데, 제1차 세계대전의 발발과 더불어 한동안 독일에 발이 묶인 릴케는 우울증에 빠진 나머지 완전히 펜을 놓고 말았다. 당시 그는 군 입대 통지를 받고 극심한 두려움에 빠졌는데, 어릴 적 군사학교에서 겪은 끔찍스러운 기억이 되살아났기 때문일 것이다. 다행히 그의 친구들이 당국에 탄원서를 제출해 소집 명단에서 제외되긴 했지만, 그 후유증은 상당 기간 지속되었다.

전쟁이 끝나자 릴케는 기다렸다는 듯 스위스로 이주해 『두이노의 비가』 완성에 힘을 쏟았는데, 아무래도 전쟁의 상처와 전후의 혼란에서 벗어나기 위한 고육책이었던 것으로 보인다. 그만큼 그는 살벌한 세상 분위기에 적응하기가 힘겨웠던 모양이다. 40대 후반에 접어들면서 급격히 건강이 악화된 릴케는 결국 오랜 요양소 생활 끝에 그곳에서 담당 주치의 품에 안겨 51세를 일기로 세상을 떴다.

두 눈을 뜬 채 숨을 거둔 릴케는 아무런 유언도 남기지 않았는데, 마지막으로 아내와 딸이 보고 싶어 차마 눈을 감지 못했는지도 모른다. 릴케가 죽은 것은 장미 가시에 찔린 상처 때문이라는 소문도 있었지만, 실제로 그는 백혈병으로 인한 극심한 통증에 시달리다 죽었다.

릴케는 상처받기 쉽고 심약한 사람이었지만 증오심과 폭력으로 얼룩진 세상을 마주하면서도 끝까지 인간의 순수한 영혼에 대한 믿음을 포기하지 않았다. 그는 끊임없는 기도를 통해 자신의 소망을 시로 형상화했는데, 그의 시 〈가을날〉은 그런 소망을 드러낸 대표적인 작품이라 하겠다.

주여, 어느덧 가을입니다.

지나간 여름은 참으로 위대했습니다.

해시계 위에 당신의 그림자를 던지시고

광야에 바람을 보내 주시옵소서.

일 년의 마지막 과일이 익도록

따뜻한 남국(南國)의 햇볕을

이틀만 더 베풀어 주십시오.

과일이 익을 대로 익어

마지막 향기가 포도주에 깃들 것입니다.

지금 집이 없는 사람은

영원히 집을 짓지 않을 것입니다.

지금 혼자 있는 사람은

영원히 혼자서 살아갈 것입니다.

일찍 일어나 책을 읽고, 길고 긴 편지를 쓰며

나뭇잎이 흩날릴 땐

불안스레 가로수 사이를 방황할 것입니다.


거친 세상에서 소외된 시인의 고독감이 물씬 묻어나는 시다. 마치 경건한 주기도문처럼 보이는 이 시를 통해 릴케는 가을의 풍성함과 황량함을 대비함으로써 고독하고 황폐해진 내면세계의 복구와 풍요로운 수확을 간절히 기원하는 모습을 보인다. 여기서 집이 없는 사람이란 정신적 방황을 거듭하는 불안정한 인간의 모습을 상징하는 것일 수도 있지만, 실제로 집도 가족도 없이 여기저기를 전전하며 살았던 시인 자신의 처지를 나타낸 것으로 볼 수도 있다. 죽을 때까지 혼자 살면서 책이나 읽고 장문의 편지나 쓰다가 불현듯 가로수 길을 불안하게 헤매는 모습은 바로 시인 자신의 모습이 아닌가.

물론 어떤 이들은 릴케의 시에 종교적 심오함과 경건함을 심어 준 장본인이 바로 루 살로메였다고 주장하기도 한다. 하지만 그것이 루 살로메의 신앙심을 전제로 한 말이라면 잘못된 주장이기 쉽다. 왜냐하면 그녀는 신앙의 세계를 이미 떠난 여성이었기 때문이다. 따라서 그들의 지적인 밀월여행은 서로 다른 동상이몽으로 인해 결별의 수순을 밟을 수밖에 없었을 것이다.

끝없는 자극을 원하는 루 살로메와 무한대의 모성적인 자양분을 원하는 릴케였다는 점에서 더욱 그렇다. 릴케는 원래 뜨거운 열정을 지닌 시인이라기보다는 어둡고 조용한 구도자에 가까운 인물이었기 때문이다. 시간이 흐를수록 루 살로메에게는 그런 상징적 아들의 존재가 답답하고 귀찮기만 했을 뿐이다. 그녀에게 아들은 불필요한 존재였으며, 실제로 아들을 낳아 기르지도 않았다. 그들은 그렇게 해서 헤어진 것이다.

한국의 릴케로 불리는 정현승의 시 〈가을의 기도〉 역시 풍성한 열매의 수확과 떨어지는 낙엽의 대비를 통해 고독하고 쓸쓸한 시인의 마음을 전하고 있는데, 특히 마지막 부분 백합과 까마귀의 대비는 실로 절묘하다. 삶의 절정인 백합과 죽음을 상징하는 까마귀의 결합을 통해 삶의 불확실성과 막연한 불안감을 떨쳐 버리고자 겸허한 태도로 머리 숙여 기도하는 시인의 모습이 릴케와 매우 비슷하다.

가을에는
기도하게 하소서……
낙엽들이 지는 때를 기다려 내게 주신

겸허한 모국어로 나를 채우소서.

가을에는
사랑하게 하소서……
오직 한 사람을 택하게 하소서.
가장 아름다운 열매를 위하여 이 비옥한
시간을 가꾸게 하소서.

가을에는
홀로 있게 하소서……
나의 영혼,
굽이치는 바다와
백합의 골짜기를 지나
마른 나뭇가지 위에 다다른 까마귀같이.

　가장 깊은 어둠 속에서 삶의 본질을 찾고자 하는 릴케의 마음은 절
망과 우울의 심연에 빠진 자만이 지닐 수 있는 마지막 구원의 몸부림
이라 할 수 있다. 어둠의 밑바닥을 친 뒤라야 느낄 수 있는 한 줄기 희
망의 빛을 통해 비로소 얻을 수 있는 그런 깨달음 같은 것 말이다. 릴케
는 아마도 그런 깨달음을 얻은 것인지도 모른다. 그것은 단순히 살려
달라고 신에게 매달리는 그런 기복적 차원이 아니라 끝까지 절망하지
않고 오로지 자신의 생명에 충실함으로써 스스로 얻어지는 구원의 경
지이기 쉽다. 그런 점에서 릴케를 단순히 기독교적 신앙에 기초한 종
교시를 쓴 시인으로 보는 건 다소 무리인 듯싶다.

릴케는 실로 고독한 삶을 산 시인이다. 그는 일생 동안 자신의 부모와 거의 상종하지 않았는데, 그의 아버지는 릴케가 파리에 체류하던 시절 68세를 일기로 세상을 떴으며, 어머니는 아들이 죽은 뒤에도 5년을 더 살고 80세로 죽었다. 아내 클라라는 말년에 딸과 함께 살다가 1954년에 76세로 죽었으며, 딸 루트는 1972년에 71세로 죽었다. 집도 없이 살았던 릴케는 생의 대부분을 홀로 떠돌다 불치의 암에 걸려 가족의 보살핌도 받지 못한 상태로 쓸쓸히 죽어 간 셈인데, 그럼에도 불구하고 자기초극의 길을 걸으며 실로 주옥같은 시들을 남긴 것을 보면 창작 활동이야말로 그에게는 일종의 구원이었던 것으로 보인다.

# 헤르만 헤세의 구름과 안개

1946년 노벨 문학상을 수상한 헤르만 헤세(Hermann Hesse, 1877~1962)는 독일의 시인, 소설가로 비록 독일 태생이긴 하나 생의 대부분을 스위스에서 지냈다. 그는 두 차례에 걸친 세계대전과 숱한 혁명으로 격동의 세기를 맞이한 서구 사회의 중심부에 살면서도 그런 시대적 충격과 변화와는 무관하게 보다 안전한 스위스에 살면서 조용히 세상을 관조했던 알프스의 은둔자로 알려져 있다. 그런 점에서 그는 20세기 최후의 낭만주의자로 불리기도 한다.

사실 헤세는 소설가로 더욱 잘 알려져 있다. 정감 있는 소설 〈청춘은 아름다워라〉를 비롯해 〈크눌프〉〈향수〉〈수레바퀴 밑에서〉〈데미안〉〈황야의 이리〉〈지성과 사랑〉〈싯다르타〉〈유리알 유희〉 등 숱한 걸작들을 통해 청소년기의 혼란과 신비주의적 구도의 길을 다룬 헤세야말로 20세기 독일 문학을 대표하는 작가로서 손색이 없을 것이다.

하지만 우리는 뛰어난 수채화 솜씨를 지니기도 했던 헤세의 아름답고 정겨운 시를 통해 그의 소설에서는 느낄 수 없는 정화된 느낌을 받기도 한다. 그가 아름다운 알프스 계곡을 누비며 그림을 그리고 시를 쓰던 바로 그 시기에 알프스 계곡 너머로는 요란한 포성과 행군하는 군인들의 발자국 소리가 천지를 진동하고 있었다. 그럼에도 불구하고 헤세는 다음에 소개하는 〈흰 구름〉과 같은 시를 통해 온갖 상처로 얼룩진 마음을 달래 주고자 했던 것 같다.

잊어버린 아름다운 노래의
고요한 가락처럼
다시금 저 푸른 하늘을 떠도는
구름을 보라!
긴 방랑의 길에서
나그네의 온갖 슬픔과 기쁨을
맛본 사람이 아니고서야
저 구름의 마음을 알 수 없으리.
태양과 바다와 바람과 더불어
나는 그 떠도는 구름을 사랑하나니
그것은 고향을 잃은
누나이고 천사이기 때문……

어떤 이는 헤세처럼 구름을 사랑한 이가 있느냐고 반문하기도 하지만, 우리 모두는 어릴 적에 한 번쯤은 들판에 누워 구름을 바라보며 시간을 보내기도 했을 것이다. 성인이 된 후에는 구름을 바라볼 기회가 거의 없기에 우리는 '구름' 하면 자연스레 어린 시절을 회상하기 마련이다.

헤세의 시 〈흰 구름〉은 그래서 어린 시절의 추억을 떠올리게 만들고 고달픈 삶에서 벗어나 그리운 그 시절로 돌아가고 싶은 향수를 불러일으킨다. 그렇다. 헤세 시의 화두는 바로 그리움이요 향수다. 그래서 헤세는 방황하는 삶의 나그네에게 구름을 보라고 권유하지 않는가. 푸른 하늘에 떠도는 구름을 바라보면 삶의 온갖 슬픔과 기쁨의 진정한 의미를 깨닫고 우리의 덧없는 삶처럼 떠도는 구름의 마음을 더욱 깊이 이해하고 결국에는 그 삶을 사랑하게 된다는 것을 말이다. 따라서 고향을 잃은 누나이며 천사와도 같기 때문에 더욱 그립고 아름다우며 사랑할 수밖에 없다는 마지막 운은 그야말로 이 시의 압권이라 하겠다.

구름을 통해 자신의 잃어버린 고향을 떠올리고 구름의 모습에서 누나와 천사를 연상하는 것은 우리가 어렸을 적 친구들끼리 장난삼아 구름의 형상이 무엇을 닮았는지 서로 묻고 놀던 기억을 떠올리게 한다. 하지만 구름의 모습은 보는 사람의 시각에 따라 제각기 다를 수밖에 없다. 왜냐하면 각자의 마음을 구름에게 투사함으로써 자기가 보고 싶은 대로 구름을 바라보기 때문이다. 스위스의 정신과의사 로르샤흐는 그런 원리에 의해 투사적 심리검사법을 개발했는데, 잉크 물감으로 인쇄된 물체의 형상을 보고 무엇처럼 보이는지 질문하고 그 답을 통해 환자의 심리를 탐색하는 방법으로 기본 원리는 어린아이들의 구름놀이와 크게 다를 바 없다.

어쨌든 자신이 태어난 고향 마을 칼프의 자연을 그 누구보다 사랑했던 헤세였지만, 일생 동안 그곳을 찾아갈 수 없었다. 독실한 개신교 가정에서 태어난 그는 처음에는 목사가 되기 위해 신학교에 들어갔으나 얼마 견디지 못하고 집으로 도망치고 말았는데, 학교생활에 적응하지 못한 데다가 짝사랑에 실패한 이유 등으로 우울증이 발병해 자살을 시도함으로써 정신병원에 입원하기도 했다.

그 후 헤세는 튀빙겐에서 서점의 점원으로 일하는 가운데 고전 문학을 탐독하고 글을 쓰기 시작하면서 비로소 안정감을 되찾고 시집을 출간하는 등 비로소 독립적인 생활로 접어들었다. 당시 20대 중반이었던 헤세는 어머니가 세상을 떴다는 소식을 듣고도 장례식에 참석하지 않았는데, 그것은 자신의 우울증이 재발하지나 않을까 두려웠기 때문이다. 그만큼 헤세는 상실에 대한 두려움이 컸던 것으로 보인다.

어쨌든 어머니가 세상을 뜬 후 발표한 소설 〈향수〉가 크게 호평을 받음으로써 본격적인 작가의 길로 들어섰는데, 당시 프로이트도 이 작품을 읽고 극찬을 아끼지 않았다고 한다. 그 무렵 헤세는 마리아 베르누이와 결혼해 세 아들까지 두고 스위스 국경 근처 콘스탄스 호반에 정착했으나 점차 결혼 생활에 환멸을 느끼고 1911년 혼자서 훌쩍 인도 여행을 떠났다.

그런데 원래부터 불교에 관심을 기울였던 헤세였지만 처음에 출발할 때 지녔던 인도에 대한 막연한 기대와 희망은 곧 적지 않은 실망으로 이어지고 말았다. 게다가 오랜 선상 생활에 지친 나머지 배탈이 크게 나는 바람에 그는 인도에 상륙조차 하지 못하고 스리랑카를 지나 인도네시아의 수마트라 섬으로 향하고 말았다. 그런 점에서 그의 인도 여행은 엄밀히 말해 인도가 아니라 수마트라 여행이라고 불러야 마땅하다.

인도 여행에 실패하고 귀국한 후 헤세의 가족은 스위스 베른으로 이주해 새로운 환경에서 재출발하고자 했지만, 그의 결혼 생활은 하나도 나아진 게 없었다. 게다가 곧이어 제1차 세계대전이 발발하자 그는 독일 제국의 국수주의를 비난하는 글을 발표해 매국노로 몰리는 곤경에 처하기도 했는데, 당시 프랑스의 노벨 문학상 수상 작가 로맹 롤랑이 헤세를 직접 방문해 그의 입장을 지지하며 격려하기도 했다.

하지만 전쟁이 한창이던 1916년 무렵, 설상가상으로 아버지가 사망했고, 아들인 마르틴이 병에 걸렸으며, 아내는 정신분열증 증세의 악화로 정신병원에 입원하는 등 악재가 겹치는 바람에 극심한 우울증에 빠진 헤세는 결국 카를 융의 도움을 받아 그 제자인 랑거 박사에게서 정신치료를 받고 가까스로 회복되었다. 원기를 되찾은 그는 마침내 1919년 소설 〈데미안〉을 발표해 대성공을 거두었지만, 그 이후로는 처자식과 완전히 결별했으며, 아이들은 모두 친지들에게 맡겨졌다.

스위스 남부 몬타뇰라에 홀로 기거하면서 그곳에서 죽을 때까지 오로지 집필에만 몰두한 헤세는 그때부터 많은 수채화를 그리기 시작했다. 1922년 부인 마리아와 정식으로 이혼하고 스위스 국적을 얻은 헤세는 그 후 가수 출신 루트 벵거와 결혼했으나 그 결혼 역시 불행하기는 마찬가지였다. 제2차 세계대전 기간 중에 헤세의 모든 작품은 나치 독일에 의해 금서로 지정되어 불태워졌지만, 종전 이후 1946년 마침내 헤세는 노벨 문학상을 수상하게 되었으며, 오랜 은둔 생활 끝에 1962년 85세를 일기로 몬타뇰라에서 조용히 눈을 감았다.

여러 가지 면에서 헤세의 삶은 매우 기구한 우여곡절로 채워졌다고 할 수 있다. 세 번에 걸친 결혼 생활은 모두 불행한 결말로 끝났으며, 부인이 정신병을 앓았을 뿐 아니라 헤세 자신마저도 사춘기 때부터 심각한 정신적 방황과 우울증을 겪었기 때문이다. 말년에 이르러 35년 가까운 세월을 홀로 지내면서 고독한 구도자의 길을 걸었던 그는 혼란스러운 세상과 등지고 오로지 신비적인 명상의 세계로 도피해 살았지만, 그런 뼈저린 고독과 소외감을 이미 자신의 시 〈안개 속에서〉를 통해 잘 드러내고 있다.

　　　　안개 속을 헤매면 이상하여라!
　　　　숲이며 돌은 저마다 외로움에 잠기고
　　　　나무도 서로가 보이지 않는다.
　　　　모두가 다 혼자다.
　　　　나의 인생이 아직 밝던 시절엔
　　　　세상은 친구들로 가득했건만
　　　　이제는 안개가 내리어
　　　　보이는 사람 하나도 없다.
　　　　어쩔 수 없이 조용히 모든 것에서
　　　　사람을 떼어 놓는 그 어둠을
　　　　조금도 모르고 사는 사람은
　　　　참으로 현명하다 할 수는 없다.
　　　　안개 속을 헤매면 이상하여라!
　　　　인생이란 고독한 것
　　　　사람들은 서로 모르고 산다.
　　　　모두가 혼자다.

　사실 헤세 자신의 삶 자체가 안개 속을 헤매는 삶이었다고 해도 결
코 과언이 아니다. 목사가 되려다가 기독교의 신을 버리고 아프락사스
라는 이교의 신을 섬기는가 하면 힌두교와 불교의 신비주의 철학 및
도교 사상에 몰입하기도 했다가 말년에는 다시 기독교로 돌아오는 등
종교적인 방황을 거듭했으며, 애정 생활도 여의치 않아 세 번이나 이

혼하는 등 계속해서 안개 속을 헤매었다.

숲이나 돌도 외로움에 잠기고 나무들마저 서로를 바라볼 수 없는 짙은 안개 속에서 사람들 역시 서로를 모르고 살아가는 고독한 인생. 그래서 모두가 다 혼자라는 시인의 고백은 어쩔 수 없이 주어진 그런 어둠의 세계마저 수용하고 이해할 수 있어야 진정한 현자가 될 수 있음을 강조하는 듯하다. 그런 점에서 헤세는 고독의 달인이라 할 수 있다.

그는 "경계선보다 더 증오스러운 것, 경계선보다 더 얼빠진 것은 없다."라고 말하기도 했지만, 헤세야말로 뚜렷한 경계가 없는 안개 속에 살았으며, 자신의 아버지처럼 러시아인도 아니고 독일인도 아니면서 그렇다고 스위스인으로 보기도 어려운 애매모호한 입장에서 생을 보낸 사람이 아닌가. 누구보다 전쟁을 증오하고 평화를 사랑했던 그였지만, 선과 악이 혼재된 이교의 신 아프락사스를 숭배했다는 점에서 그는 또 다른 안개 속으로 우리를 인도한다.

젊은 시절 누구나 한 번쯤 읽고 무슨 새로운 계시나 받은 듯이 되뇌던 소설 〈데미안〉의 그 유명한 구절이 있다. "새는 투쟁하여 알을 깨고 나온다. 그 알은 세계다. 태어나고자 하는 자는 하나의 세계를 파괴해야만 한다. 그 새는 신에게로 날아간다. 그 신의 이름은 아프락사스다." 우리 모두는 이 구절을 마치 부당한 기성 세계를 파괴하는 아픔을 겪어야만 새롭게 거듭날 기회를 얻게 된다는 매우 급진적인 메시지로 이해하고 열광하기도 했지만, 사실 우리 대부분은 이 구절에 대해 많은 오해를 하고 산 셈이다. 왜냐하면 여기서 헤세가 전하고자 했던 가장 중요한 메시지는 맨 마지막 구절 아프락사스였기 때문이다.

새로운 구원의 신 아프락사스는 사실 알고 보면 신적인 요소와 악마적인 요소가 하나로 결합된 존재다. 소설 속에서 데미안이 "그러니까

우리는 말이야 하느님께 드리는 예배 외에 악마한테 하는 예배도 해야만 해. 그게 옳을 거라고 나는 생각해. 만약에 그렇지 않으면 우리는 악마도 자신 안에 포함하는 그런 신을 하나 만들어 내야만 할 거야." 라고 말한 것을 상기한다면, '환희와 끔찍함, 남자와 여자가 뒤섞이고, 가장 성스러운 것과 가장 소름끼치는 것이 서로 서로 뒤엉킨 것' 이야말로 아프락사스 신이라는 카를 융의 주장을 과연 우리는 어떻게 받아들여야 할지 곤혹스럽기만 하다.

불행 중 다행인지 어쨌든 그처럼 단단하기만 하던 알을 깨트릴 뻔했던 두 차례의 세계대전은 사악한 세력의 몰락으로 끝이 났지만, 기독교 문명에 실망한 헤세는 그 후 더욱더 신비주의적 경향으로 기울어 말년의 대작 〈유리알 유희〉를 완성하고 노벨 문학상까지 받았다. 그런 점에서 헤세는 평생 구도의 길을 걸었지만, 결국 어느 세계에도 안주하지 못한 채 영원한 방랑자로 머물렀으며, 〈데미안〉에서 시작해 〈황야의 이리〉를 거치면서 적절한 해답을 얻지 못하다가 결국에는 만년의 대작 〈유리알 유희〉에 이르러 지상에서 이루지 못한 자신의 예술적 이상향을 건설한 셈이다.

다만 한 가지 아쉬운 점이 있다면 그는 인류의 평화를 누구보다 바랐던 작가였음에도 불구하고 나치 독일의 만행에 대해서는 직접적인 비난을 가한 적이 없다는 사실이다. 자신의 정신적 스승이었던 카를 융이 제2차 세계대전 내내 침묵을 지켰기 때문이었을지도 모르지만, 말년에 이르러 정치적 문제뿐 아니라 모든 세속적인 일과는 담을 쌓고 살았던 헤세였으니 그런 기대까지 한다는 게 무리일지도 모른다.

어쨌든 우리는 헤세의 기나긴 정신적 방황의 흔적을 그의 많은 시편을 통해서도 확인할 수 있다. 아름다운 고향과 청춘 시절을 회상시키는 〈흰구름〉을 통해서 그리고 한치 앞을 내다볼 수 없는 혼란스러운 세상과 단절된 소통으로 아픔을 겪는 시인의 뼈저린 고독이 묻어나는 〈안개 속에서〉를 통해 우리는 헤세가 겪었을 좌절과 실의를 충분히 이해할 수 있게 된다.

# 고트프리트 벤의 오명

20세기 독일 표현주의를 대표하는 시인 고트프리트 벤(Gottfried Benn, 1886~1956)은 피부과의사이기도 했다. 그가 초기에 발표한 시들은 피와 오물, 질병과 죽음 등을 나타내는 의학 용어들로 뒤범벅을 이룬 매우 허무주의적인 내용으로 당시 비평가들과 대중으로부터 매우 역겹고 혐오스럽다는 반응을 얻었다. 그러나 벤은 점차 표현주의적 양식으로 기울어져 형식미를 강조한 상징적 기법으로 현대인의 소외와 그 긴장을 다루면서 독일 현대 시의 대가 반열에 오르게 되었다.

그는 독일 동부의 브란덴부르크 지방의 만스펠트 시에서 목사의 아들로 태어났다. 처음에는 아버지의 강요에 의해 마지못해 마르부르크 대학에서 신학을 공부했으나 적성에 맞지 않자 도중에 전공을 의학으로 바꿔 베를린의 카이저 빌헬름 아카데미에서 군의관 교육을 받고 졸업해 군의관으로 복무했으며, 건강 문제로 제대한 후에는 피부과의사로 개업해 환자들을 치료했다.

베를린 대학에서 의학박사 학위를 받은 1912년에 어머니가 유방암으로 세상을 떴는데, 당시 그는 고통스럽게 죽어 가는 어머니의 모습을 보고 모르핀 주사를 놓아 주려 했지만, 신의 뜻에 모든 것을 맡겨야 한다는 아버지의 완강한 반대에 부딪쳐 젊은 아들은 어머니의 고통스러운 죽음을 그저 지켜보는 수밖에 없었다. 그 후로 벤은 고집 센 목사 아버지에 대한 증오심을 죽을 때까지 버리지 못했다.

  바로 그런 시점에 발표한 처녀시집 『시체공시장』은 세상에 큰 충격을 주었으며, 이어진 비평가들의 혹독한 악평으로 고전을 면치 못했으나, 이를 계기로 젊은 표현주의 시인들과 교류하는 계기가 되었다. 육신의 부패, 암과 죽음 등을 통해 인간의 존재를 병든 짐승으로 묘사한 그의 초기 시는 그래서 실존적 허무주의를 드러낸 것으로 평가된다. 〈해산부의 방〉 일부를 보면 그 음습한 분위기를 엿볼 수 있다.


    아주 가난한 베를린의 여인들

    방 하나 반에 13명의 아이들이 있다.

    창녀, 포로, 사고자들……

    그들 육체는 여기 구부러진 채 신음한다.

    어딘들 이런 아우성이 있을까.

    어딘들 이런 아픔과 고통이 있을까.

    여기 같은 곳은 볼래야 볼 수 없으리.

    이곳은 끊임없는 외침이 터져 나오는 곳.


    누르라, 부인! 무슨 말인지 알겠소?

    당신은 지금 즐거운 때가 아니오.

    일을 질질 끌지 말라.

그 소용돌이 속에서 오물도 나온다오.

당신은 쉬기 위해 거기 있는 게 아니오.

스스로 생기는 일이란 없소. 당신은 뭔가를 해야 하오.

마침내 나온다. 창백하고 작은 것이

오줌과 똥을 바른다.


눈물과 피로 얼룩진 열 한 개의 침대에서

신음소리가 인사를 드린다.

다만 두 개의 눈동자에서만

하늘로 향한 축제의 합창이 터져 오를 뿐


이 작은 몸뚱이를 통해

모든 게 생겨날 것이오. 고통도 행복도.

그리고 언젠가는 가래를 끓이며 괴로워하면서 죽어 가고

이 방에는 또 다른 열 두 명이 누워 있으리.


  차갑고 냉소적인 분위기가 느껴지는 이 시에서 그는 임산부의 고통
스러운 출산이 또 다른 고통과 죽음의 시작임을 알린다. 오줌과 똥에
뒤범벅이 되어 나오는 새로운 생명의 탄생을 단순히 축하해 줄 수만은
없는 시인의 어둡고 허무적인 관점이 눈물과 피로 얼룩진 병실 침대
위에 가득 넘쳐 나고 있다. 어머니의 고통스러운 죽음을 그대로 지켜
볼 수밖에 없었던 벤이 자신에 대해 느낀 분노와 좌절을 그대로 반영
한 시라고 할 수 있다.

  더욱이 고통 속에 자신을 낳아 주었던 어머니가 고통에 몸부림치며

숨져 갈 때 아들인 자신이 의사이면서도 아버지의 반대 때문에 아무런 도움도 주지 못했다는 죄의식과 자책감도 이와 같은 시를 쓰게 된 원인이었던 것 같다. 이처럼 음산한 내용의 시를 세상에서 반기지 않은 것은 실로 당연한 결과였다. 그러나 이건 약과다. 비교적 온건한 작품으로 알려진 그의 시 〈순환〉에서는 그야말로 냉혹하고 비정한 기운이 감돈다.

> 아무도 모르게 죽은
> 어느 창녀의 하나 달랑 남은 어금니
> 금을 씌웠구나.
> 나머지 이빨들은 저희들끼리 약속이라도 한 듯
> 모조리 빠져나가 버렸다.
> 그 금니를 시체실 일꾼이 두드려 빼내어
> 저당 잡히고 돈으로 바꾸어 춤추러 갔다.
> 그 이유는, 하며 시체 치는 사람이 하는 말,
> 흙에서 온 것은 오직 흙으로 돌아가야 마땅하다는 것.

　발가벗은 인간의 시체를 아무렇지 않게 물건처럼 다루는 일꾼의 모습뿐 아니라 금니마저 두드려 빼내어 그 돈으로 춤추러 가는 비정함, 그리고 자신의 비인간적 행위에 대해 둘러대는 그럴듯한 변명 등이 마치 아우슈비츠 수용소에서 죽은 유대인들의 시신에서 금니를 빼내던 나치 독일의 만행을 연상시키기에 족하다. 하지만 이 시는 제1차 세계대전 이전에 발표한 작품으로 나치와는 아무런 관계도 없다.

　제1차 세계대전이 발발한 바로 그날 에디트와 결혼한 그는 곧바로 군대에 징집되어 벨기에 전선에 배치되었는데, 후방으로 전속된 후에는 매춘부들을 관리하는 사창가에서 근무했으며, 종전 후에는 베를린에서 피부과의사로 개업해 성병 전문의로 일하는 가운데 계속해서 시를 써 발표했다.

하지만 1922년 아내가 병으로 사망한 이후 실의에 빠진 그는 당시 집권했던 바이마르 공화국에 적대적인 태도를 취하고 공산주의와 미국에 대해서도 거부감을 지니게 되었는데, 그런 입장 때문에 당시 급부상하던 나치를 지지해 히틀러에게 충성 서약을 하는 한편, 라디오 방송을 통해서도 독일 노동자들은 나치 정부를 통해 보다 나은 삶을 누릴 수 있다고 호소했다. 그런데 이 라디오 방송은 나중에 그에게 돌이킬 수 없는 족쇄가 되고 말았다.

벤은 나치 정권하에서 표현주의 예술이 발전하게 될 것이라고 기대했지만, 자신의 기대와는 달리 나치의 문화 정책이 오히려 반대 방향으로 치닫게 되자 크게 실망하고 점차 입을 다물기 시작했다. 거대한 파시즘 사회의 중심에 고립된 그는 마침내 나치로부터도 버림받아 퇴폐적이고 타락한 시인으로 낙인찍히게 되지만, 친위대장 히믈러의 변호 덕분에 위기를 넘기기도 했다. 그러나 히믈러의 비호를 받은 일 역시 벤에게는 나중에 몹시 불리하게 작용했다.

더군다나 1938년 나치 작가 연맹은 벤의 모든 창작 활동을 금지하는 조치를 내리고 말았다. 당시 그는 헤르타 베데마이어와 재혼한 상태였지만, 곧이어 터진 제2차 세계대전으로 또다시 군의관으로 징집되었으며, 동부 전선에서 계속 복무하다가 종전 후에야 비로소 베를린으로 돌아와 개업의로 일하게 되었다.

그러나 당시 양분된 점령군 때문에 엘베강을 사이에 두고 서로 만날 수 없었던 이들 부부는 결국 상면도 하지 못한 채 영원한 이별을 맞이해야 했다. 그의 두 번째 아내 헤르타는 심한 관절염으로 제대로 걷지도 못하는 처지였지만, 남편인 벤을 만나러 강을 넘으려다 실패하고 다시 돌아간 뒤 모든 걸 체념한 상태에서 홀로 쓸쓸히 죽어 갔다. 소식이 두절된 상태에서 아내가 죽은 사실조차 까맣게 모르고 있던 벤은 나중에야 비로소 그 소식을 인편을 통해 전해 듣고 그야말로 비통한 심정에 빠졌는데, 그녀가 남긴 마지막 편지를 받아 든 시인의 마음이 오죽했을까 싶다.

설상가상으로 이번에는 연합군 측이 과거의 나치 동조 혐의를 문제 삼아 그의 활동을 금지했으니 벤은 그야말로 사면초가 상태에 몰리고 말았다. 하지만 의사가 태부족이었던 당시 사정 때문에 처벌만큼은 면할 수 있었다. 그 후 치과의사였던 일제와 결혼한 그는 그나마 행복한 말년을 보낼 수 있었으며, 65세 때 뷔흐너 상을 받는 등 뒤늦게나마 문학적으로 인정받고 70세를 일기로 베를린에서 조용히 눈을 감았다.

젊은 혈기에 의한 한때의 오판으로 나치를 지지했다가 다시 철회한 그였지만, 이미 나치는 그의 시를 불결하고 타락한 유대인과 다름없는 반국가적 작품으로 낙인찍었으며, 그런 수모를 겪고 나자 이번에는 연합군 측으로부터 제재를 당했으니 그로서는 이러지도 저러지도 못하는 처지가 되고 말았다. 더욱이 두 번의 결혼 모두 부인들의 때 이른 사망으로 행복을 제대로 누리지도 못한 벤은 그야말로 불운의 작가라 하겠다. 그런 점에서 니체의 영향을 크게 받은 그의 시 〈한 마디의 말〉은 매우 의미심장하다.

한 마디의 말, 한 편의 글.
부호로부터 올라오는
삶의 인식, 의미의 돌출,
태양은 뜨고, 대지는 침묵하네.
모든 것들이 그 한 마디에 몰리듯 굴러가네.

한 마디의 말, 한 개의 빛남, 한 번의 비상, 한 개의 불,
불꽃 한번 튕기고, 흐르는 한 번의 별빛.
다시 어둠이 오네, 이 세상과 내 둘레의
텅 빈 공간에 무섭게 내리네.


의사 출신답게 항상 냉철하고도 객관적인 사고, 증거 위주의 예리한 비판 등을 무기로 삼은 벤은 결국 자신의 경솔한 말 한 마디, 한 편의 글 때문에 자신의 전부가 매도당하는 쓰디쓴 아픔을 겪게 되었으며, 그 결과 자신을 옹호해 줄 이 하나도 없는 텅 빈 공간에 홀로 남아 처절한 고독을 되씹고 있는 것이다.

벤의 정신적 스승인 니체는 '신은 죽었다'고 선언함으로써 서구 사회에 큰 파문을 일으키기도 했다. 그러나 두 인물 모두 목사의 아들이었으며, 아버지라는 존재에 대해 실망한 나머지 부정적인 태도를 보였다는 점에서는 한 배를 탄 동지라 할 수 있겠다. 아버지에 대한 부정은 곧 신에 대한 부정으로 이어진다는 점에서 두 사람은 공동의 목표를 지녔다고 볼 수도 있다. 하지만 벤은 니체처럼 광기로 인해 정신병원에 들어가지는 않았다. 그것은 벤이 숱한 시련을 통해 오래전부터 정신적으로 단련된 상태였기 때문일 것이다. 그리고 냉철한 이성적 판단

이 요구되는 의사라는 직업도 그가 역경을 이겨 내는 데 도움이 되었
을지도 모른다.

# 형용사를 거부한 망명 시인 브로드스키

러시아 태생의 망명 시인 조세프 브로드스키(Joseph Brodsky, 1940~1996)는 소련에서 반체제 인물로 낙인찍혀 중노동형을 선고받고 북극권에 위치한 아르한겔스크 지방에서 강제 노동에 동원되었다가 가까스로 풀려났으나 결국에는 강제 추방되어 미국에 정착해 활동을 계속했다. 그럼에도 불구하고 매우 사색적인 서정시와 비가를 계속 썼던 그는 인간에 대한 신뢰를 잃지 않았으며, 그 공로로 1987년 노벨 문학상을 수상했다.

브로드스키는 제2차 세계대전이 한창이던 1940년 레닌그라드의 유대인 가정에서 태어났다. 그의 아버지는 소련 해군 전속의 직업적인 사진사였고 어머니는 전문 통역사였다. 하지만 그의 가족은 900일간에 걸쳐 벌어진 독일군의 레닌그라드 포위 공격으로 거의 아사 직전 상태에 몰렸으며, 실제로 많은 친척들이 굶어 죽었다.

당시 모유를 먹는 갓난아기였던 그는 모든 공급이 끊긴 고립무원의 상태에 있었기 때문에 극도의 영양실조 상태에 빠졌는데, 그 여파로 브로드스키는 일생 동안 매우 허약한 체질로 고생해야만 했다. 무려 3년에 걸친 공방전에도 불구하고 레닌그라드 시민들은 끝까지 저항한 채 항복하지 않고 버티어 냈지만, 레닌그라드 시를 방어하다 전사한 소련군 100만 명, 기아와 폭격으로 사망한 시민들만 해도 120만 명에 달할 정도로 그 상황은 실로 비참했다.

그럼에도 불구하고 기적적으로 살아남은 브로드스키는 그 후 학교에 들어갔으나 이번에는 유대인이라는 이유로 멸시의 대상이 되었다. 특히 선생들의 다수가 반유대주의자들이었기 때문에 그는 어디에도 하소연할 데가 없는 외톨이로 지내야 했다. 따라서 그는 어린 나이임에도 불구하고 그때부터 레닌을 경멸하기 시작했는데, 그것은 레닌의 정치적 이념에 대한 것이 아니라 사방에 널려 있는 레닌의 초상화에 대한 혐오감 때문이었다.

결국 15세에 학교를 그만둔 그는 의사가 될 뜻을 품고 크레스티 감옥의 시체 보관소에서 시신을 토막 내는 일을 했으며, 여기저기 병원을 전전하며 잡역에 종사하기도 했다. 그러나 결코 의사가 될 수 없었던 그는 오로지 독학으로 문학, 종교, 철학 등을 공부하며 틈틈이 시를 썼다.

이처럼 어린 시절부터 지독한 고생을 겪었던 그는 노동자들의 지상 낙원을 꿈꾸며 인류 최초로 평등 사회를 이루었다는 소비에트 체제가 전적으로 허구에 불과하다는 것을 간파하고 그 어떤 미사여구도 거부한 채 그야말로 순수한 자연시만 썼다. 그러나 아무런 정치적 색채도 없는 그의 순수시는 오히려 사회주의 체제에 반하는 매우 불순한 반동적인 시로 매도되어 그의 모든 작품들은 당국에 압수당하고 시인 자신도 정신병원에 수차례 감금되는 수모를 겪어야 했다.

당시 그는 문학적 스승인 안나 아흐마토바가 소개한 젊은 화가 마리나 바스마노바와 사랑에 빠졌는데, 그녀를 짝사랑했던 동료 시인 보비셰프가 중간에 끼어들면서 브로드스키의 운명이 더욱 꼬이기 시작했다. 질투에 눈이 먼 보비셰프가 브로드스키를 곤경에 빠트린 것임이 분명한데 그렇게 해서 그에게는 사랑할 기회마저 주어지지 않은 것이다.

결국 1964년 당국에 체포된 그는 비밀재판을 통해 5년간의 강제노동형에 처해졌다. 당시 재판부는 그를 소비에트 사회에 불필요한 기생충이자 불온한 사상을 지닌 사이비 시인으로 간주하고 실형을 선고했는데, 그런 상황은 판사와 브로드스키가 주고받은 대화에서도 여지없이 드러난다. "과연 누가 당신을 시인 명단에 올렸는가?"라는 판사의 질문에 대해 브로드스키는 "과연 누가 나를 인류의 명단에 올렸습니까?"라고 반문했으니 이처럼 반동적인 언사는 당시 소비에트 사회에서 상상도 할 수 없는 일이었을 것이다.

사회적 기생충으로 분류된 그는 결국 북극권에 위치한 노렌스카야로 머나먼 유형의 길을 떠났다. 혹한과 중노동으로 언제 어떻게 죽을지도 모르는 형극의 길이었다. 더구나 그는 체력적으로도 허약한 몸이었기에 더욱 앞날을 점칠 수 없는 입장이었다. 하지만 18개월 동안 그곳에서 추위와 굶주림, 중노동에 시달리면서도 오히려 해방감을 느낀 그는 계속해서 시를 써 내려갔다. 종이가 없으면 나무토막에도 썼다. 그의 시 〈날아가렴, 흰 나방아〉는 당시 그가 처했던 극한상황의 정도가 어땠을지 짐작하게 해 준다.

폭설이 내리면 길이 사라진다.
날아가렴, 흰 나방아. 내 너를 살려 준 것은
네 길이 멀지 않음에 대한 징표이자 경의의 표시에서다.

어서 날아가렴. 바람에 대한 건 내게 맡기고.

나 또한 네 뒤로 바람을 불어 줄 테니.

헐벗은 정원들 지나 어서 날아가려무나.

앞으로, 앞으로. 마지막으로 충고하는데,

전선 위에서는 조심해야 한다.

그래, 네가 전해 줄 것은 소식이 아니라

집요한 그 어떤 꿈이지.

윤회계를 헤매던 존재들 중

하나가 넌 분명하렷다.

바퀴 아래 깔리지 않게 조심하고,

새들의 거짓 움직임도 피해 가거라.

그리고는 그녀의 눈앞에 가 내 얼굴을 그려 주는 거다.

텅 빈 카페 안, 안개 낀 공기 속에다 말이다.


눈과 얼음에 갇혀 버린 삭막한 유형지에서 작은 생명체 하나를 풀어 주며 자신의 꿈과 소망을 실어 보내는 시인의 간절한 염원이 가슴을 저미게 한다. 위험천만한 이 세상에서 한 마리 나방마저 다칠까 걱정하는 시인의 섬세한 마음씨, 그리고 사랑하는 연인에게 날아가 자신의 모습을 대신 그려 달라는 애절한 심경이 두 사람을 이어 줄 매개체라곤 흰 나방밖에 없는 참담한 상황을 배경으로 너무도 절절히 우러나는 장면이 아닐 수 없다.

철저히 고립되고 소외된 한 개인과 그를 그렇게 몰고 간 비정한 사회, 그 메울 수 없는 간격을 대신 채울 수 있는 것은 오직 사랑밖에 없지만, 그런 사랑마저 가로막은 얼어붙은 동토의 땅. 그럼에도 불구하고 시인은 그 누구도 원망하지 않은 채 자신의 작고 소박한 소망을 흰 나방에게 실어 보낸다. 참으로 가슴 아픈 모습이요, 남의 일 같지 않은 사연이다. 북녘 동포들과 수많은 이산가족을 지닌 우리로선 더욱 그렇다.

고립무원의 상황에 처한 시인은 그래도 자연의 변화를 통해 실낱같은 희망을 지니고 용케 견뎌 냈다. 인적 없는 오두막에 홀로 내버려진 그에게 유일한 대화 상대는 자연 그 자체뿐이었다. 그리고 사시사철 얼어붙은 땅이지만 그나마 온기가 느껴지는 봄철은 그에게 새로운 희망의 불씨를 안겨 주는 구원의 메시지로 다가온다. 그런 점에서 〈4월의 시〉 일부를 인용해 본다.

> 지난겨울에 나는 또다시 미치지 않았고
> 드디어 겨울도 지나가 버렸다.
>
> 해빙기의 박동과 파릇파릇한 자연현상을
> 분간할 수 있으니 나는 아직도 건강한 셈이다.
>
> 새로운 계절을 맞으며 나를 자축한다.
>
> 봄의 생기에 눈이 부셔 분수처럼
> 내 몸이 백 갈래로 부서질 것만 같다.
>
> 다섯 손가락을 쫙 편 손바닥으로 내 얼굴을 더듬자
> 숲 속에서처럼 뇌 속의 빙층이 서서히 가라앉는다.

지겨운 겨울이 지나고 새로운 생명이 움트는 봄이 다가왔음을 구분할 수 있을 정도로 그동안 미치지 않고 온전한 정신 상태를 유지할 수 있었다는 사실에 감사하는 마음이 가득한 시인은 기쁨에 겨워 스스로를 자축하고 있다. 온몸으로 느끼는 봄의 생기에 날아오를 듯 벅찬 희열을 느낀 나머지 그것을 확인하기 위해 손바닥으로 자신의 얼굴을 더듬어 보기까지 한다. 그리고 녹아내리는 해빙의 모습을 통해 온통 이념이라는 괴물로 얼어붙은 비정한 세상도 함께 녹아내리기를 희구해 본다. 진정한 해빙기의 날을 기대해 보는 것이다.

　이처럼 순수하고 여린 마음을 지닌 시인을 기생충으로 취급하고 혹한 지역에 처박아 둔 공산당이었지만, 이미 서구 사회에 알려지기 시작한 그의 명성 때문에 공산당도 더 이상 그를 거기에 붙들어 매 둘 수만 없게 되었다. 그의 문학적 재능을 아끼던 동료들이 그에 대한 구명운동에 적극적으로 나섰기 때문이다. 시인 예프투셴코, 작곡가 쇼스타코비치, 프랑스의 철학자 사르트르 등이 나서 그의 방면을 호소한 것이다. 결국 국제적 위신을 고려한 소련 당국은 그에게 사면령을 내릴 수밖에 없었다.

　가까스로 고향에 돌아오긴 했지만, 그는 자신의 아들까지 낳은 마리나와 눈물을 머금고 헤어져야만 했는데, 이미 반동분자의 낙인이 찍힌 그로서는 이들 모자의 신변 보장을 위해서라도 어쩔 수 없는 일이었다. 그렇게 해서 아들 안드레이는 마리나의 성을 따르게 되었지만, 그녀를 잊지 못한 브로드스키는 그 후에도 오랫동안 마리나에게 연시를 계속 써서 헌정할 정도로 그녀에 대한 사랑은 변함이 없었다.

　마지못해 그를 풀어 준 소련 당국은 그래도 안심할 수 없었는지 정신과의사 스네즈네프스키에게 그에 대한 정신감정을 의뢰했는데, 당시 스네즈네프스키는 반체제 인사를 무조건 정신병 환자로 몰아 영구적으로 정신병원에 가둔 주모자로 악명이 자자했던 인물이었다. 그런데 다행히도 그는 브로드스키를 정신분열증으로 진단하기는 했지만, 구제불능의 인간이기 때문에 그대로 내버려 두는 게 상책일 것이라는 의견을 제시했다.

소련 당국에게는 눈엣가시 같은 존재였던 그는 창작 활동의 제약 및 유대인 탄압이라는 이중고에도 불구하고 소련에 계속 머물러 살기를 원했지만, 결국 참다못한 소련 당국에 의해 1972년 강제로 비행기에 태워져 오스트리아로 추방되고 말았다. 그곳에서 시인 오든의 주선으로 미국에 도착한 그는 여러 대학에서 강의를 계속하며 수많은 시집들을 발간함으로써 마침내 1987년 노벨 문학상 수상의 영예를 안았다.

수상 직후 가진 인터뷰에서 그는 "러시아어로 시를 쓴 당신이 미국 시민이 되어 노벨상을 탔는데, 그렇다면 당신은 누구입니까? 미국인입니까, 러시아인입니까?"라는 기자의 짓궂은 질문에 대해 "나는 유대인이며, 러시아 시인이고 영어를 사용한 수필가입니다."라고 재치 있게 응수했지만, 사실 기자의 질문은 일정한 국적도 없이 항상 여기저기를 떠돌아다니는 유대인의 가장 아픈 부분을 건드린 셈이다.

앞날을 예측할 수 없는 불투명한 환경에 적절히 적응하는 문제와 그 결과로 겪을 수밖에 없는 정체성의 혼란이야말로 유대인이 풀어 나가야 할 가장 중요한 핵심적인 화두라는 점에서 볼 때, 브로드스키 역시 그런 갈등에서 예외가 될 수 없었을 것이다. 하지만 그는 의외로 처음부터 끝까지 동요하는 모습을 보이지 않았다. 아마도 그것은 머나먼 극지까지 그를 보러 찾아간 어머니와 마리나의 극진한 사랑 때문이었을지 모른다. 그런 사랑에 대한 믿음이 있었기에 그는 그 어떤 시련에도 흔들리지 않는 강인한 정신력을 발휘한 것이다.

그 후 1990년 브로드스키는 50세가 되어서야 비로소 마리아 소짜니와 결혼해 딸 안나를 낳고 안정된 생활을 누리게 되었지만, 그때까지도 소련에 살던 마리나 바스마노바는 여전히 당의 감시를 받으며 지내야 했다. 다행히 소련이 붕괴된 이후 아들 안드레이를 미국에 초청해 처음으로 부자상봉을 한 그는 죽을 때까지 아들과 친밀한 관계를 유지했으며, 러시아로 돌아간 아들은 어머니 마리나에게 20년에 걸쳐 그녀를 위해 쓴 아버지의 시들을 전해 주었다고 한다.

그러나 브로드스키는 러시아가 민주화를 이룬 후에도 두 번 다시 그 땅에 돌아가지 않았다. 북극에서 지낸 강제 유형의 악몽이 좀처럼 가시지 않았던 모양이다. 원래 심장이 약했기 때문에 이미 30대 말에 두 번에 걸친 수술까지 받았던 그는 결국 심장발작을 일으켜 56세를 일기로 일찍 세상을 하직하고 말았다.

이처럼 기구한 운명을 살다 간 브로드스키였지만, 그럼에도 불구하고 20세기 시인으로서는 매우 드물게도 풍자적인 특성을 잘 살린 서정시의 대가로 알려져 있다. 하지만 그는 주로 개인적인 주제를 다루면서 특이하게도 형용사를 거의 사용하지 않고 명사와 동사만을 사용해 시를 썼는데, 그것은 아마도 죽음을 넘나드는 극한적 상황을 겪었던 그에게 아름다운 형용사는 냉혹한 현실을 호도하는 일종의 사치에 속한다고 여겨졌기 때문일지도 모른다.

형용사를 거부한 시인, 그러나 현대의 가장 서정적인 시인으로 불리는 브로드스키는 가장 압축된 형태의 시어를 통해 자신의 내면적 갈등을 표현한 시인이다. 그에게 온갖 현란한 형용사는 불필요한 장식음이요, 가식적인 치장에 불과한 것이었다. 그는 그런 형용사의 남용으로 인해 오히려 세상의 본질이 훼손된다고 믿었던 듯싶다.

그런 점에서 그의 시는 일본의 하이쿠를 닮았다고 할 수 있다. 사물의 이름과 행동 그 자체에만 의미를 두고 더 이상의 미사여구를 거부하는 태도는 형식미보다 사물의 내용과 본질에 더욱 접근하려는 태도라 하겠다. 그것은 삶의 어두운 밑바닥을 실제로 두드려 본 그였기에 가능한 태도일지도 모르겠다. 다음과 같은 시를 보면 브로드스키 시의 특징을 엿볼 수 있다.

2년 후
아카시아는 시들어 있겠지,
주가(株價)는 떨어지고,
세금은 올라 있겠지.
2년 후
방사능은 더 늘어 있을 거야.
2년 후
2년 후

2년 후
양복은 누더기 되고,
진실은 가루가 되며,
유행은 바뀌어 있겠지.
2년 후
아이들은 애늙은이가 되어 있을 거야.
2년 후
2년 후

2년 후

난 목도 부러뜨리고,

팔도 부러뜨린 채,

얼굴마저 박살이 나 있겠지.

2년 후

우리 결혼하자.

2년 후

2년 후

구차한 수식어와 형용사가 배제된 이 시에서 우리는 오로지 명사와 동사의 나열만을 보게 된다. 아카시아, 주식, 세금, 방사능, 양복, 진실, 유행, 그리고 박살난 몸, 결혼 등의 명사와 더불어 시들고, 오르고, 떨어지고, 헤지고, 바뀌고, 늙어가고, 부러지고 등 동사들의 나열이 독자들로 하여금 그 어떤 비애를 느끼게 하기에 충분하다. 그리고 그 모든 사실에도 불구하고 2년 후 결혼하자는 말로 사랑만이 유일한 해결책임을 강조하는 것처럼 보인다.

사실 브로드스키는 태어나자마자 굶주림과 싸워야 했다. 그런 점에서 아름다운 형용사는 그가 말을 배우기도 전부터 이미 거부된 상태라 할 수 있겠다. 이처럼 그에게는 태어날 때부터 성장할 때까지 계속해서 가혹한 운명이 주어졌으나 그럼에도 불구하고 그가 자신의 신념을 잃지 않고 온갖 시련을 긍정적으로 받아들이며 생존할 수 있었던 것은 결국 자연과 인간에 대한 신뢰와 애정이 그만큼 깊었기 때문일 것이다.

비록 그는 살아가면서 단 한 번도 남을 비방하거나 정치적인 문제에 개입한 적이 없음에도 불구하고 그가 속했던 사회는 오히려 그에게 벌레만도 못한 유대인이요, 사회적 기생충이라는 오명을 뒤집어씌워 혹한이 몰아치는 북극권의 강제수용소로 내쫓아 힘겨운 중노동을 시킬 정도로 비정한 세계였으니 오로지 순수시만 쓰던 시인의 입장에서는 참으로 납득하기 어려운 혼란을 느꼈음 직하다. 하지만 그럴수록 그는 인간다운 삶의 소중함을 절실히 느끼고 긴긴 겨울밤을 참고 견디며 새로운 봄의 기운이 다가올 것임을 의심치 않은 것이다.

20세기 현대 시에서 브로드스키는 그야말로 매우 특이한 존재임에 틀림없다. 그는 서정적인 운율을 통해 자신이 마주한 사회와의 관계를 더욱 가까이 좁히고자 노력했으며, 문학이 독자들에게 끼칠 수 있는 긍정적 효과에 대한 희망 역시 끝까지 버리지 않았다. 인간이 동물과 다른 점은 바로 말을 하고 시를 읊는다는 사실에 있다고 본 그는 그래서 시를 단순히 예술의 한 형태로 보지 않고 인류가 진화하는 데 필요한 인류학적 · 언어적 신호등 체계와 같은 것으로 보았다. 따라서 그는 시를 단지 재미 삼아 읽는 사람은 인류학적 범죄를 저지르는 것이나 다름없다는 주장을 내세우기도 했다.

자유의 소중함을 그 누구보다 뼈저리게 느낀 시인으로서 브로드스키는 두려움과 외로움에 지친 사람일수록 시를 읽어야 하며 그렇게 함으로써 다른 사람들 역시 자신과 비슷한 감정으로 고통받고 있다는 사실을 이해하게 될 뿐만 아니라 시를 통해서 단순히 그런 고통을 회피하는 게 아니라 오히려 삶을 사랑하게 된다는 점을 누누이 강조했다. 그런 점에서 그는 인간의 비극적인 현실을 자연에 비유함으로써 잃었던 관계의 회복을 위해 애쓴 매우 보기 드문 사색적인 서정시인이었다고 할 수 있다.

# Part 3
# 라틴유럽의 열정

# 단테의 〈신곡〉

　불후의 걸작 〈신곡(神曲, La Divina Commedia)〉으로 위대한 시인의 반열에 오른 단테(Dante Alighieri, 1265~1321)는 이탈리아의 시인으로 원래 그의 본명은 두란테 알리기에리였으나 두란테의 약칭인 단테로 더욱 많이 알려져 있다. 그의 대표작 〈신곡〉은 일종의 지옥 탐방기를 담은 대서사시로 단테가 로마의 시인 베르길리우스에 이끌려 지옥으로 가지만 결국에는 자신의 잊을 수 없는 첫사랑 베아트리체의 도움으로 천국에 간다는 내용이다.

　그가 자신의 작품에 '코메디아(Commedia)'라는 제목을 단 이유는 당시에는 해피엔딩으로 끝나는 작품을 그렇게 불렀기 때문이다. 우리는 흔히 서양에서 도입한 연극의 각본을 지칭할 때 일본인들이 번역한 희곡(戱曲)이라는 용어를 그대로 따라 하고 있지만, 희곡에는 희극(戱劇)과 비극(悲劇)이 따로 구분된다는 점에서 적절한 번역어는 아닌 듯싶다. 어쨌든 서양 연극의 전통은 고대 그리스에서 유래된 것으로 볼 수 있다.

　피렌체 태생인 단테는 불과 10세 때 어머니를 잃고 다른 두 이복형제와 함께 계모 밑에서 자랐다. 그가 아홉 살 무렵 한 살 아래인 베아트리체를 보고 첫눈에 반했는데, 부유한 은행가 폴코 포르티나리의 딸이었던 그녀는 다른 남자와 결혼해 24세라는 젊은 나이로 일찍 세상을 뜨고 말았다. 하지만 그녀의 존재는 그 후 일생을 두고 단테의 마음에 영원한 연인으로 자리 잡는다.

조혼이 유행하던 그 시절, 단테는 불과 12세 때 당시 세도가였던 도나티 가문의 딸 젬마와 혼인을 약속하지만, 이미 그의 마음은 베아트리체에게 쏠려 있었다. 지고지순의 상징과도 같았던 그녀에 대한 단테의 순정은 젬마와 결혼한 이후에도 변함이 없어 계속해서 그녀를 위해 소네트를 썼다. 그러나 정작 아내를 위한 시는 한 편도 쓰지 않았다. 그는 비록 여러 자녀까지 둔 기혼자였지만, 마음에도 없는 정략결혼이었으니 그럴 만도 했을 것이다. 그의 딸 안토니아는 나중에 자라서 수녀가 되었는데, 아버지가 그토록 잊지 못하던 구원의 여인상 베아트리체의 이름을 따서 똑같이 베아트리체 자매로 불렸다.

하지만 베아트리체에 대한 그의 짝사랑은 홀로 속으로 끙끙 앓는 가슴앓이였을 뿐이다. 비록 그녀를 처음 본 순간 첫눈에 반했다고는 하지만 그는 그녀에게 말 한마디 건네 본 적도 없었으며, 18세가 지난 이후에도 단지 길에서 우연히 마주친 그녀와 인사를 나누는 정도에서 만족해야 했다. 그녀는 단테가 25세 때 일찍 병으로 죽고 말았지만, 그럼에도 불구하고 그녀의 존재는 단테의 시를 통해 계속 살아남았으며, 그가 살아가는 이유가 되기도 했다.

그녀에 대한 단테의 사랑이 과연 진정한 사랑인지 아니면 과도한 집착인지 여부는 손쉽게 판단하기 어려운 문제다. 다만 일찍 어머니를 여의고 계모 밑에서 자란 성장 배경을 두고 볼 때, 어머니를 향한 이상적 이미지가 베아트리체에게로 옮겨져 나타난 전이현상의 일부로 간주될 수는 있겠다. 정신분석에서 말하는 전이현상이란 어린 시절 각인된 부모에 대한 감정이 다른 제3자에게로 향해 나타나는 태도를 뜻하는 것이지만, 치료 현장에서는 정신분석가에게도 그런 감정을 드러내기 마련이다. 정신분석에서는 이런 전이적 태도에 대한 해석을 매우 중요하게 다룬다.

다시 말해서 베아트리체를 향한 단테의 전이적 감정은 어린 시절에 해결되지 못한 단테 자신의 유아기적 갈등을 드러낸 것으로 볼 수 있다. 그의 〈신곡〉이 지옥을 통과하는 일종의 통과의례적 의미가 있는 작품이었다고 이해한다면, 이상적인 존재였던 어머니의 상실로 인한 마음의 상처와 마음에도 없는 결혼으로 지옥 같은 삶을 살아야 했던 그가 어머니를 대신한 베아트리체라는 여성의 존재를 통해 구원을 받는다는 점에서 그는 결국 마지막 보상을 얻은 셈이 되는 것이다.

그렇게 해서 단테는 실패의 연속으로 얼룩진 자신의 삶을 재정리하는 가운데 마음의 평온을 되찾은 것으로 보인다. 그런 점에서 〈신곡〉은 자신의 기나긴 정신적 방황의 여정을 담은 일종의 자서전적 작품이라 할 수 있다. 하지만 단순히 베아트리체에 대한 순수한 열정만으로 〈신곡〉을 썼다고 보기는 어려운 측면도 있다. 그의 복잡한 정치 활동 또한 중요한 동기로 작용했을 수 있기 때문이다.

〈신곡〉의 저술 연대는 정확히 알려진 게 없지만, 단테가 정치적 소용돌이에 휘말린 나머지 피렌체에서 영구 추방당한 이후에 쓴 것만은 분명하다. 심지어 그는 부재중에 사형선고까지 받았는데, 수많은 정적들이 수시로 그를 압박하고 있었기 때문이다. 그런 점에서 단테를 단순히 순수 문학가로만 보기도 어렵다.

그는 20대 중반부터 이미 정치적 당파 싸움에 가담하기 시작했는데, 그것은 자신의 집안 배경 때문이었다. 그의 아버지는 당시 신성로마제국 황제를 지지하는 기벨리니당에 맞서 로마 교황을 지지하던 겔피당의 일원이었는데, 30대에 피렌체 시의회 의장으로 적극적인 정치 활동을 벌였던 단테 역시 열성적인 겔피당원으로 기벨리니당에 맞서 투쟁을 벌였다. 결국 겔피당의 승리로 그 싸움은 종식되었지만, 그 후 겔피당은 다시 교황을 지지하는 흑당과 교황의 지배에 반대하는 백당으로 나뉘어 피나는 전쟁을 벌이게 되었으며, 백당에 속한 단테는 열세에 몰린 끝에 결국 흑당에 의해 영구 추방되는 수모를 겪어야 했다.

기나긴 망명 생활은 단테에게 견딜 수 없는 모멸감을 안겨 주었다. 복수심에 불탄 단테는 그 후에도 포기하지 않고 소수의 잔당을 이끌고 흑당을 물리치기 위해 고군분투했지만, 그의 모든 시도는 실패로 돌아가고 말았다. 유명무실해진 백당의 유일한 당원으로 홀로 남아 투쟁을 계속하는 단테를 안쓰럽게 여긴 흑당은 자신의 과오를 인정하면 사면해 주겠다는 제안도 했지만, 그런 제안을 더욱 치욕적이라 생각한 그는 일언지하에 거절했다. 결국 흑당은 궐석재판을 통해 단테에게 사형선고를 내리고 말았다. 영원히 고향으로 돌아갈 수 없게 된 단테는 그 후 라벤나에서 집필 활동에 몰두하다가 말라리아에 걸려 56세를 일기로 세상을 떴다.

이런 정치적 배경을 고려해 볼 때, 단테가 〈신곡〉에서 자신을 저승세계로 안내한 인물로 굳이 고대 로마의 시성으로 꼽히는 베르길리우스를 선택한 이유를 생각해 볼 필요가 있다. 베르길리우스 역시 한때는 정계 진출에 뜻을 품었다가 여의치 않자 시인으로 전향한 인물이지 않은가. 게다가 그는 시인으로 명성을 얻게 된 이후 아우구스투스 황제의 신임을 받아 평안한 여생을 보장받은 인물이었으니 단테로서는 자신과 비슷한 운명을 겪은 베르길리우스를 동일시하는 동시에 그를 부러워했을 수도 있다.

지옥과도 같은 망명 생활에서 얻은 그의 괴로운 심경은 〈신곡〉 가운데 가장 뛰어난 부분으로 꼽히는 '연옥편'을 통해 유감없이 묘사되기도 했지만, '지옥편' 첫 부분에 나오는 다음과 같은 대목은 그 자신의 고달픈 삶의 운명을 가장 압축된 형태로 잘 묘사하고 있다.

> 우리 인생길의 한중간에서
> 나는 올바른 길을 잃어버렸기에
> 어두운 숲 속에서 헤매고 있었다.

하지만 그의 지옥 여행은 일종의 복수심에서 나온 시편으로 볼 수도 있다. 왜냐하면 그곳에서 고통받고 있는 인물들의 대다수는 간통과 폭식, 이기적인 탐욕, 분노, 이단과 동성애, 폭력, 자살, 사기와 배신, 신성모독을 저지른 자들이지만, 그뿐 아니라 자신을 곤경에 빠트린 정적들과 부패한 교황들도 등장시켜 글로써 복수하고 있기 때문이다. 더 나아가 고리대금업자들 역시 지옥에 빠트리고 있는데, 이는 베아트리체를 그에게서 앗아 간 장본인들이 모두 은행가였기 때문일 것이다. 그녀의 아버지와 남편 모두가 부유한 은행가였으니 말이다.

다만 그에게는 베르길리우스와는 달리 자신을 비호해 주는 황제가 따로 없었기에 자신의 삶을 이끌어 주는 원동력이 되었던 베아트리체를 통해 최종적으로 구원받는다는 설정이 필요했을 것으로 보인다. 베아트리체가 없는 세상은 지옥이나 마찬가지였을 단테로서는 그녀의 죽음으로 인해 모든 것이 무의미하게 느껴졌을 것이다.

그가 이례적일만큼 강한 적개심에 불타올라 당파 싸움에 뛰어든 것도 감당하기 어려운 좌절에서 벗어나기 위한 몸부림이었는지도 모른다. 일종의 자학적인 동기에서 비롯된 분노의 폭발이었던 셈이다. 물론 그에게 돌아온 대가는 굴욕적인 추방과 사형선고였을 뿐이다. 결국 〈신곡〉의 주된 모티브는 정치적 야심으로 증오심과 복수심에 사로잡힌 지옥의 불길을 통과해 영원한 사랑으로 승화된 천국으로 진입하게 되는 단테 자신의 굴곡진 인생 역정 그 자체라 할 수 있다.

# 보들레르의 『악의 꽃』

소용돌이치는 삶의 주인공 샤를 보들레르(Charles Pierre Baudelaire, 1821~ 1867)는 19세기 프랑스의 상징주의 시인이다. 그의 대표작 『악의 꽃』은 동시대에 가장 퇴폐적이고도 외설적인 작품으로 간주되었고, 그는 이 때문에 풍기문란죄로 고소까지 당하는 수모를 겪어야 했다. 소위 고답적인 예술지상주의에 대한 반동으로 태어난 상징주의는 보들레르에 의해 그 정점에 도달했다고 해도 결코 과언이 아닐 것이다.

그러나 보들레르의 삶 자체 역시 건전한 삶과는 거리가 먼 좌충우돌하는 나날의 연속이었다. 환속한 사제 출신 화가의 아들로 파리에서 태어난 그는 여섯 살 때 아버지를 잃고 유산을 물려받았는데, 고아 출신이었던 어머니가 곧바로 군인과 재혼하는 바람에 그 후 유산 관리를 포함해 돈 문제로 보들레르와 어머니는 두고두고 복잡한 관계를 이어 나갔다.

학교에 들어간 보들레르는 학업에는 관심이 없고 오로지 문학에만 몰두했는데, 성적 때문에 항상 계부와 갈등을 겪었다. 따라서 그의 학창 시절은 결코 행복하지 못했으며, 게으름과 반항심에 젖어 보내기 일쑤였는데, 결국에는 선생의 지시에 불복하다가 퇴학을 당하고 말았다. 계부의 강요로 마지못해 법대에 들어갔으나 이미 작가가 되기로 결심한 그는 학업을 등지고 방탕한 생활로 일관했다.

대학에 들어가기 이전에 이미 사창가를 드나들기 시작한 그는 사팔 뜨기 유대인 창녀 사라와 관계를 맺고 성병에 걸렸으며, 돈 낭비가 심해 큰 빚을 져서 어머니의 속을 태웠다. 참다못한 계부는 마침내 그를 사창가에서 떼어 놓기 위해 인도로 여행을 보냈지만 도중에 돌아오고 말았다. 성인이 되자 그는 상당량의 토지를 상속받았지만 그것도 불과 2년 만에 대부분 탕진해 버렸다. 결국 가족들은 고심 끝에 금치산 선고를 받게 해서 법정 후견인으로부터 정기적으로 연금을 받도록 하는 조치를 내릴 수밖에 없었다.

그럼에도 불구하고 보들레르의 일탈적인 삶의 행각은 바뀌지 않았다. 그는 한술 더 떠서 아이티 출신 창녀의 딸인 흑백 혼혈 여성 잔느 뒤발과 오랜 동거에 들어감으로써 어머니와 최악의 관계로 치달았는데, 어머니가 보기에 그녀의 존재는 오로지 뒤에서 아들을 부추겨 돈이나 뜯어내는 사악한 마녀일 뿐이었다. 실제로 보들레르는 아무 일도 안하고 빈둥거리면서 수시로 어머니를 찾아가 돈을 요구하기 일쑤였다. 항상 빚에 쪼들렸던 그는 불확실한 자신의 미래에 절망한 나머지 자살까지 시도하며 어머니의 도움을 요청했지만, 어머니는 매정하게 모른 체했다.

이처럼 극심한 정서적 불안정에 시달리는 가운데 완성한 시집 『악의 꽃』은 1857년 비로소 출판되기에 이르렀지만, 전편에 묘사된 섹스와 죽음, 동성애, 우울한 파리의 모습 등은 당시 비평가들로부터 조소의 대상이 되었다. 심지어 불건전하고 타락한 작품으로 간주되어 고소를 당하기까지 했다. 다행히 벌금형으로 마무리되긴 했지만, 그에게 무죄 판결이 난 것은 그가 죽은 지 무려 80년이 지난 1949년의 일이었다. 어 쨌든 보들레르 생존 당시 찬반양론이 분분했던 『악의 꽃』 가운데 그의 대표적인 시 〈유령〉을 토대로 그가 지녔던 정신세계의 일면을 한번 엿 보기로 하자.

갈색 눈을 가진 천사처럼
그렇게 찾아가리라, 그대 침실로.
그리하여 소리 없이 그대 옆으로
밤 그림자 따라 숨어들리.

달빛 같은 차디찬 키스와 뱀의 애무로
그대 잠자리 가를 기어 다니며
검은 머리카락 어루만져 재우리.

그러나 희푸른 새벽이 오면
텅 빈 자리만 남아
그대로 저녁까지 차디차리니,

남들 애정을 갖고 대하여도
나만은 공포로써
그대 생명과 청춘 위에 나서려 하노라.

이 시는 『악의 꽃』 1부 '우울과 이상' 중에 삽입된 작품으로 매우 에로틱하고 육감적인 분위기를 풍긴다. 한 여성에 대한 그리움을 주체할 길이 없어 마치 유령처럼 그녀의 집에 몰래 숨어 들어가 달빛같이 차디찬 키스와 뱀처럼 휘감는 애무를 하고 싶어 안달이 난 한 사내의 욕망과 환상이 한데 어우러진 모습이다.

물론 여기서 뱀은 남근의 상징이라는 식의 정신분석적 해석은 별다른 도움이 되지 않는다. 잠이 든 그녀의 곁을 뱀처럼 기어 다니며 밤새도록 애무하고 싶다는 에로틱한 분위기 묘사로 충분하기 때문이다.

그런데 한 가지 의문이 드는 것은 그토록 시인의 마음을 뒤흔드는 검은 머리의 여성이 과연 누구일까 하는 점이다. 하지만 우리는 그녀의 존재가 다름 아닌 보들레르의 연인 잔느 뒤발임을 곧 눈치챌 수 있다. 마네가 그린 그녀의 초상화에도 역시 검은 머리로 그려져 있다. 다만 우리가 시를 통해 상상하듯이 그렇게 육감적이고 아름다운 모습은 아닌 듯하다.

문제는 시인 자신의 태도에 있다. 정상적인 연인끼리라면 굳이 그렇게 유령 같은 존재로 변신해 다가갈 필요가 어디 있겠는가. 새벽이 다가오면 더 이상 머무를 수 없는 유령처럼 또다시 밤이 오기를 기다려야 하는 시인의 사랑은 일종의 안타까운 짝사랑이다. 더군다나 남들은 다 애정을 갖고 사랑을 나누지만 시인만은 공포로 임하겠다고 하니 어쩌면 매우 처절한 사랑이기도 하다.

이 부분에서 우리는 정신분석에서 말하는 소위 요구-공포 딜레마(need-fear dilemma) 현상을 떠올릴 필요가 있겠다. 그것은 다시 말해 엄마의 사랑을 간절히 원하는 아기가 엄마에게 다가가기를 바라지만 정작 그녀가 다가오면 거절이나 버림을 받지나 않을까 하는 두려움에 사로잡히는 이율배반적인 상황을 가리키는 말이다.

보들레르 역시 일생을 두고 어머니의 속을 썩였지만, 그런 일탈 행위조차도 끝없이 어머니의 관심을 끌고자 했던 무의식적 동기에서 비롯된 결과일 수 있으며, 어머니의 냉담한 반응에도 불구하고 그는 계속해서 어머니의 존재가 자신의 전부인 것으로 고백했다는 사실을 통해 우리는 그가 끊임없이 어머니의 사랑을 구걸하는 동시에 다른 한편으로는 그녀로부터 버림받지나 않을까 하는 두려움을 지니고 있었음을 알 수 있다. 물론 이들 모자 관계를 계속 이어 주는 가장 중요한 매개자는 탯줄이 아니라 돈이었다.

더욱이 프로이트가 말한 마돈나 콤플렉스(Madonna-whore complex)에서 보듯이 성스러운 이상적 존재인 어머니 대신 창녀와 같은 천한 신분의 여성을 선택한 점도 결국은 어머니에게 선뜻 다가서지 못하는 두려움의 결과로 볼 수 있다. 그런 점에서 창녀의 딸이며 흑백 혼혈 여성인 잔느 뒤발의 존재는 보들레르에게 있어서는 어머니를 대신할 수 있는 상징적 대리인인 동시에 죄의식과는 무관하게 안심하고 잠자리를 나눌 수 있는 상대로 자리 잡은 셈이 된다.

그런 잔느 뒤발이 『악의 꽃』이 세상에 나온 이듬해에 뇌졸중으로 반신불수가 되자 보들레르는 한동안 그녀를 헌신적으로 돌보지만, 그 후 그녀의 다른 애인이 한집에 동거하게 되면서 그는 참을 수 없는 굴욕감과 배신감, 자존심의 상처를 입고 그녀의 곁을 떠났다. 더욱이 매독의 재발까지 겹친 그는 절망적인 상황에서 자살 충동까지 느끼는 자포자기 상태에 빠진 나머지 모든 창작의욕마저 잃고 말았다.

40대에 접어들어 고질적인 아편중독과 성병, 중풍 등으로 건강이 더욱 악화된 그는 팔다리가 마비된 데다가 실어증에 우울증까지 겹쳐 수

시로 자살 충동에 휘말렸으며, 여전히 빚에 쪼들리며 살았다. 그런 아들을 보다 못한 어머니는 마침내 자신과 함께 지내도록 허락했으며, 보들레르는 그녀의 도움으로 요양 생활을 마치고 파리로 돌아온 직후 46세라는 한창 나이로 생을 마감했다. 결국 그가 마지막으로 의지한 대상은 어머니였으며, 죽기 직전에 가서야 그녀의 품으로 돌아올 수 있었으니 그러기까지 너무도 먼 길을 돌아온 셈이었다. 참으로 기구한 운명의 시인이라 할 수 있다.

# 랭보와 베를렌의 불꽃같은 사랑

　한때 뜨거운 동성애적 사랑을 불태우며 세간의 화제가 되었던 프랑스의 시인 랭보와 베를렌은 결국 두 사람 모두 마음에 큰 상처를 입고 결별의 수순을 밟고 말았다. 베를렌이 말다툼 끝에 랭보에게 총상을 입히는 불미스러운 사건이 결정적인 계기가 되었던 것이다. 그 사건으로 베를렌은 감옥에 갔으며, 충격을 받은 랭보는 끝내 문학을 포기하고 여기저기 방랑하던 중 결국 아프리카에서 건강이 악화되어 본국으로 후송되었으나 다리 절단 수술을 받은 지 몇 달 후 숨을 거두고 말았다.

　조숙한 천재 시인 아르튀르 랭보(Arthur Rimbaud, 1854~1891)는 군인의 아들로 태어났다. 보병 대위였던 아버지는 무공훈장까지 받은 용맹한 군인이었으나 가정을 전혀 돌보지 않았으며, 랭보가 여섯 살 무렵에는 완전히 집을 떠나 돌아오지 않았다. 그래서 랭보의 어머니는 자칭해서 스스로를 미망인 랭보라고 부르기도 했다.

　결국 랭보는 그런 홀어머니 밑에서 자랐지만, 그녀의 성격 또한 별

나서 고집 세고 말이 없으며 웃는 법도 거의 없는 매우 폐쇄적인 여성이었다. 랭보는 그런 어머니를 '어둠의 입'이라는 별명으로 부르기도 했다. 더구나 자식들에 대한 간섭이 매우 심했던 어머니는 오로지 공부만을 강요했으며, 자신의 요구에 응하지 않으면 수시로 굶기는 벌을 가했다. 게다가 한시도 눈을 떼지 않고 자식들을 감시했으니 어린 랭보에게는 그런 생활 자체가 지옥이었을 것이다.

사춘기가 되면서 점차 반항적으로 변해 간 랭보는 앞으로 그 어떤 직업도 갖지 않고 놀고먹으리라 다짐했으며, 실제로 그는 자신의 맹세를 성인이 되어서도 그대로 실천했다. 보불전쟁이 터지면서 학업이 중단되자 지루함을 견디지 못한 랭보는 무단가출을 시도했다가 감옥에 갇히기도 했으며, 강제로 집에 끌려왔지만 며칠 만에 다시 또 집에서 도망치고 말았다.

이처럼 16세 무렵부터 급격히 반항적인 모습으로 변해 간 랭보는 머리를 길게 기르고 술을 마시며 가게에서 책을 훔치는가 하면 난잡한 시를 쓰는 행동 등을 통해 어머니의 속을 무던히도 썩였는데, 그것은 어머니에 대한 일종의 복수였던 셈이다. 당시 그가 쓴 시는 세상의 모든 권위에 대한 불만과 혐오감으로 가득 찬 과격한 내용으로 일관하고 있다.

시인이 될 꿈을 지니고 있던 랭보는 당시 파리에 있던 베를렌에게 편지를 보내 도움을 요청했는데, 그의 시를 본 베를렌은 흔쾌히 그의 요청을 수락하고 기차표까지 끊어 보내 주었다. 파리에서 베를렌을 만난 이후 두 사람은 함께 방랑 생활을 계속했으나 브뤼셀에서 벌어진 충격 사건으로 헤어지고 말았으며, 랭보는 그때 겪은 2년간의 이상한 체험을 『지옥의 계절』에 모두 집약시켰다.

랭보보다 10년 연상인 폴 베를렌(Paul-Marie Verlaine, 1844~1896)은 파리

대학에서 법학을 공부했으나 도중에 중퇴하고 파리 시청의 서기로 근무하며 시를 쓰기 시작했다. 음악처럼 매우 율동적인 그의 시는 대중적인 인기를 크게 얻어 상징파의 대표적인 시인으로 자리 잡았다.

그가 22세 때 쓴 시 〈가을 노래〉의 첫 구절 "가을날 바이올린의 긴 흐느낌"은 제2차 세계대전 당시 프랑스 레지스탕스에게 노르망디 상륙작전이 임박했음을 알리는 비밀 암호로 사용되어 영국 BBC 방송을 통해 전파를 탈 정도로 그의 시는 프랑스인들에게 많은 사랑을 받아왔다. 특히 감옥에서 쓴 〈말없는 연가〉 등이 유명하며, 그 외에도 평론집 〈저주받은 시인들〉을 비롯해 〈참회록〉을 쓰기도 했다.

괴팍하고 가학적인 어머니 밑에서 반항적인 미소년으로 성장한 랭보와는 달리 볼품없는 용모에 겁쟁이였던 베를렌은 어머니에게 매우 복종적이며 말 잘 듣는 귀염둥이로 자랐다. 그는 항상 어머니의 그늘을 벗어나지 못한 마마보이로 살았는데, 그것은 결혼한 이후에도 마찬가지였으며, 어린 랭보와의 관계에서도 항상 지배를 당하는 입장이었다. 그런 점에서 볼 때 랭보와 베를렌의 관계는 일종의 도덕적 사도마조히즘에 가까운 사이였던 것으로 보이기까지 한다.

베를렌은 1870년 마틸드와 결혼해 아들까지 낳았지만, 그 이듬해 랭보를 만난 이후 그에게 푹 빠진 나머지 둘이서 런던으로 애정의 도피 행각을 벌였으며, 1872년에는 처자식을 완전히 버림으로써 사회적 지탄의 대상이 되었다. 하지만 랭보와의 폭풍과도 같은 사랑도 비극적인 결말로 끝나고 말았으며, 몽스 감옥에서 2년간의 수감 생활을 마치고 출옥한 이후에도 그의 마지막 20년에 걸친 말년 생활은 비참하기 그지없었다. 가난에 찌들어 빈민가에 살면서 약물과 알코올중독에 빠져 지낸 그는 결국 52세를 일기로 생을 마감했다.

이런 배경을 이해하고 나서 베를렌이 어두운 감방 안에 쭈그리고 앉아 썼던 시 〈캄캄한 깊은 잠이〉를 보면 당시 그가 느꼈을 참담한 심경을 보다 분명하게 엿볼 수 있다. 자신의 돌이킬 수 없는 과오와 어리석음을 뼈저리게 후회하며 잠을 청하는 시인의 모습이 눈에 선하기 때문이다.

다른 누구보다 자유로운 삶을 추구했던 그가 모든 자유를 구속당한 감옥 안에서 할 수 있는 것은 오로지 시를 쓰거나 아니면 깊은 잠에 빠져드는 일밖에 없었다. 잠이야말로 시인도 어쩌지 못하는 모든 욕망과 환상을 잊게 하는 가장 유용한 만병통치약이었으니 말이다.

캄캄한 깊은 잠이
내 삶 위에 떨어지네.
잠자거라, 모든 희망아.
잠자거라, 모든 욕망아!

이젠 아무것도 보이지 않는다.
선과 악의
기억마저 사라진다……
오, 내 슬픈 이력아!

나는 어느
지하실 허공에서 어느 손에
흔들리는 요람.
침묵, 침묵!

그렇다. 오로지 침묵만이 그가 선택할 수 있는 유일한 길이었을 뿐이다. 입이 열 개라도 할 말이 없었던 그로서는 자신이 왜 그토록 어두운 공간 속에 갇혀 지내야만 했는지 이유를 따져 묻기 이전에 자신에게 주어진 저주받은 운명을 담담히 수용하고 그래도 죽음보다는 덜한 깊은 잠을 청하는 편이 나았을 것이다. 그렇게 해서라도 그는 절망적인 상황에서 벗어나 새롭게 거듭날 마음의 자세를 추스르고 싶었던 게다.

베를렌은 평론집 〈저주받은 시인들〉을 썼지만, 실제로 그 자신이 저주받은 시인이었다. 랭보에 대한 그의 애절한 욕망과 그리움, 그리고 뼈를 깎는 듯한 회오는 그만큼 강렬한 분노와 배신감도 불러일으킬 만도 하지만, 그의 시 〈내 마음에 눈물 내린다〉에서 보듯이 그는 오히려 까닭 모를 아픔과 슬픔에 겨워 괴로워하고 있다.


거리에 소리 없이 비가 내린다.
—아르튀르 랭보—
내 마음에 눈물 내린다.
거리에 비가 내리듯
가슴속에 스며드는
이 설레임은 무엇일까?
아, 대지에도 지붕에도 내리는
빗소리의 부드러움이여!
답답한 마음에
아, 비 내리는 노랫소리여!
이 역겨운 마음에
영문 모를 눈물 내린다.

웬일인가? 원한도 없는데

이유 없는 이 슬픔은

까닭 모르는 슬픔에

더욱 가슴 아파

사랑도 원한도 없는

내 마음 이렇듯 괴로워라!


창백한 얼굴의 17세 갈색머리 소년 랭보를 처음 본 순간부터 베를렌의 가슴은 정신없이 뛰기 시작했다. 당시 그의 임신 중인 아내 마틸드 역시 17세였지만, 이미 랭보에게 넋이 나간 베를렌은 아내의 존재를 잊을 정도로 랭보에게 깊이 빠져들었다. 그야말로 불가사의한 열정이다.

랭보와 베를렌은 곧바로 둘만의 여행길에 올랐는데, 두 사람은 술과 마약을 즐기며 보헤미안의 자유를 만끽하는 가운데 격정적인 사랑을 불태웠다. 하지만 런던에서부터 삐걱대기 시작한 둘의 관계는 잦아진 말다툼과 불화로 이어지면서 마침내 베를렌은 1873년 혼자 파리로 돌아갔지만, 이미 그는 처자식을 버린 후였다.

파리에 도착하자마자 후회한 베를렌은 랭보에게 전보를 띄워 브뤼셀의 호텔에서 만나자는 약속을 했는데, 다시 재회한 두 사람의 관계는 화해는커녕 더욱 악화일로를 걸었다. 결국 술에 만취한 베를렌은 화를 참지 못하고 랭보에게 총을 쐈는데, 다행히 손목에만 가벼운 부상을 입혔다.

하지만 베를렌의 정신 상태가 이미 정상이 아니라고 여긴 랭보는 자신의 고향으로 달아났으며, 베를렌은 살인미수 혐의로 경찰에 체포되어 결국 2년형을 선고받았다. 그는 수감 생활 도중에 가톨릭으로 개종하는 등 자신의 과오에 대해 참회하는 태도를 보이기도 했지만, 출옥한 이후에는 더욱더 깊은 삶의 수렁으로 빠져들어 술과 마약에서 헤어나오지 못하고 말았다.

랭보와 베를렌이 마지막 상봉을 한 것은 1875년 베를렌이 출옥한 직후였다. 그러나 당시 랭보는 이미 문학을 포기한 상태였으며, 두 사람은 그 후 영원히 마주칠 기회가 없었다. 베를렌과 헤어진 후 랭보는 거의 자학적일 정도로 오로지 두 발로만 걸어서 유럽 각지를 떠도는 무모함을 보였으며, 마침내는 네덜란드 군대에 사병으로 자원 입대해 당시 식민지였던 인도네시아에 근무했지만, 얼마 견디지 못하고 탈영해 밀림 속으로 도망치고 말았다. 당시 탈영병이 붙들리면 총살형으로 즉결처분 대상이었다.

그 후 랭보는 사이프러스와 예멘을 거쳐 에티오피아에서 커피와 무기를 거래하는 대상(隊商)으로 활동했는데, 그때 처음으로 다리에 통증을 느껴 의사의 진찰을 받고 수술까지 권유받았다. 겁이 난 랭보는 결국 본국으로 귀국해 마르세이유 병원에서 한쪽 다리를 절단하는 수술을 받고 고향에 돌아가 요양했지만, 이미 골육종이라는 치명적인 암에 걸린 상태였던 그는 얼마 가지 못해 세상을 뜨고 말았다. 37세라는 아까운 나이였다.

랭보와 베를렌의 기구한 삶은 단순히 운명적인 만남의 결과라는 수식어로 표현하기에는 너무도 불가사의한 과정의 연속이 아닐 수 없다. 상식적으로 선뜻 이해하기 어려운 두 사람의 파행적인 삶은 베를렌의 시구처럼 그야말로 영문 모를 눈물이요, 이유 없는 슬픔이라는 표현으로 간단히 끝낼 문제가 아니다. 그들이 겪은 아픔과 슬픔, 그리고 눈물에는 반드시 이유가 있는 법이다. 단지 그 자신들이 모른 체했을 뿐이다.

아무리 조숙한 천재 시인이었다 하더라도 17세의 랭보는 그저 반항적인 몸짓으로 어머니의 속을 썩인 사춘기 소년에 불과한 존재였을 뿐이다. 예기치 못한 베를렌과의 만남을 통해 격정적인 동성애에 빠져든 결과 더 이상의 정신적인 성숙의 기회를 빼앗긴 점이 아쉬울 따름이다. 그런 점에서 랭보는 비록 오늘날에 와서 매우 도발적인 앙팡 테리블 시인으로 높이 평가되고 있기도 하지만, 단순히 청소년기적 반항과 만용에 머무른 결과 위대한 시인으로 성장할 기회를 스스로 놓치고 만 것으로 볼 수 있다.

베를렌 역시 심리적으로는 매우 미숙한 인물이었다. 적절한 자기 통제력이 결여된 그는 알코올중독으로 자신의 어린 아내를 학대했을 뿐만 아니라 자신보다 10년이나 어린 랭보에게 미혹된 나머지 불쌍한 처자식을 미련 없이 내버릴 정도로 무책임한 심성의 소유자였으니 초자아 구조에도 뭔가 구멍이 나 있는 인물로 보인다. 자학과 반항심으로 똘똘 뭉쳐 있긴 했지만 매우 이성적이었던 랭보와는 달리 베를렌은 오히려 이성적인 능력이 결여된 여성적인 감수성의 소유자로 보이기까지 한다. 그런 점에서 베를렌은 랭보의 매우 차가운 이성을 질투했을 수도 있다.

물론 천재적인 예술가들 모두가 건전한 심성의 소유자라 할 수는 없다. 그리고 죽을 때까지 행복한 삶을 구가한 예술가들 역시 매우 드물다. 어떤 점에서는 그런 삶의 모순에서 비롯된 상처가 그들로 하여금 더욱 창작 활동에 몰입하게 만든 원동력이 되었을지도 모르며, 더 나아가 걸작을 낳게 하는 영감의 원천을 제공하는 것일 수도 있다. 그런 점에서 우리는 랭보와 베를렌의 심리적 미숙함을 탓하기만 할 수는 없다. 그들은 시인이었지 교육자는 아니었기 때문이다. ✒

# 구르몽의 〈낙엽〉

얼굴 없는 은둔 시인 레미 드 구르몽(Remy de Gourmont, 1858~1916)은 프랑스의 상징주의 시인으로 문학비평과 미학 분야에서도 많은 공헌을 남겼다. 노르망디 지방의 오르느 태생인 그는 귀족 가문의 아들로 태어나 캉 대학에서 법학을 공부했으며, 졸업 후에는 곧바로 파리로 가서 프랑스 국립도서관에 취직해 근무하는 가운데 고대 문학에도 관심을 가졌다.

그는 당시 만난 모델 출신 여성 베르트 쿠리에르와 오랜 교류 관계를 유지했는데, 말년에 이르러서는 그녀와 함께 동거하며 여생을 보냈다. 그는 정기적으로 평론을 써서 발표하기도 했지만, 30대 초반에 발표한 국수주의에 관한 정치 평론에서 독일과 프랑스 양국이 국수주의적 반목에서 벗어나 화해를 도모하고 심미적인 문화 교류에 힘써야 한다고 주장함으로써 당국의 눈총을 받게 되어 직장에서 해고되고 말았다.

때마침 그 무렵부터 피부결핵의 일종인 심상성 낭창(lupus vulgaris)으로 얼굴이 추한 모습으로 바뀌게 된 그는 대중 앞에 나서기를 꺼린 나머지 그 후로는 집안에 은둔한 채 사람들과의 접촉을 완전히 끊고 오로지 시작(詩作)에만 몰두했다. 하지만 날이 갈수록 건강이 악화되면서 나중에는 보행조차 어렵게 되자 극심한 우울증에 빠지고 말았다. 제1차 세계대전이 발발한 가운데 뇌혈관 장애가 겹친 그는 결국 58세를 일기로 생을 마감했다. 그와 여생을 함께 보낸 베르트는 이듬해에 구르몽의 뒤를 따라 세상을 떠났다.

구르몽의 대표작 〈낙엽〉에서는 반복적인 운율을 통해 상징적인 연인 시몬에 대한 순수한 애정과 관능적인 욕망을 음악적으로 매우 절묘하게 대비하는 동시에, 바람에 스치며 구르는 낙엽의 이미지를 통해 삶의 무상함도 함께 드러내고 있다. 그의 시는 이처럼 항상 지성과 감성, 유혹과 억제, 관능미와 애절함이 한데 뒤섞여 묘한 매력과 긴장감을 던지는 게 특징이다.

시몬, 나뭇잎 져버린 숲으로 가자.
낙엽은 이끼와 돌과 오솔길을 덮고 있다.

시몬, 너는 좋으냐? 낙엽 밟는 소리가.

낙엽 빛깔은 정답고 그 모습은 쓸쓸하다.
낙엽은 버림받아 땅 위에 흩어져 있다.

시몬, 너는 좋으냐? 낙엽 밟는 소리가.

해질 무렵 낙엽의 모습은 쓸쓸하다.

바람에 흩어지며 낙엽은 정답게 외친다.

시몬, 너는 좋으냐? 낙엽 밟는 소리가.

발로 밟으면 낙엽은 영혼처럼 운다.
낙엽은 날개 소리와 여자의 옷자락 소리를 낸다.

시몬, 너는 좋으냐? 낙엽 밟는 소리가.

가까이 오라, 우리도 언젠가는 낙엽이리니
가까이 오라, 밤이 오고 바람이 분다.

시몬, 너는 좋으냐? 낙엽 밟는 소리가.

처음에 낙엽 지는 숲으로 가자고 유혹하던 시인의 욕망은 얼마 가지 않아 극적인 반전을 이루고 있는데, 그것은 세상에서 버림받아 구르는 낙엽의 신세를 자신의 처지와 비교하면서 은근히 연인의 동정심을 유발시키고 있는 모습을 통해 알 수 있다. 더 나아가 가여운 낙엽을 밟는 재미가 그렇게도 좋으냐고 묻는 질문은 낙엽처럼 밟혀서 속으로 울고 있는 자신의 마음을 알아 달라고 호소하는 것처럼 보여 더욱 애절한 느낌을 준다. 그리고 어차피 우리 모두 낙엽처럼 사라져 버릴 운명이니 시간 낭비하지 말고 내 곁에 가까이 오라고 하면서 마지막 반전을 꾀한다.

세상과 담을 쌓고 살았던 구르몽이 이처럼 관능적인 시를 썼다는 것은 선뜻 믿어지지 않는다. 하지만 금지된 시인의 욕망은 세상과 단절된 공간에서 더욱 뜨겁게 타오른다. 그런 열정은 그의 시 〈눈〉에서도 여지없이 드러나는데, 가상의 연인 시몬을 차갑고도 하얀 눈에 비유한 것은 자신의 뜨거운 열정을 몰라주는 야속한 님에 대한 원망과 서운함 때문이리라.

> 시몬, 눈은 네 목처럼 희다.
> 시몬, 눈은 네 무릎처럼 희다.
> 시몬, 네 손은 눈처럼 차다.
> 시몬, 네 마음은 눈처럼 차다.
> 눈을 녹이는 데 불의 키스
> 네 마음을 녹이는 데는 이별의 키스
> 눈은 슬프다, 소나무 가지 위에서
> 네 이마는 슬프다, 네 밤색 머리카락 아래서
> 시몬, 네 동생 눈이 정원에 잠들어 있다.
> 시몬, 너는 나의 눈 그리고 나의 연인.

여기서도 구르몽의 관능적인 묘사가 단연 돋보인다. 눈처럼 하얀 그녀의 목과 무릎, 그리고 그녀의 차가운 손과 마음을 불처럼 뜨거운 키스로 녹여 주고 싶지만, 그것이 여의치 않아 안타까워하는 시인의 모습을 보여 준다. 하지만 이건 오히려 약과다.

그의 시 〈머리카락〉은 더 야하다. 시몬의 머리카락 숲에서 짐승이 자고 간 돌의 냄새를 맡고, 마른 풀과 무두질한 가죽 냄새, 장작 냄새와 아침마다 가져오는 빵 냄새, 딸기 냄새, 이끼 냄새와 꿀물 냄새, 그리고 우유와 불의 냄새 등 온갖 냄새를 맡고 있으니 말이다. 심지어 마지막에 가서는 아예 노골적으로 정사(情事) 냄새가 나는 신비의 숲으로 묘사하고 있다. 시인의 상상력에 혀를 내두를 수밖에 없다.

이처럼 구르몽의 시는 추한 외모 때문에 세상과 담을 쌓고 살았던 시인 자신의 소외된 감정과 외로움, 그리고 은밀히 숨겨진 열정을 여지없이 드러내고 있는데, 마치 동시대에 활동한 프랑스 작가 가스통 르루가 쓴 소설 〈오페라의 유령〉에 나오는 주인공 팬텀의 모습을 연상시킨다. 물론 팬텀은 미모의 여가수를 납치까지 하지만, 어떤 점에서 본다면 구르몽 역시 자신의 연인 베르트를 납치한 셈이나 마찬가지라 할 수 있다.

프로이트는 〈창조적 작가와 백일몽〉에서 위대한 작가들의 업적이야말로 성적 욕망을 포함한 무의식적 욕구와 환상의 직접적인 표출이라고 기술했는데, 그렇게 승화된 형태로 드러난 예술 작품을 통해 작가 자신들 역시 성적인 긴장 상태에서 벗어날 뿐만 아니라 일종의 카타르시스를 겪게 된다는 것이다. 실제로 많은 시인들은 구르몽처럼 성적인 갈등 때문에 숱한 고통을 받았지만, 예술적으로 승화하는 작업을 통해 자신들의 심적인 부담을 덜었던 것으로 보인다. 그런 점에서 "신경증은 예술을 만들고, 예술은 신경증을 낫게 한다."고 했던 프랑스 작가 앙드레 모루아의 말은 그야말로 희대의 명언이 아닐 수 없다.

# 아폴리네르의 〈미라보 다리〉

초현실주의라는 용어를 만들며 20세기 초현실주의를 대표하는 시인으로 활동했던 기욤 아폴리네르(Guillaume Apollinaire, 1880~1918)는 프랑스의 시인으로 기존의 모든 예술 형태에 반하는 새로운 아방가르드 운동에 몰두했으며, 매우 시각적인 이미지를 전달하는 새로운 형태의 시를 써서 현대 시단에 돌풍을 일으킨 장본인이었다. 그러나 혁신적인 시뿐만 아니라 그의 짧은 생애 자체 역시 기이한 수수께끼로 가득 찬 삶이기도 했다.

아폴리네르는 로마에서 사생아로 태어났다. 그의 어머니 안젤리카 쿠스트로비츠카는 몰락한 폴란드 귀족의 후예로 수도원에서 자랐지만 행실이 좋지 못한 여성으로 아들을 제대로 키울 능력이 없어 항상 돈에 쪼들려 살았는데, 아버지의 정체에 대해서는 전혀 입을 열지 않았다. 어려서부터 아버지가 없는 사생아라는 사실로 항상 열등감에 젖어 살았던 아폴리네르는 어머니의 손에 이끌려 여기저기를 전전하는 떠돌이 생활 속에 성장했다.

그에게는 두 살 아래인 동생 알베르가 있었는데, 알베르 역시 아버지가 다른 사생아였다. 이들 세 식구는 모나코로 이주해 살다가 파리로 이주했으며, 그 후 어머니와 함께 벨기에의 왈롱 지방을 여행했을 때에는 다른 남자와 눈이 맞은 어머니가 어린 형제를 남겨 두고 종적을 감추는 바람에 아폴리네르는 동생을 데리고 머물던 집에서 야반도주를 감행해야만 했다.

이처럼 무책임한 어머니였으니 어려서부터 그가 극심한 정서적 불안정을 겪을 수밖에 없었을 것이다. 어머니의 부재중에 그는 그곳에서 처음으로 마리아 뒤보아라는 이름의 처녀를 짝사랑하게 되었는데, 불가피하게 야반도주를 하게 되면서 그 사랑은 불발로 끝나 버리고 말았지만, 그 후에도 그녀의 이름은 아폴리네르의 시에 자주 등장한다.

파리로 이주한 후 그는 몽마르트 거리의 젊은 예술가들과 어울리며 급진적인 예술운동에 동참하면서 다다이즘, 큐비즘, 초현실주의 등에 심취했는데, 당시 그가 어울린 인물들 가운데는 피카소, 브르통, 막스 자콥, 장 콕토, 마르크 샤갈, 앙리 루소 등이 있었다. 특히 루소는 아폴리네르와 그의 애인 마리 로랑생의 초상화를 그려 주기도 했다.

1907년 피카소의 소개로 알게 된 신예 화가 마리 로랑생과 사랑에 빠진 아폴리네르는 자신과 똑같은 사생아 출신이면서도 밝고 쾌활한 그녀의 모습을 보고 첫눈에 반하고 말았다. 미라보 다리를 오가며 애타게 그녀를 만나던 아폴리네르는 마침내 다리 건너에 사는 그녀의 집 근처로 이사까지 했으나 그 후로는 두 사람 사이에 언쟁이 늘기 시작했다. 너무도 강한 그의 집착과 질투심에 그녀가 지친 탓도 있었을 것이다.

엎친 데 덮친 격으로 1911년 루브르 박물관에서 발생한 명화 모나리자 도난 사건의 주범으로 몰려 그가 경찰에 체포되자 로랑생은 완전히 그에게 결별을 선언하고 말았다. 비록 무혐의로 풀려나긴 했지만, 그 녀를 잃고 난 아폴리네르는 제정신이 아닌 상태에서 때마침 제1차 세 계대전이 발발하자 군대에 자원 입대해 격전지로 떠났는데, 그것은 일 종의 자포자기 상태에서 스스로 죽음을 자초하는 매우 자학적인 동기 에서 비롯된 결정으로 보인다.

결국 그는 1916년 참호 속에서 자신의 작품을 읽고 있다가 적진에서 날아온 포탄에 맞아 뇌에 치명적인 부상을 입고 말았다. 두 번에 걸친 뇌수술로 겨우 목숨만은 건졌지만, 완전한 회복을 기대하기는 어려운 상태였으며, 1918년 마침내 스페인 독감에 걸려 종전을 불과 이틀 앞 두고 38세를 일기로 숨을 거두었다.

아폴리네르는 1913년 그의 파격적인 첫 시집 『알코올』을 출간해 세 상에 신선한 충격을 안겨 주면서 큰 성공을 거두었는데, 전운이 감도 는 음울한 사회 분위기에 나타난 그의 새롭고도 매력적인 시는 곧 대 중의 인기를 독차지했다. 그중에서도 가장 유명한 시 〈미라보 다리〉 는 마리 로랑생과의 결별을 염두에 두고 쓴 작품으로 실연의 아픔을 담고 있다.

미라보 다리 아래 센 강이 흐르고
우리의 사랑도 흐르는데
나는 기억해야 하는가
기쁨은 늘 괴로움 뒤에 온다는 것을

밤은 시계 종소리

세월은 가고 나는 남아 있네

서로의 손을 잡고 얼굴을 마주하고
우리의 팔이 엮어 만든 다리 아래로
영원한 눈길에 지친 물결들 저리 흘러가는데

밤은 시계 종소리
세월은 가고 나는 남아 있네

사랑이 흘러가네 저 강물처럼
사랑이 떠나가네
빈약한 삶은 얼마나 느린가
희망은 또 얼마나 격렬한가

밤은 시계 종소리
세월은 가고 나는 남아 있네

하루가 지나고 또 한 주일이 지나고
지나간 시간은 과거로 남아 있네
잃어버린 사랑도 돌아오지 않네
미라보 다리 아래 센 강이 흐르네

밤은 시계 종소리
세월은 가고 나는 남아 있네

사실 모든 시는 본질적으로 번역이 불가능한 것이라고 할 수 있지만, 아폴리네르의 시는 특히 그렇다. 이는 그의 모든 시에 구두점이 없기 때문이기도 한데, 이에 대해 많은 비평가들은 불연속적인 모호함을 통해 시인이 의도적으로 자신의 시에 유연성을 부여하기 위한 목적에서 그런 시도를 한 것으로 보기도 한다. 그러나 마침표가 없다는 점에서는 극단적으로 띄어쓰기를 거부한 우리나라의 괴짜 시인 이상의 시를 연상시킨다.

물론 이상의 난해한 시 〈오감도〉와 마찬가지로 아폴리네르가 구두점을 삭제한 것은 이별과 분리를 거부하는 의미일 수 있다. 왜냐하면 이상과 아폴리네르 모두 일찌감치 부모에게 버림을 받고 분리불안에 시달린 사람들이었기 때문이다. 아폴리네르는 아버지가 누군지도 모르고 홀어머니 밑에서 자랐으며, 그것도 자식을 제대로 돌보지 않는 풍기가 몹시 문란한 어머니였기에 어려서부터 유독 외로움을 많이 탄 그는 누군가로부터 사랑을 받지 못하면 한순간도 견디지 못하는 성격이었다.

그의 외로움을 달래 주는 유일한 수단은 술이었다. 그의 시집 제목부터가 알코올이지 않은가. 그는 실제로 지독한 술꾼이었다. 실연의 아픔과 고독을 그는 독한 술에 의지해 잊고자 한 것이다. 특히 화가 모딜리아니와 위틀리로는 그와 가장 절친한 술친구로 이들 셋은 술독에 빠져 지냄으로써 현실적인 고통을 잊으려 몸부림쳤다.

로랑생은 아폴리네르와 헤어진 후 독일인 귀족 오토 베첸과 결혼했으나 제1차 세계대전의 발발로 스페인에 망명해 지내다가 아폴리네르의 사망 소식을 듣고 2년 뒤에 이혼했으며, 그 후 프랑스로 돌아와 화가로 활동하다가 1956년 73세를 일기로 사망했다. 하지만 그녀는 양성애자였음이 나중에 밝혀졌다.

로랑생과 헤어진 아폴리네르는 외로움을 견디지 못하고 다른 여성들과 사랑에 빠졌지만, 번번이 실패하고 말았는데, 그중에서도 마들렌 파제와의 파혼은 그에게 가장 큰 아픔을 주었다. 그가 전장에서 쓴 유명한 시구 '내가 가장 좋아하는 포탄은 그대의 젖가슴'의 주인공은 바로 교사 출신인 마들렌이었다.

물론 그는 로랑생과 만나기 이전에도 영국인 교사 애니 플레이든을 사랑한 적이 있었지만, 그녀에게서도 역시 뼈아픈 거절의 아픔을 맛봐야 했다. 그녀를 위해 〈애니〉라는 시까지 썼던 그는 마지막 수단으로 그녀를 납치하겠다는 협박까지 가했지만 이를 견디다 못한 그녀는 결국 미국으로 이주해 버렸다. 참담한 심경에 빠진 그는 〈사랑받지 못한 사내의 노래〉라는 시를 통해 자신의 비통함을 하소연하기도 했다.

비록 그 시에서 아폴리네르는 자신의 사랑을 거짓 사랑이라 말하기도 했지만, 그것은 이솝 우화에 나오는 여우처럼 포도를 따먹을 수 없게 된 여우가 그 포도는 시어서 못 먹겠다고 푸념하는 신포도 기제와 하나도 다를 게 없다. 사랑은 베푸는 것이요, 주고받는 것이라는 점에서 일방적으로 매달리는 집착과는 근본적으로 다른 것임을 시인은 깨닫지 못한 것인지도 모른다.

어쨌든 그는 자신과 처지가 비슷한 로랑생을 마지막 보루로 여기고 필사적으로 매달렸지만 그런 그의 집요한 태도가 오히려 그녀를 피곤하게 만들고 말았다. 결국 아폴리네르는 그 후 자클린 콜브와 결혼하는 데 성공했지만, 불과 수개월 후 저 세상으로 떠나고 말았다. 신혼의 행복과 종전의 기쁨을 누릴 기회조차 그에게는 주어지지 않았다. 참으로 불운한 삶이 아닐 수 없다.

이처럼 아폴리네르의 삶은 끊임없이 사랑을 찾아 헤매는 시련과 아픔의 연속이었다. 물론 그것은 어머니의 적절한 사랑을 받지 못한 일종의 애정결핍증 때문이라고 볼 수 있겠는데, 그렇게 항상 사랑을 구걸하는 입장이었던 그에게는 사생아라는 불명예까지 꼬리표처럼 따라붙어 극심한 열등감과 외로움에 시달리며 살아야 했다. 사랑 앞에서 항상 초조한 빛을 감추지 못한 그는 결국 사랑의 교류에 대한 미숙함 때문에 그토록 엄청난 고통과 좌절을 겪어야 했던 것이다.

# 괴짜 시인 장 콕토

프랑스의 시인, 소설가, 극작가로 다방면에 걸쳐 천재성을 발휘한 전위적 예술가 장 콕토(Jean Cocteau, 1889~1963)는 처음에 다다이즘 시인으로 출발해 제1차 세계대전 이후 두각을 나타내면서 초현실주의적 종합예술에 몰두했으며, 전위파 시인으로서뿐만 아니라 아방가르드적인 소설과 극작 활동에도 탁월한 재능을 보여 소설 〈사기꾼 토마〉〈무서운 아이들〉 등의 소설을 비롯해 자신이 직접 영화로 제작한 희곡 〈미녀와 야수〉〈오르페〉 등을 썼다.

파리 근교의 마을에서 변호사의 아들로 태어난 콕토는 어릴 때 아버지가 자살하는 비극을 겪었으며, 사춘기 시절까지 홀어머니 밑에서 자랐다. 학교 공부를 몹시 싫어하고 일찍부터 매우 조숙했던 그는 19세 때 첫 시집 『알라딘의 램프』로 문단에 데뷔했으며, 제1차 세계대전 시에는 적십자사에 지원해 앰뷸런스 기사로 활동했다.

그 무렵 시인 레이몽 라디게를 만나 함께 여행도 하는 등 절친한 관계를 유지했는데, 매우 로맨틱한 그들의 관계는 1923년 갑자기 라디

게가 사망하는 바람에 끝이 나고 말았지만, 그 충격의 여파로 매우 상심한 콕토는 아편에 손을 대기 시작해 오랜 기간 고생하기도 했다. 라디게의 죽음을 인정할 수 없었던 그는 장례식에 참석조차 하지 않았는데, 어려서 일찍 아버지의 불행한 죽음을 겪은 이후로 콕토는 그 어떤 장례식에도 참석한 적이 없을 정도로 죽음에 대한 근원적인 두려움을 지니고 있었다.

1929년에 가서야 비로소 아편중독에서 벗어난 그는 한때 로마노프 공작의 딸인 나탈리 공주와 열애에 빠지기도 했지만, 그의 평생 연인은 당시 매우 박력 있고 호쾌한 연기로 명성을 날리던 프랑스 배우 장 마레였다. 그런 점에서 그는 양성애자였음을 알 수 있는데, 자신의 공공연한 연인이었던 장 마레를 자신이 직접 감독한 영화에 출연시키기도 했다.

콕토는 비록 제2차 세계대전 기간 중에 히틀러를 경멸하는 프랑스인들에 대해 비난을 퍼붓고 히틀러야말로 예술을 사랑하는 진정한 평화주의자라고 주장하기도 했지만, 그럼에도 불구하고 나치에 끌려간 유대인 출신 시인이자 화가인 막스 자콥의 구명을 위해 애쓰기도 했다.

종전 후에도 여전히 기발한 착상과 재기 넘치는 퍼포먼스로 대중적인 인기를 누렸던 콕토는 74세를 일기로 세상을 떴는데, 그와 절친했던 가수 에디트 피아프가 죽은 다음 날 그 소식을 듣고 충격을 받은 나머지 심장마비 증세를 일으킨 후 곧바로 숨진 것으로 알려지기도 했다. 그리고 그의 영원한 뮤즈였던 장 마레는 콕토가 사망한 이후 극도의 슬럼프에 빠진 나머지 은막에서 아예 자취를 감춰 버렸다.

콕토는 일찍부터 프루스트, 앙드레 지드, 라디게, 디아길레프, 니진스키 등과 긴밀한 유대관계를 맺고 이들과 함께 작품 활동을 해 나갔는데, 공교롭게도 이들 모두는 동성애 문제를 지닌 인물들이었다는 점에서 콕토와 장 마레 사이에 맺어진 동성애적 관계를 새삼스레 이상하게 여길 것만도 아니다.

하지만 매우 차갑고 날카로운 인상마저 주는 24년 연하의 남성 장 마레를 그가 그토록 오래도록 사랑했다는 것은 어쩌면 의외라 할 수 있다. 콕토의 시 〈사랑〉을 보면 그의 독특한 애정관을 엿볼 수 있는데, 사랑은 주는 게 아니라 받는 것이라는 내용이 그의 매우 자기애적인 한 특성을 그대로 드러내 보여 준다.

> 사랑한다는 것
> 그것은 사랑을 받는다는 것이다.
> 하나의 존재를 불안에 휩쓸게 하는 것이다.
> 아—
> 이제는 상대방에 제일 귀중한 것이 못 된다는 것
> 이것이 우리들의 고민이다.

여기서 우리들의 고민이라는 것은 내 자신이 상대에게 가장 소중한 존재가 될 수 없다는 사실에서 오는 것으로 오로지 상대의 찬미와 숭배의 대상이 됨으로써 자신의 삶을 이어 가는 원동력으로 삼고자 하는 나르시시스트의 전형을 나타낸다. 사랑을 상대에게 주는 일에는 관심이 없고 오직 받기만 하려는 에고이즘의 전형이기도 하다.

일반적으로 상대가 사랑을 받아주지 않게 되면 상심과 좌절을 겪기 마련인데, 여기서 시인은 오히려 심한 불안을 느끼고 있다. 물론 그런 불안은 나르시시즘적 상처에서 비롯된 것일 수도 있지만, 어쩌면 동성간에 이루어지는 사랑 때문에 느끼는 막연한 불안감을 반영한 것일지도 모른다.

일찍 아버지를 여의고 홀어머니 밑에서 자란 콕토는 매우 여성적인 감수성과 섬세함을 지닌 인물로 성장했다. 그에게는 아버지의 남성성을 동일시할 수 있는 기회가 제대로 주어지지 못했으며, 따라서 콕토는 자신이 한 남성으로서 이성을 받아들이고 자식을 낳아 키우는 일에 자신이 없었을지도 모른다. 그런 회피적인 시도의 하나로 콕토는 매우 남성적이고도 강인한 인상을 지닌 미남 배우 장 마레에게 이끌렸기 쉽다.

이탈리아의 전위적인 영화감독 파솔리니 역시 동성애에 빠진 나머지 어린 미소년을 상대로 구애 행위를 하다가 로마 근교에서 17세 소년 펠로시에게 살해당하는 비극을 겪었지만, 콕토는 그래도 장 마레와 오랜 기간 연인 관계를 유지하며 비교적 안정적인 삶을 이끌어 나갈 수 있었다는 점에서 오히려 운이 좋았다고 할 수 있다.

하늘을 찌를 듯한 그의 자만심과 우월감은 상식에 얽매인 일반인들의 허를 찌르는 기발한 아이디어로 빛을 발했는데, 아방가르드적인 강한 도발정신은 그의 모든 예술 활동에 걸쳐 드러난 특성이기도 하지만, 특히 시 분야에서 더욱 두드러진 양상을 보인다. 예를 들어 역대 발표된 시 가운데 가장 짧은 작품으로 평가되는 그의 시 〈뱀〉은 단 두 마디로 끝난다.

너무 길다

세상에서 가장 짧은 시로는 일본의 하이쿠가 단연 으뜸이지만, 여기서는 두 손 들고 보기 좋게 나가떨어질 수밖에 없다. 이처럼 콕토는 참으로 기발한 착상에 바탕을 둔 시구로 사람들의 뒤통수를 때리는 장기를 발휘한 천재라 할 수 있는데, 그의 남다른 미학적 감각은 일반인들이 넘볼 수 없는 독특한 영역을 이루고 있다.

뱀을 연상할 때 일반인들은 대부분 이브를 유혹한 사탄이나 위험하고 징그러운 동물, 아니면 남근의 상징 등 여러 복잡한 수식어를 동원하기 마련이지만, 콕토는 단지 너무 길다는 한 마디로 일축해 버린다. 그것은 오로지 미학적 차원에서 표현한 말일 뿐이다. 미의 관점에서 볼 때 뱀은 너무 길기 때문에 아름답다고 보기 어렵다는 뜻이다.

물론 프로이트는 남근 위주의 쇼비니즘적 이론가로 페미니스트들의 거센 비난을 받았지만, 여기서 콕토가 뱀을 시의 주제로 삼은 이유가 그것을 남근의 상징으로 여겼기 때문인지는 알 수가 없다. 다만 그가 강력한 남성적 카리스마로 독일의 젊은 여성들에게 숭배의 대상이 되었던 히틀러에게 매력을 느꼈던 점으로 보아 남성우월주의적 성향을 지닌 인물이었음을 부인하기는 어렵겠다. 〈꿈의 해석〉에서 뱀을 남근의 상징으로 해석했던 프로이트는 꿈이야말로 무의식으로 가는 왕도라고 단언했지만, 콕토는 이와는 달리 자신의 시 〈꿈〉에서 다음과 같이 노래한다.

잠이 누는 똥

여기서 꿈은 그 상징적 의미고 뭐고 다 필요 없이 그저 생리적 현상의 일부로 꿈을 다루고 있을 뿐이다. 비록 그는 초현실주의적 예술 활동으로 명성을 날리기도 했지만, 실제로 본인 자신은 그런 평가에 대해 부정적인 입장을 보였는데, 그것은 초현실주의가 프로이트의 정신분석에 바탕을 둔 것이라는 세간의 인식 때문이었을지도 모른다.

꿈은 단지 잠이 누는 똥에 불과하다는 콕토의 인식은 곧 무의식적 의미와 상징을 부정하는 태도라 할 수 있는데, 미적 가치와 의미를 추구하는 시인의 태도치고는 다소 의외의 반응이라 하겠다. 그것은 그만큼 콕토 자신이 정신분석적 의미 해석에 대해 강한 거부감을 지니고 있었음을 알게 해 주는 대목이기도 하다. 그런 점에서 그의 시 〈귀〉는 차라리 예술적 감각이 돋보이는 매우 낭만적인 노래에 가깝다고 할 수 있다.

> 내 귀는 소라껍질
> 바다 소리를 그리워한다

어릴 적 콕토는 겨울철이면 해마다 지중해 연안의 칸에서 시간을 보내기도 했다. 그래서 그는 칸을 제2의 고향으로 여겼는데, 이 시가 그런 어린 시절에 대한 향수를 묘사한 것일 수 있다. 하지만 바닷가 해변에 널려 있는 소라껍질을 통해 푸른 바다를 동경하는 시인의 마음이 감각적으로 잘 드러난 이 시는 어쩌면 바다로 상징되는 어머니의 품을 그리워하는 근원적인 향수를 담고 있는지도 모른다. 바다에서 밀려나 해변에 외롭게 홀로 남은 소라껍질이 시인 자신의 모습을 연상시키기 때문이다.

하지만 이런 구차스러운 해석조차 시인은 거부할 것이 분명하다. 미국의 문예비평가 수전 손택(Susan Sontag)은 모든 해석이 작품의 본질을 훼손한다고 했는데, 사실 그 말은 어느 정도 일리가 있는 말이기도 하다. 특히 이 시에서 더욱 그렇다. 내 귀와 소라껍질, 그리고 바다 소리를 그리워하는 내 마음. 그것으로 시인이 전하고자 했던 메시지는 충분히 달성되기 때문이다.

이처럼 콕토의 시는 지극히 간결한 형식을 취하고 있으면서도 다중적인 의미가 내포되어 있는 매우 특이한 구조를 보여 준다고 할 수 있다. 그것은 마치 겉과 속이 따로 없는 조화의 극치라 하겠다. 그런 점에서 시인은 항상 진실을 말하는 거짓말쟁이라고 일갈했던 역설과 모순의 시인 장 콕토는 고도의 압축과 기교를 동원한 시로 한 시대를 풍미하기도 했지만, 한편으로는 지나치게 기교적이며 화려한 잔재주만으로 사람들을 현혹시키려 드는 마술사라는 혹평도 없는 건 아니다.

물론 그가 괴짜다운 행보를 통해 얻은 세속적인 인기와 명성을 스스로 즐긴 것도 사실이지만, 그럼에도 불구하고 항상 어느 일정한 틀에 구속되는 것을 거부하며 끊임없이 새로운 모험과 도전을 멈추지 않았던 콕토야말로 진정한 시적 환상의 세계를 추구한 고독한 탐험가였다고 할 수 있다.

# Part 4
# 아메리카 신대륙의
# 꿈과 좌절

# 에드거 앨런 포의 〈애너벨 리〉

비운의 작가 에드거 앨런 포(Edgar Allan Poe, 1809~1849)는 19세기 미국 문학을 대표하는 시인이자 소설가로 특히 〈어셔가의 몰락〉〈모르그가의 살인〉〈도둑맞은 편지〉〈검은 고양이〉 등에서 보듯이 추리소설과 괴기소설의 대가로 유명하다. 비록 그는 소설뿐 아니라 〈갈가마귀〉〈애너벨 리〉 등 많은 시도 발표해 다재다능한 천재 작가임을 과시한 인물이기도 하지만, 그의 생애 자체는 비극적인 사건의 연속으로 점철된 불행 그 자체였다. 그는 일생 동안 우울증에 시달리며 음주와 도박, 아편중독, 방탕한 생활 등으로 지극히 어두운 삶을 살다가 40세 나이로 요절하고 말았다.

포는 미국 보스턴에서 가난한 아일랜드계 떠돌이 유랑극단원의 아들로 태어났는데, 그의 아버지는 지독한 술꾼으로 포가 태어나자마자 처자식을 버리고 행방을 감춰 버린 후 폐결핵으로 죽었으며, 일 년 후에는 생활고에 시달리던 어머니마저 결핵으로 피를 토하고 사망하고 말았다. 그의 나이 불과 두 살 때 부모를 모두 잃은 천애고아가 된 것이다.

갑작스러운 부모의 죽음으로 형제들은 뿔뿔이 흩어졌으며, 그를 키워 준 양부모 역시 매우 냉담한 사람들로 결국 포는 한 번도 사랑을 제대로 받지 못한 상태로 성장함으로써 일찍부터 지독한 애정결핍에 시달려야 했다. 따라서 남달리 조숙했던 그는 소년 시절에 이미 한 소녀를 사랑했다가 실연의 아픔을 겪기도 했다.

대학 진로 문제로 양부와 크게 언쟁을 벌인 후 집을 나간 포는 학비를 벌기 위해 도박에 손댔다가 큰 빚을 지기도 했으며, 결국에는 학교를 중퇴하고 자신의 고향 보스턴으로 가서 작가의 길을 걷기 시작했다. 외로움에 특히 취약했던 포는 25세 무렵 당시 13세에 불과했던 어린 사촌 누이 버지니아와 비밀리에 결혼식을 치렀는데, 이는 마치 그의 죽은 어머니가 십대 과부였던 상태에서 아버지와 결혼한 사실을 재연한 것처럼 보이기도 한다.

일자리도 구하지 못한 상태에서 극도의 가난에 시달리던 포는 자신의 어린 아내 버지니아가 폐결핵에 걸려 자주 피를 토하자 겁에 질린 나머지 며칠씩 종적을 감추고 술독에 빠져 지내기도 했다. 그가 그렇게 겁을 낸 것은 자신의 어머니 역시 버지니아처럼 피를 토하다 세상을 떴기 때문일 것이다. 그의 유일한 사랑의 대상을 또다시 잃을 것에 대한 두려움 때문에 술에 의지하게 되었을 가능성이 높다. 게다가 포는 주벽도 심해서 아내를 힘겹게 만들었을 뿐만 아니라 가까운 친구들마저 모두 잃고 말았다.

결국 그토록 사랑하던 아내 버지니아가 25세라는 한창나이로 피를 토하며 숨을 거두자 절망감에 사로잡힌 포는 몇 주일간이나 아내의 무덤가를 떠나지 못하고 목을 놓아 울었다고 한다. 억장이 무너지는 슬픔에 겨운 그야말로 처절한 울부짖음이었을 것이다. 그 후 자포자기의 심정에 빠진 포는 극심한 우울증에 시달리며 술로만 세월을 지새웠다.

포의 작품으로 유명한 시 〈애너벨 리〉는 이처럼 극진히 사랑했던 아내 버지니아를 위해 쓴 것으로 알려져 있는데, 그야말로 가슴 아픈 내용이 아닐 수 없다. 사랑하는 연인을 파도가 몰아치는 바닷가 무덤에 묻고 그 무덤 곁에 누워 어두운 밤하늘의 별빛을 바라보며 연인의 고운 눈동자를 읽고 있는 한 사내의 애절한 모습이 눈에 선하게 들어온다.

> 오래고 또 오랜 옛날
> 바닷가 어느 왕국에
> 여러분이 아실지도 모를 한 소녀
> 애너벨 리가 살고 있었다.
> 나를 사랑하고 내게 사랑받는 것 외엔
> 아무 딴생각이 없는 소녀였다.
>
> 나는 아이였고 그녀도 아이였으나
> 바닷가 이 왕국 안에서
> 우리는 사랑 이상의 사랑으로 사랑했으니
> 나와 나의 애너벨 리는
> 날개 돋친 하늘의 천사조차도
> 샘낼 만큼 그렇게 사랑했다.
>
> 분명 그 때문에 오랜 옛날
> 바닷가 이 왕국에
> 밤사이 한조각 구름으로부터 바람이 불어와

나의 아름다운 애너벨 리를 싸늘하게 만들고

그녀의 고귀한 친척들이 몰려와

내게서 그녀를 데려가 버렸고

바닷가 이 왕국 안에 자리한

무덤 속에 가두고 말았다.


우리 행복의 반도 못 가진

하늘의 천사들이 우리를 시샘한 끝에

그렇지, 분명 그 때문이지.

(바닷가 이 왕국에선 누구나 다 알다시피)

한조각 구름으로부터 바람이 불어와

내 애너벨 리를 얼려 죽게 만든 것은 그 때문이지.


우리보다 나이 많은 사람,

우리보다 훨씬 더 현명한 사람들의

사랑보다도

우리의 사랑은 훨씬 더 강했다.

위로는 하늘의 천사,

아래론 바다의 악마들까지도

아름다운 애너벨 리의 영혼으로부터

나의 영혼을 갈라놓진 못했다.


그러기에 달빛이 비칠 때면

아름다운 애너벨 리의 꿈이 내게 찾아들고

별빛이 떠오를 때면

아름다운 애너벨 리의 눈동자를 느낀다.

그리하여, 나는 밤새도록 내 사랑, 내 사랑

내 생명 내 신부 곁에 눕노니

거기 바닷가 무덤 안에

물결치는 바닷가 그녀의 무덤 곁에


포와 버지니아는 비록 어린 나이에 부부가 되었지만, 천사와 악마조차 그들을 시샘하면서도 두 사람을 갈라놓지 못했다는 이 시의 표현을 읽어 보면 과연 그들의 사랑이 어떤 것이었을지 궁금해진다. 그런데 포와 버지니아는 거의 필사적이리만큼 서로에게 매달리며 실제로 그런 사랑을 나누었다. 그것은 더 이상 의지할 곳 없는 막다른 골목에 처한 두 남녀의 목숨을 건 마지막 몸부림처럼 보이기도 한다.

발달심리의 차원에서 본다면 포는 따스한 모성적 보살핌의 혜택을 거의 받은 적이 없었으며, 말을 채 배우기도 전에 세상의 전부이기도 한 어머니를 잃어버렸기 때문에 이미 감당키 어려운 심적 외상 및 좌절을 겪은 것으로 보인다. 홀로 이 세상에 내버려진 그는 근원적인 불안뿐 아니라 고질적인 우울증에도 시달렸으며, 그런 어둠의 그림자는 포의 거의 모든 작품에서 풍기는 음산한 분위기와도 밀접한 연관이 있는 것 같다.

하지만 무엇보다 포를 힘겹게 만든 것은 애정의 결핍과 모정에 대한 그리움이라고 하겠다. 태어나자마자 사라진 부모의 존재는 그에게 돌이킬 수 없는 상처를 남겨 주었을 것이다. 그의 아련한 기억 속에 남아 있는 죽음의 그림자는 포의 짧은 생애 동안 항상 그의 주변을 맴돌며 괴롭혔을 것으로 보인다. 피를 토하며 죽어 간 어머니의 모습도 그에게는 지워지지 않는 상처로 남았을 것이다. 그리고 사랑하는 아내마저 피를 토하며 죽게 되자 그는 어머니의 상징적인 대리인을 상실한 충격에 삶의 모든 의욕을 잃고 말았다.

그는 자신의 아버지가 보였던 전철을 그대로 밟으며 감당하기 어려운 우울과 두려움을 술로 잊고자 했을 뿐만 아니라 아무런 예고 없이 종적을 감춰 버림으로써 불행한 현실과의 직면을 회피했다. 그리고 그런 고통에서 탈피하고자 새로운 사랑의 대상을 찾은 끝에 이번에는 자신보다 연상인 40대 미망인 사라 헬렌 휘트먼에게 구혼했으나 그의 주벽을 잘 알고 있던 그녀의 어머니가 반대하는 바람에 실패로 돌아가고 말았다.

구애의 실패로 자살까지 생각한 포는 어느 날 갑자기 행방을 감춰 버렸는데, 그것은 어쩌면 죽은 아내에 대한 죄책감을 이기지 못했기 때문이었을지도 모른다. 종적을 감춘 지 얼마 후 그는 볼티모어의 거리에 의식을 잃고 쓰러진 상태로 발견되어 병원으로 옮겨졌지만 끝내 숨지고 말았다. 그가 최후를 맞이한 곳은 공교롭게도 아버지의 고향인 볼티모어였다. 그렇게 해서 그는 술과 마약, 가난과 우울 등으로 얼룩진 기구하고도 고통스러운 삶을 마감한 것이다.

술꾼의 아들이 술꾼의 고향을 찾아 그곳에서 생을 마친 셈인데, 마치 아버지의 행적을 그대로 답습이라도 하듯이 그는 알코올중독 상태로 갑자기 종적을 감춘 뒤 자신의 아버지 고향에 나타나 행려병자 신세로 숨을 거둔 것이다. 그런데 공교롭게도 그의 형 헨리 역시 알코올중독으로 동생보다 먼저 일찍 세상을 떴으니 아무래도 집안 내력이 있는 것처럼 보이기도 하지만 다른 한편으로는 일찌감치 가족을 버리고 사라진 무책임한 아버지에 대한 적대적 동일시의 결과로 볼 수도 있다. 원망과 적개심이 너무 깊다 보면 오히려 자신도 모르게 증오의 대상을 닮아 갈 수 있기 때문이다. 참으로 아이러니가 아닐 수 없다.

포는 기괴하고 환상적인 내용의 작품들을 통해 매우 어둡고도 퇴폐주의적인 분위기를 풍김으로써 생전에는 미국 문단에서 거의 빛을 보지 못하고 오히려 프랑스 상징주의 문학에 지대한 영향을 준 것으로 평가된다. 뿐만 아니라 인간의 사악하고 잔혹한 욕망이라는 어두운 측면을 들추어냄으로써 이중적인 인간 내면의 문제를 다루었다는 점에서 그는 프로이트의 정신분석이 출현하기 이전에 이미 심리분석 차원의 문학 장르를 개척한 선구자적 인물로 간주되어도 무방할 것이다.

19세기 전반부를 살다 간 포는 미 대륙에서 서부 개척이 한창 진행 중이며 남북전쟁이 발발하기 훨씬 이전 시기에 활동했던 인물이라는 점에서, 그리고 그와 동시대에 활동했던 유명 작가로 롱펠로우, 휘트먼, 호손, 허먼 멜빌 정도가 있었다고 볼 때, 미국 문학사에서 그가 차지하는 선도적 위치를 짐작할 수 있겠다. 삶의 어두운 이면과 모순에 대해 너무도 잘 알고 있었던 포는 비록 불행하고 비극적인 삶을 살다 갔지만, 끝까지 최선을 다해 자신의 창조적 열정을 불태웠던 작가였다고 할 수 있다.

# 휘트먼의 『풀잎』

19세기 미국 문학을 대표하는 시인으로 현대 자유시의 아버지로 불리는 월트 휘트먼(Walt Whitman, 1819~1892)은 매우 미국적인 소재를 통해 민주주의에 대한 확고한 신념을 노래했는데, 고답적이고 현학적인 내용이 아니라 일반 서민들의 애환을 주제로 삼아 미국 문화 특유의 잠재력과 젊은 힘을 시로 표출시켰다.

휘트먼은 가난한 농부의 아들로 태어났다. 퀘이커교도였던 그의 부모는 9남매를 낳았는데, 휘트먼은 그중에서 둘째였다. 어려운 집안 형편을 돕기 위해 그는 11세 때 학업을 마치고 일찍부터 사무실 사환, 인쇄공 등 여러 일을 전전했으며, 그 경험을 토대로 신문사에 근무하며 자유 기고가로 활동했다. 비교적 늦은 나이인 36세 때 시집 『풀잎』을 자비출판했지만, 그것은 작가의 이름도 제대로 표시하지 않은 매우 엉성한 형태의 책이었다. 하지만 죽을 때까지 수정, 보완을 거듭하면서 나중에는 대작으로 거듭나기에 이르렀다.

처음에 『풀잎』은 외설 시비에 휘말려 욕을 먹기도 했지만, 그나마

에머슨의 격찬을 받아 점차 알려지기 시작했는데, 주로 아름다운 자연의 찬미나 영적인 측면만을 강조한 과거의 영시 전통과는 달리 육체의 강건함과 물질세계의 가치를 찬미함으로써 미국인다운 낙관주의적 면모를 엿볼 수 있게 한다. 그중에서도 특히 〈낯모르는 사람에게〉는 다인종국가인 미국 사회의 특성을 잘 드러내고 있는데, 서로 이질적인 문화적 배경에도 불구하고 별다른 충돌 없이 사이좋은 이웃으로 살아가는 미국 정신의 장점을 강조한다.

> 저기 가는 낯모르는 사람이여 내 이토록 그립게
> 당신을 바라보고 있음을 당신은 모릅니다.
> 당신은 내가 찾고 있던 그이,
> 혹은 내가 찾고 있던 그 여인
> (꿈결에서처럼 그렇게만 생각됩니다)
> 나는 그 어디선가 분명히 당신과 함께
> 희열에 찬 삶을 누렸습니다.
> 우리가 유연하고, 정이 넘치고, 정숙하고,
> 성숙해서 서로를 스치고 지날 때 모든 것이 회상됩니다.
> 당신은 나와 함께 자랐고, 같은 또래의 소년이었고, 같은 또래의
>    소녀였답니다.
> 나는 당신과 침식을 같이 했고,
> 당신의 몸은 당신의 것만이 아닌 것이 되고,
> 내 몸 또한 그러했습니다.
> 당신이 지나가면서 당신의 눈, 얼굴, 고운 살의 기쁨을
> 내게 주었고,

당신은 그 대신 나의 턱수염, 나의 가슴, 나의 두 손에서

기쁨을 얻었습니다.

나는 당신에게

말을 걸어서는 안 됩니다.

나 홀로 앉아 있거나 혹은 외로이 잠 못 이루는 밤에

당신 생각을 해야 합니다.

나는 기다려야 합니다.

당신을 다시 만나게 될 것을 믿어 마지 않습니다.

당신을 잃지 않도록 유의하겠습니다.


여기서 휘트먼은 품위 있고 교양 있는 종전의 유럽 시인들과는 전혀 다른 서민적 체취를 물씬 풍기고 있는데, 그것은 바로 신분상의 귀천이 따로 없이 자유롭게 살아가는 인간적인 모습의 미국 사회를 배경으로 하고 있기 때문이다. 가난한 농가 출신인 휘트먼은 제대로 된 정규교육을 받지 못한 인물로 귀족적인 신사교육이 뭔지도 모르고 자란 매우 미국적인 시민 가운데 한 사람이었다.

그런 점에서 그는 전형적인 미국 소년 톰과 허크를 창조한 마크 트웨인과 매우 닮았다고 할 수 있다. 휘트먼은 시를 통해서, 그리고 마크 트웨인은 소설을 통해 미국적인 기질과 특성을 잘 살려 냈기 때문이다. 특히 휘트먼은 개인적인 특성을 존중하고 평등에 기초한 민주주의와 인간적인 교류, 그리고 노동의 가치를 소중히 여기는 미국 문화의 자부심을 여지없이 드러내 보임으로써 대륙을 횡단하는 거대한 기차의 바퀴 소리처럼 독자들의 귀를 때린다.

결국 단테는 지옥을 말하고 밀턴은 천국을 말한 반면에 휘트먼은 천

국도 지옥도 아닌 거대한 땅덩어리에 모여 사는 온갖 인간 군상들의 새로운 이상향을 노래했다고 할 수 있다. 그런 세상은 단테나 밀턴도 상상하지 못했던 전혀 새로운 세계였다. 그래서 그는 혈통이 중요한 게 아니라 거대한 땅에 세워진 도시문명과 그 문명을 이끌어 가는 세대의 힘을 더욱 강조한 것이 아니겠는가.

휘트먼은 서로 다른 배경을 지녔음에도 불구하고 함께 뒹굴고 성장하면서 유연한 사고와 성숙함 그리고 정에 넘쳐 살아가는 사람들의 모습을 노래함으로써 미국인의 자부심을 한껏 부풀려 주었지만, 그가 보여 준 미국 정신과 미국인의 모습은 실제라기보다는 어쩌면 미국이 지향해야 할 이데올로기라고 봐야 할 것이다. 『풀잎』에 실린 다른 시 〈한 길의 노래〉를 보면 그런 그의 소망이 보다 분명해진다.

마음 가벼이 도보로 나는 한길에 나선다.
내 앞에는 건전하고 자유로운 세계가 펼쳐 있다.
내가 어디로 가든지, 내 앞에는 기나긴 갈색의 길이 펼쳐 있다.
이제 앞으로 나는 행운을 바라지 않겠다. 내 자신이 행운이다.
이제 앞으로 나는 더 이상 우는 소리로 말하지 않겠다.
주저하지도 않겠다. 아무것도 필요하지 않다.
집안에서나 하는 불평, 도서관의 작업, 논쟁적 비평 따위는 집어
　　치우고
강하고 만족한 마음으로 나는 한길을 활보하련다.
지구, 그것이면 충분하다.
나는 성좌들이 더 가까이 있기를 원하지 않는다.
그것들은 저들대로 잘하고 있다는 것을 나는 안다.

그것들은 저들에게 속한 자들로 족하다는 것을 나는 안다.

지구는 지치지 않는다.

지구는 처음에는 거칠고, 말이 없고, 불가사의하다.

자연도 처음엔 거칠고 불가사의하다.

낙심하지 말고 계속해 보라. 거기엔 잘 감추어진 신성함이 있다.

나는 맹세해도 좋다. 거기에는 말로 할 수 없는 아름다운

신성함이 있다는 것을.


이것은 자신의 지난 과거 및 혈통과 무관하게 자유를 구가하며 아메리칸 드림을 추구하며 살아가는 거대한 이민 집단의 나라 미국에 대한 찬미의 노래인 동시에 소망이기도 하다. 고고한 성좌들의 세계와는 달리 거대한 땅 그 자체를 신성한 것으로 간주하고, 도서관 따위에나 존재하는 곰팡내 나는 지식이 아니라 차라리 건강한 힘이 넘치는 자유가 살아 숨 쉬는 한길에 나서 활보하겠다는 그의 굳은 신념을 드러낸 시다. 불평불만으로 징징대거나 행운을 바라는 그런 옹졸함에서 벗어나 오로지 땀 흘리는 노력과 건전한 노동을 통해 뭔가를 얻겠다는 현실주의적 사고방식이 매우 미국적임을 알 수 있다.

그러나 휘트먼에게도 약점은 있었다. 굳이 옥에 티를 찾는다면, 그는 비록 노예제도 유지에 반대하는 입장을 보이긴 했으나 그렇다고 해서 철저한 노예폐지론자는 결코 아니었다. 오히려 그는 노예폐지론이 민주적인 절차를 무시하는 것일 뿐만 아니라 국가 전체의 이익에도 위배된다고 보았으며, 흑인들에게 무제한의 자유를 주는 일에도 찬성하지 않았다. 심지어 그는 노예에서 해방된 흑인이라 할지라도 투표권을 주어서는 안 되며, 의회에서 흑인 의원의 수가 늘어나는 일에도 우려

를 표시했다.

결국 휘트먼이 찬양한 미국 정신이란 백인이 주도하는 사회였음을 알 수 있다. 그럼에도 불구하고 그는 남북전쟁이 발발하자 북군의 승리를 고무하는 애국시를 발표하기도 했으며, 링컨 대통령이 암살당하자 그의 죽음을 애도하는 시를 써서 바치는 등 다소 혼란된 모습을 보이기도 했는데, 이는 전쟁의 와중에 겪은 집안의 불운이 작용했기 때문일 수도 있다.

1864년 그의 동생 조지가 남군에 포로로 잡혀 생사를 모르게 되고, 알코올중독에 빠진 다른 동생 앤드류가 결핵으로 죽었을 뿐만 아니라 형 제시마저 정신이상으로 요양원에 가게 되었던 것이다. 다행히 조지는 살아서 귀환했지만, 휘트먼에게는 정신적으로 큰 충격이 되고도 남음이 있었다. 더군다나 당시 내무성의 인디언 문제 사무국 직원으로 근무하던 그는 신임 장관으로부터 불시에 해고당하는 일을 겪게 되었는데, 그 이유는 장관이 그의 시집 『풀잎』에 대해 못마땅하게 여기고 있었기 때문이었다.

평생을 독신으로 지내며 주로 남성들과 어울려 지낸 사실 때문에 동성애 혐의를 받기도 했던 그는 실제로 피터 도일, 오스카 와일드 등과 밀접한 관련을 맺고 지냈으며, 빌 더켓을 포함한 여러 소년들과 자주 어울렸는데, 매우 금욕적인 삶으로 일관했던 휘트먼으로서는 남다른 죄의식 때문에 노골적인 동성애 관계를 유지할 수 없었을 것이다. 뿐만 아니라 그는 금주령을 주장할 정도로 금주운동에 열성적으로 동참하기도 했는데, 그것은 아마도 술독에 빠져 지내던 아버지와 알코올중독으로 사망한 동생에 대한 기억 때문이기 쉽다.

이처럼 활동적인 모습을 보였던 휘트먼도 자신이 돌보던 어머니가 뇌졸중으로 쓰러져 세상을 뜨게 되자 극심한 상실감에 빠져 우울증을 앓게 되었는데, 일생 동안 결혼도 포기하고 혼자 살았던 그에게는 어머니가 유일한 생의 반려자이자 의지할 대상이었기 때문이다. 그런 어머니를 잃고 난 후 휘트먼은 동생 조지와 함께 살면서 『풀잎』 개정판을 손질하는 데 많은 시간을 보내다가 폐결핵과 폐렴이 겹쳐 73세를 일기로 세상을 떴다. ✎

# 은둔 시인 에밀리 디킨슨

일생 동안 결혼하지 않고 세상과 담을 쌓은 채 은둔 생활로 일관하면서 오로지 시만 쓰다가 56세를 일기로 쓸쓸히 세상을 떠난 에밀리 디킨슨(Emily Dickinson, 1830~1886)은 19세기에 활동한 미국의 여류 시인으로 그녀의 존재는 살아생전에는 거의 알려져 있지 않다가 그녀가 죽은 후 유품을 정리하던 여동생이 그녀의 시를 발견해 시집으로 출판하면서 비로소 빛을 보게 되었으며, 그 후 오늘날에 이르기까지 많은 독자들이 가장 즐기는 애송시로 사랑받기에 이르렀다.

그녀의 시들은 거의 대부분 사랑과 이별, 죽음과 불멸, 영혼과 천국 등을 주제로 한 매우 사변적이고도 어두운 명상에 기초하고 있는데, 항상 죽음을 의식하고 살았던 그녀는 특히 불멸에 대해 강한 집착을 보였다. 영원한 소멸에 대한 그녀의 두려움이 얼마나 컸는지 짐작할 수 있을 것이다. 그녀의 시 〈내가 '죽음' 앞에 멈추지 못했기에〉를 보면 죽음과 불멸의 주제에 대한 그녀의 관심을 엿볼 수 있다.

내가 '죽음' 앞에 멈추지 못했기에
'죽음'이 천천히 내 앞에 멈췄다.
마차는 다만 우리 자신들과
'불멸'만을 싣고 있었다.

우리는 서서히 달렸다. 그는 서두르지도 않았다.
그래서 나는 그의 정중한 태도 때문에
내 자신 힘든 것도
한가한 것도 잊어버렸다.

우리는 아이들이 씨름판에서
씨름을 하고 있는 학교를 지나갔다.
곡식이 응시하는 논밭을 지나고
기우는 해를 지나갔다.

우리는 땅이 부풀어 오른 듯한
어느 집 앞에서 멈췄다.
그 지붕은 보이지 않고
기둥 쇠시리에 한 줌 흙 밖에 없었다.

그때부터 몇 세기가 지났다. 그러나 각자는
내가 맨 처음, 말들이 머리를
영원을 향했다고 추측한
그날 하루보다도 짧은 것 같았다.

죽지 못해 살아가는 힘겨운 삶을 스스로 마감할 용기조차 없는 시인의 우울한 모습이 드러난 작품이지만, 그럼에도 불구하고 죽음이란 끝이 아니라 새로운 시작에 불과하다는 불멸에 대한 믿음이 전편에 흐르고 있다. 그리고 아무리 헛되고 보잘것없어 보이는 삶이라 할지라도 이웃에게 작은 도움 하나만이라도 베풀 수 있는 마음의 여력이 있다면 그것이야말로 가치 있는 삶일 수 있다는 소박한 메시지를 〈내가 만일〉에서 전하고 있다.

> 내가 만일 한 가슴이 미어짐을 막을 수만 있다면
> 내 삶은 결코 헛되지 않으리.
> 내가 만일 병든 생명 하나를 고칠 수 있고
> 한 사람의 고통을 진정시킬 수 있거나
> 할딱거리는 개똥지빠귀 한 마리를 도와서
> 보금자리로 돌아가게 해 줄 수만 있다면
> 내 삶은 결코 헛되지 않으리.

이처럼 삶과 죽음에 대해 매우 진지한 성찰을 일생을 두고 줄기차게 반복한 디킨슨은 어려서부터 가까운 인물들의 죽음에 유달리 민감한 반응을 보인 게 사실이다. 매사추세츠 주 앰허스트 태생인 그녀는 다정다감한 아버지와 다소 차갑고 무관심한 어머니 슬하에서 자랐는데, 어머니는 주로 오빠 오스틴에게만 신경을 쓰고 어린 자매 에밀리와 라비니아에게는 별다른 관심을 두지 않았기 때문에 그녀는 오랜 세월 동안 어머니와는 소원한 관계를 유지했다.

학창 시절에 비교적 활달한 모습을 보이던 디킨슨이었지만, 가깝게 지내던 사촌 소피아가 발진티푸스로 갑자기 죽자 큰 충격을 받은 그녀는 그 후부터 점차 말이 없어지고 우울해지기 시작했다. 학교 진학도 포기하고 집에서 가사만 돕기 시작한 그녀는 갈수록 집 밖에 나가기를 꺼려했으며, 여간해서는 집을 떠나려 하지 않았다.

한때 디킨슨 집안과 가깝게 지내던 젊은 변호사 벤자민 뉴턴으로부터 워즈워드의 시들을 소개받고 시에 대한 관심을 기울이게 된 그녀는 결핵으로 죽어 가던 뉴턴이 보낸 편지를 받고 다시 한 번 크게 충격을 받았다. 그는 자신이 죽을지도 모른다면서 시인으로 성공한 그녀의 모습을 볼 수 없게 되어 안타깝다고 편지에 쓴 것이다. 그는 그녀에게 불멸의 영혼에 대해 처음으로 가르쳐 준 인물이기도 했다.

그 후 디킨슨은 수잔 길버트와 가깝게 지내며 수백 통의 편지를 보낼 정도로 강한 집착을 보였지만, 수잔은 나중에 오빠 오스틴과 눈이 맞아 결혼함으로써 그녀를 실망시켰다. 혹자는 이들의 관계를 동성애적 관계로 보기도 하지만, 어쨌든 그 무렵 어머니가 병으로 쓰러져 그 후 30년 가까이 침대에 누워 지내게 되자 그녀는 더욱더 집안일에 묶여 꼼짝도 할 수 없는 상황에 처하고 말았다.

외부 출입을 거의 하지 않게 된 그녀는 오로지 시작(詩作)에만 몰두했는데, 자신의 시를 출판하는 일에도 매우 소심한 태도로 일관해 그 어떤 결단도 내리지 못하고 지냈다. 좀처럼 그녀의 모습을 볼 수 없게 된 이웃 주민들은 그녀의 존재에 대해 매우 이상하게 생각했는데, 실제로 그녀는 사람들 만나기를 극도로 회피했으며, 방문객이 찾아와도 문을 열지 않고 집안에 몸을 숨긴 상태로 대화를 나눌 정도였다. 그래서 주민들 사이에서는 그녀가 항상 흰옷만 입고 사는 이상한 여자라는 소문이 나돌았다.

하지만 그녀는 사람들과의 직접적인 대면을 피했을 뿐 서신 교류를 통한 사회적 활동에는 매우 적극적이었으며, 아이들과는 극히 자연스럽게 어울리기도 했다. 오늘날의 관점에서 본다면 광장공포증이나 사회공포증을 동반한 회피성 인격을 지녔던 것으로 볼 수도 있는데, 당시 의사는 단순한 신경쇠약으로 진단하기도 했다.

그녀의 나이 44세였던 1874년 아버지가 뇌졸중으로 세상을 떠나자 디킨슨은 장례식에도 참석하지 않고 방문을 걸어 잠근 채 두문불출했는데, 사랑하는 아버지의 죽음으로 그녀는 더 이상 살아갈 의욕조차 잃게 되었다. 설상가상으로 이듬해에는 어머니마저 반신불수 상태가 되고 기억력장애까지 얻게 되자 디킨슨의 건강도 덩달아 악화일로를 걷기 시작했다.

결국 어머니가 세상을 뜬 지 4년 뒤에 디킨슨 역시 외로운 생을 마감하고 말았다. 그녀의 고백에 의하면, 어머니가 어머니 역할을 하고 있을 때 자신은 어머니를 사랑할 수 없었지만, 어머니가 자신의 보살핌을 받게 되었을 때 비로소 사랑을 되찾게 되었다는 말을 하기도 했다. 모녀간의 복잡한 심리적 갈등 관계를 이처럼 간단명료하게 요약한 말도 찾아보기 드물 것으로 생각된다.

일생 동안 거의 집을 떠나지 않았던 디킨슨은 분명히 분리불안에 사로잡힌 상태였음에 틀림없다. 물론 그것은 극도의 대인공포증을 드러낸 것이기도 하지만 사랑하는 아버지의 곁을 떠나기를 거부하는 몸짓인 동시에 어머니 역할을 그녀 스스로 떠맡은 것으로 볼 수도 있다. 더군다나 그것은 자신에게 사랑과 관심을 베풀어 주지 않은 어머니에 대한 복수이기도 했을 것이다.

하지만 그녀는 그런 어머니가 무기력한 존재가 되면서 오히려 자신의 보살핌을 받게 된 처지에 놓이게 되자 나름대로 어머니를 지배하는 위치에서 만족감을 얻게 되지만 아버지의 사망으로 인해 그 심리적 균형이 깨짐으로써 다른 적절한 대안을 찾지 못한 것으로 보인다. 결국 부모의 존재를 모두 잃게 되면서 그녀의 보다 근원적인 의존 욕구를 충족시켜 줄 사랑의 대상을 상실한 아픔과 그 충격이 너무도 컸기 때문에 모든 삶의 의욕을 잃어버린 셈이다.

물론 디킨슨의 직접적인 사인은 만성 신장염에 속하는 브라이트씨 (Bright's disease)병이었다. 자신의 죽음을 예감한 그녀는 자신의 모든 삶의 흔적이라 할 수 있는 작품들과 함께 세상을 등지기로 작심했다. 그래서 여동생 라비니아에게 자신이 죽으면 그동안 보관하고 있던 모든 기록들을 불태워 줄 것을 약속받았지만, 다행히 라비니아는 그 약속을 지키지 않았다. 그녀의 방에서 발견한 거의 2,000편에 달하는 주옥같은 시들이 너무도 아까웠기 때문이다.

결국 라비니아는 디킨슨의 시를 출판하기로 작심했으며, 대신에 방대한 분량의 서한들은 대부분 태워 버림으로써 부분적으로나마 약속을 지킨 셈이 되었다. 라비니아 역시 평생을 독신으로 살며 고향 집을 지키다가 66세로 죽었다. 비록 라비니아는 언니와의 약속을 어겼지만, 그녀가 아니었으면 오늘날 우리는 디킨슨의 시를 감상하지 못했을 것이다.

# 엠마 라자러스와 자유의 여신상

    뉴욕항 입구에 서 있는 자유의 여신상 받침대에 새겨진 시 〈새로운 거상〉으로 잘 알려진 유대계 시인 엠마 라자러스(Emma Lazarus, 1849~1887)는 에밀리 디킨슨과 더불어 미국 문단 최초의 여류 시인 가운데 한 사람으로 꼽힌다. 특히 자유에 대한 신봉은 그녀의 사회적인 관심을 반영하는 것으로 그런 점에서 오로지 개인적인 관점에만 머물렀던 디킨슨과도 구별된다.

    뉴욕 태생인 그녀는 포르투갈에서 이주한 유대인의 후손이다. 설탕 사업으로 성공한 부유한 상인이었던 아버지는 물질적으로나 정신적으로 딸을 적극 지원했는데, 그녀가 17세 때 발표한 첫 시집 『시와 번역』을 아버지에게 헌정한 것에서 알 수 있듯이 무척이나 자상한 아버지였다. 어려서부터 문학에 심취한 그녀는 학교에 가지 않고 개인 지도를 통해 다양한 분야에 걸쳐 교육을 받았으며, 영어뿐 아니라 프랑스어, 독일어, 이탈리아어 등에도 두루 정통했다.

    특히 그녀는 유대인 문제를 다룬 조지 엘리엇의 소설 〈다니엘 데론다〉를 읽고 자신의 유대인 조상에 대해 관심을 기울이기 시작했는데, 때마침 1880년대 러시아에서 벌어진 대대적인 유대인 학살 소식과 더불어 학살을 피해 미국으로 몰려든 헐벗고 굶주린 수많은 유대인 난민들의 비참한 모습을 목격하고 그들의 자립을 돕는 봉사 활동에 헌신하기도 했다.

아버지가 세상을 뜬 후 두 차례 유럽여행을 다녀온 그녀는 피로를 이기지 못하고 쓰러져 38세라는 젊은 나이로 갑자기 세상을 떠났는데, 그때 이미 그녀는 임파종(lymphoma)을 앓고 있었던 것으로 보인다. 그녀가 세상을 뜬 후에 라자러스와 가까웠던 친구 로즈는 그녀의 시에 감동해 도미니크 자매회라는 가톨릭 단체를 결성하고 불치병 환자들을 돕는 봉사 활동에 헌신하기도 했는데, 로즈는 바로 소설가 너대니얼 호손의 딸이었다.

무엇보다도 대서양을 건너 지루한 항해 끝에 새로운 희망의 땅에 발을 디딘 수백만의 이민자들의 지친 가슴을 어루만져 주며 감동을 안겨준 그녀의 시 〈거대한 거상〉은 횃불을 드높이 치켜든 자유의 여신상과 더불어 모든 학대받은 자들에게 구원의 메시지를 전하는 희망의 등불과도 같은 존재가 되기에 족했다.

> 여기 바닷물에 씻기고 노을이 지는 문 앞에
> 그녀는 횃불을 들고 서 있다.
> 그녀는 망명자들의 어머니.
> 횃불을 든 그녀의 손은 세상을 향해
> 환영의 불꽃을 피워 올린다.
> 나에게 다오. 지치고 가난한 사람들을,

자유롭게 숨쉬기를 갈망하는 무리들,

해안에 지쳐 쓰러진 가엾은 사람들,

머물 곳 없어 비바람에 시달리는 이들,

모두 나에게 보내다오.

나는 황금빛 문 옆에 서서 그들을 위해 횃불을 켜리라.


　자유를 갈망하는 모든 망명자들의 어머니로서 해안에 지쳐 쓰러져 있는 가엾은 무리 앞에 우뚝 서 그들을 따뜻이 맞이하는 자유의 여신상이야말로 미국을 상징하는 거대한 이념적 존재가 아닐 수 없다. 참혹한 학살을 피해, 또는 굶어 죽지 않기 위해 필사적으로 죽음의 땅을 탈출한 망명자들에게 신대륙은 비록 고달픈 삶이 기다리고 있을지언정 그나마 자유롭게 숨 쉴 수 있다는 이유 하나만으로도 마지막 정착지로 선택할 가치는 충분했을 것이다.

　이 시는 라자러스가 죽은 지 7년 뒤인 1903년에 자유의 여신상 받침대에 새겨졌는데, 뉴욕 앞바다 엘리스 섬에 이민국이 설치된 1890년대 이래 수백만에 달하는 이민자들이 모두 이 섬을 거쳐 갔다. 대부분 가난과 폭정을 피해 이민선에 몸을 싣고 뉴욕항에 들어선 난민들은 그녀의 시를 읽고 큰 위안과 용기를 얻었을 것이다. 그리고 모든 망명자들의 어머니임을 자처하는 자유의 여신상 앞에서 사람들은 낯선 땅에 대한 불안감을 떨치고 새로운 희망에 부풀었을 것이다.

　당시 이 섬을 거쳐 간 난민들의 대다수는 무려 200만 명에 달하는 수많은 사람들을 죽음으로 몰아넣은 대기근을 피해 미국으로 이주한 아일랜드인과 대규모 학살을 피해 러시아를 탈출한 유대인들이었다. 모든 것을 버리고 혈혈단신 맨손으로 이민선에 몸을 실은 수백만의 이들 난민들은 물론 불안과 희망이 뒤섞인 시선으로 자유의 여신상을 바라보았겠지만, 그들의 불안한 마음을 부드럽게 어루만지고 달래 준 것은 바로 라자러스의 시였다. 그리고 그녀의 말은 단순한 사탕발림이 결코 아니었다. 새로운 신세계야말로 헐벗고 박해받던 자들에게는 꿈과 희망을 실현시켜 주는 제2의 고향이 되었던 것이다.

소위 아메리칸 드림이라는 말은 그 어떤 핍박 속에서도 항상 꿈과 소망을 잃지 않음으로써 스스로를 '드림 피플'이라고 불렀던 유대인들에게는 특히 남다른 감회로 다가왔을 것이다. 왜냐하면 갈 곳 없는 영원한 방랑자 유대인들에게는 미국이야말로 새로운 젖과 꿀이 흐르는 가나안 땅이었기 때문이다. 그리고 실제로 그런 꿈과 소망은 신대륙에서 이루어졌다. 적어도 미국은 세계 어느 나라보다도 유대인들의 재능이 유감없이 발휘된 대표적인 국가가 되었기 때문이다.

처녀시집 『시와 번역』을 출간한 이후 라자러스는 유럽에서 자행된 유대인 학살에 충격을 받고 쓴 시집 『셈족의 노래』에서 중세 유럽 암흑기에 흑사병이 창궐하면서 벌어진 대규모 유대인 학살과 추방을 다루었는데, 당시 기독교도들은 자신들에게 벌어진 재앙의 원인을 유대인 탓으로 돌리며 그들이 우물에 독을 탔기 때문이라고 여겨 수많은 유대인을 학살했다. 그녀는 특히 〈붉은 수탉의 울음〉이라는 시에서 그리스도의 이름으로 자행된 유대인 학살을 다음과 같이 풍자했다.

유대인의 조상과 친족에 대한
기독교도의 끝없는 범죄가 알려질 때,
생명의 피, 눈물의 홍수가 넘쳐흘러
오랜 세월의 고뇌가 드러난다.

어떤 바다가 그 오명을 씻어낼 수 있으랴?

기독교의 법과 그 사랑에서.

19세기 서양에서 이런 시를 감히 발표할 수 있는 나라는 역시 종교의 자유가 보장된 미국밖에 없었을 것이다. 바티칸의 교황과 종교개혁을 이룬 마르틴 루터가 주도하는 유럽의 기독교 문화에서는 도저히 용납될 수 없는 매우 도발적인 내용이 아닌가. 그것도 여성의 몸으로 기독교인이 저지른 행위를 감히 범죄로 단정지었으니 실로 대단한 용기가 아닐 수 없다.

라자러스는 물론 드레퓌스 사건이 터지기 훨씬 이전에 세상을 떠났기 때문에 그 후 20세기 초에 일어난 시오니즘 운동을 알지도 못했지만, 그러나 시오니즘 운동의 제창자 헤르츨 이전에 이미 그녀는 유대인의 나라를 재건하는 문제를 거론했던 여성이라는 점에서 진정한 의미의 시오니즘 운동의 선구자라 해도 무리가 아닐 것이다.

1883년에 쓴 〈유대인 문제〉라는 에세이에서 그녀는 매우 적대적인 반유대주의와 자아도취적인 유다이즘 사이에 놓인 갈등 관계에 대해 고심하면서 팔레스타인 땅에 유대인의 국가를 세우자고 주장했다. 그리고 같은 해에 그녀는 시 〈새로운 거상〉을 썼는데, 이를 통해서 미국이라는 나라가 유대인들에게 기회와 자유의 땅이 될 수 있음을 널리 알린 것이다.

비록 그녀는 유대인으로서 자신의 정체성을 찾고자 무던히 애쓰기도 했지만, 그렇다고 해서 무조건 유대인의 관점만을 내세운 것은 아니었다. 그녀 자신이 유대인의 배타적이고도 독선적인 성향을 너무도 잘 알고 있었기 때문이다. 그러나 무엇보다도 그녀는 미국이라는 나라의 자유를 신뢰하고 있었으며, 다인종 국가로서 평화적 공존을 모색하는 노력에 더욱 큰 가치를 두었다는 점에서 이상주의적 열정에 가득 찬 시인이었다고 본다.

# 로버트 프로스트의 상실과 비애

20세기를 대표하는 미국 최고의 국민 시인 로버트 프로스트(Robert Frost, 1874~1963)는 뉴잉글랜드의 전원생활을 통해 아름다운 자연에서 삶의 의미와 세상의 이치를 찾고자 했던 인물로 비록 노벨 문학상을 수상하진 못했지만 네 차례에 걸쳐 퓰리처상을 받음으로써 미국 시인으로서는 드물게 대중과 비평가들로부터 가장 사랑받는 인물이 되었으며, 대학을 졸업하지 못했음에도 불구하고 수많은 대학에서 명예박사 학위를 수여받을 정도로 미국인의 사랑을 독차지한 시인이다.

프로스트는 샌프란시스코에서 저널리스트의 아들로 태어났다. 하지만 어릴 때 아버지가 갑자가 세상을 뜨자 그의 가족은 할아버지의 도움으로 대륙을 횡단해 매사추세츠 주 로렌스로 이사했으며, 프로스트는 그곳에서 고등학교를 마쳤다. 그는 잠시 다트머스 대학에 다니기도 했지만 졸업하진 못하고 집으로 돌아와 어머니의 일을 돕는 한편 신문 배달과 공장 노동일 등 여러 직업을 전전하며 지냈지만 시인이 되겠다는 꿈은 버리지 않았다.

당시 그는 대학에 재학 중이던 엘리너를 만나 청혼했는데, 그녀가 졸업할 때까지 기다린 연후에 가서야 비로소 결혼할 수 있었다. 때마침 할아버지가 세상을 뜨면서 남겨 준 농장을 돌보며 시작(詩作)에 몰두한 그는 이 시기에 많은 작품을 썼지만, 얼마 후에는 다시 도시로 나가 영어교사로 일했다. 1912년 가족과 함께 영국을 여행한 그는 그곳에서 많은 문인들과 교류했으며, 그의 처녀시집 『소년의 의지』를 비롯해 『보스턴의 북쪽』 등을 연달아 출판해 호평을 받았다.

　제1차 세계대전이 발발하면서 미국으로 다시 돌아온 그는 앰허스트 대학에서 영문학을 가르치며 계속해서 시를 발표했는데, 그의 명성이 높아지면서 1924년 풀리처상을 처음으로 수상했으며, 그 후 연이어 1931년, 1937년, 1943년에 걸쳐 모두 네 차례나 상을 받음으로써 미국 문단에서 확고한 위치를 차지하기에 이르렀다. 말년에 이르러 87세의 고령에도 불구하고 존 케네디 대통령 취임식에서 자신의 시를 낭송하기도 했던 그는 얼마 후 전립선 수술 합병증으로 세상을 하직했다.

　이처럼 대중적인 사랑과 존경을 한 몸에 받았던 프로스트였지만, 개인적으로는 매우 힘겨운 시련을 겪어야 했다. 왜냐하면 그 어느 시인보다도 사랑하는 가족들의 연이은 죽음으로 인해 상실의 아픔과 비통함을 뼈저리게 겪은 시인이었기 때문이다. 무엇보다도 우울증의 내력이 있었던 그의 집안에는 항상 죽음의 기운이 감돌고 있었고, 프로스트 자신은 비록 89세까지 장수했지만 일생 동안 수많은 가족들의 장례식을 치러야만 했다.

　그는 어린 시절 아버지를 결핵으로 잃었으며, 청년 시절에는 어머니를 암으로 잃었다. 일찍 결혼해서 6남매를 두었지만 그중에서 넷이 일찍 죽었다. 어린 아들 엘리엇은 콜레라로 죽었고, 딸 베티나는 태어나자마자 사망했으며, 딸 마조리는 출산 후유증인 산욕열로 죽었다. 게다가 아들 캐롤은 자살로 생을 마감했다.

딸 이르마는 정신병원에서 죽었는데, 그의 여동생 지니 역시 정신병원에서 죽었다. 그의 자녀 6남매 중 유일하게 별 탈 없이 여생을 마친 인물은 84세까지 장수한 장녀 레슬리뿐이었다. 우울증을 앓았던 아내 엘리너는 유방암으로 죽었는데, 암으로 세상을 떠났던 그의 어머니 역시 우울증에 시달렸다. 그리고 당연히 프로스트 자신도 우울증을 앓았다.

그런 아픔과 슬픔에도 불구하고 프로스트는 매우 소박하고도 투명한 언어로 삶과 자연의 어두운 이면을 노래했다. 아름답지만 인간에 대해 무관심하기 그지없는 자연을 마주하는 고독하고 어두운 시인의 마음이 묘한 대조를 이루는 그의 시는 인간 존재의 실체에 대해 근원적인 질문을 던지는 듯하다.

그가 변변한 직업도 없이 문단의 인정도 받지 못하고 있던 20대 중반 무명 시절에 쓴 시 〈가지 않은 길〉은 불투명한 앞날에 대한 그의 고민과 불안한 심리를 엿보게 해 주는데, 당시 그의 어머니가 암으로 세상을 떠난 시점이었음을 고려한다면 시인의 마음은 더욱 우울했을 것으로 보인다. 자신이 선택한 시인의 길이 과연 옳은 선택이었는지 잠시 회의에 빠진 모습도 엿볼 수 있다.

노랗게 물든 숲 속에 두 갈래 길이 있었습니다.
하나 밖에 없는 나그네 몸으로 두 길을 다 가 볼 수 없어
아쉬운 마음으로 그곳에 서서
한쪽 길이 덤불 속으로 돌아간 끝까지

한참을 그렇게 바라보았습니다.

그리고는 다른 쪽 길을 택했습니다.

먼저 길 못지않게 아름답고

어쩌면 더 나은 듯도 싶었습니다.

사람들이 밟은 흔적은 비슷했지만

풀이 더 무성하고 사람의 발길을 기다리는 듯해서였습니다.

그날 아침 두 길은 모두 아직

발자국에 더럽혀지지 않은 낙엽에 덮여 있었습니다.

먼저 길은 다른 날로 미루리라 생각했습니다.

길은 길로 이어지는 것이기에

다시 돌아오기 어려우리라 알고 있지만

먼 먼 훗날 어디에선가

나는 한숨 쉬며 이야기를 할 것입니다.

"숲 속에 두 갈래 길이 있어

나는 사람이 덜 다닌 길을 택했습니다. 그리고

그것이 내 인생을 이처럼 바꿔 놓은 것입니다."라고.


　숲 속에 난 두 갈래 길을 마주하고 그 어떤 선택을 강요받았을 때 시인은 사람의 발길이 덜한 쪽을 택했지만, 그에게 돌아온 것은 나지막한 한숨이었을 뿐이다. 세속적인 욕망의 길을 마다하고 때 묻지 않은 소박한 꿈의 세계에 발을 들여놓았건만 그 길은 결국 두 번 다시 돌아오기 힘든 길이었음을 새삼스레 느낀 것이다.

　한 번 선택한 길은 다시 물리기 어려우며 다음 기회란 단지 하나의 희망 사항일 뿐 우리에겐 그럴 기회가 좀처럼 주어지기 어렵다는 냉엄한 현실을 일깨워 주는 시다. 그토록 냉엄한 현실에 마주친 시인은 결국 어린 시절 마음대로 자작나무를 타고 오르내리던 과거를 오히려 그리워한다. 같은 시집에 실린 시 〈자작나무〉의 한 구절에서 그런 소박한 시인의 소망을 읽을 수 있다.

> 그래서 나는 그 시절로 돌아가는 것을 꿈꾼다.
> 내가 깊은 상념들에 지쳐 있을 때,
> 삶은 길 없는 숲과 너무나 비슷하여
> 거미줄에 걸려 얼굴이 쓰라리고 따끔거리는 곳을 헤쳐 나오면
> 잔가지가 열린 눈을 후려쳐 한쪽 눈에서 눈물이 스며 나온다.
> 나는 잠시 세상을 떠났다가
> 돌아와서 처음부터 다시 시작하고 싶다.
> 운명이 고의로 내 소망을 오해하고 그 절반만 허용하여
> 나를 낚아채 돌아오지 못하게 하진 않을 것이다.
> 세상은 사랑하기 좋은 곳,
> 더 나은 곳이 있는지 나는 알지 못한다.
> 천국을 향해, 나무가 거의 견딜 수 없을 때까지
> 검은 가지를 타고 눈처럼 하얀 줄기를 올라가고 싶다.
> 그러나 그 꼭대기에 오르자마자 나를 다시 내려오게 할 것이다.
> 올라가는 것도 돌아 내려오는 것도 모두 좋은 일이다.
> 사람은 자작나무를 흔드는 소년보다 더 나쁠 수도 있다.

여기서 시인은 비록 우리의 삶이 길 없는 숲과 같아서 이리저리 방황을 거듭하지만, 그리고 살아가는 도중에 예기치 못한 거미줄과 잔가

지에 얽혀 상처를 받기도 하지만, 그럼에도 불구하고 사랑이 있기에 잠시 세상을 떠나고 싶은 유혹을 접고 계속해서 살아갈 다짐을 한다. 그래서 높은 자리에 오르고 싶은 자신의 소망 가운데 절반 정도만이라도 이룰 수 있다면 그 어떤 가혹한 운명도 받아들일 수 있겠다는 각오를 보인다. 인생길의 오르막과 내리막을 모두 수용하는 달관의 경지를 드러내 보이고 있다.

그런 점에서 1923년에 출판된 시집 『뉴햄프셔』에 실린 시 〈불과 얼음〉은 비록 상반된 선택의 기로에 서 있는 시인의 혼란스러운 심경을 부분적으로 드러내고는 있지만, 모순된 세상의 실상을 간결한 시어로 잘 묘사하고 있다. 마치 세상의 종말이 불타는 지옥으로 끝날 것이냐 아니면 얼어붙은 빙하시대로 끝날 것이냐 하는 지구과학적 종말론처럼 들릴 수도 있는 내용이지만, 다른 관점에서 해석할 수도 있을 것이다.

> 어떤 사람은 이 세상이 불로 끝나리라 말하고,
> 어떤 사람은 얼음으로 끝나리라 말한다.
> 타오르는 욕망을 맛본 나는 불을 선택한 사람들 편에 선다.
> 하지만 세상이 두 번 망해야 한다면,
> 이미 증오에 대해 알고 있는 나는 이렇게 말하리라.
> 얼음도 불 못지않게 충분히 세상을 파멸시키리라고.

이것은 곧 불길처럼 타오르는 사랑의 열정과 증오로 가득 찬 얼음의 세계 사이에서 방황하는 시인의 갈등을 드러낸 것일까. 물론 그럴 수도 있겠다. 지나친 열정이나 증오심 모두 세상을 파멸시키는 주범이니까 말이다. 또는 뜨거운 감성과 냉철한 이성 모두가 세상을 어지럽게 만드는 주범이 될 수 있다는 예언자적 경고의 메시지로 받아들일 수도 있다.

하지만 좀 더 다른 시각에서 보자면 극심한 조증과 우울증 사이를 오가는 조울병처럼 한 개인을 파멸시키는 극단적인 기분 변화를 가리킨 것일지도 모른다. 불길처럼 뜨거운 사랑과 흥분 못지않게 얼음처럼 차가운 우울과 증오는 한 개인을 얼마든지 파국으로 몰고 갈 수도 있기 때문이다. 프로스트의 아들 역시 그렇게 해서 38세라는 한창 나이에 자살로 생을 마감하지 않았는가. 60대 노년에 이른 아버지로서 그런 아들의 죽음은 그에게 너무도 큰 충격이 되었겠지만, 이 시를 쓸 당시에는 자신에게 그런 시련이 닥칠 줄은 꿈에도 생각하지 못했을 것이다.

삶은 정말 알다가도 모를 일이다. 상식적으로 납득할 수 없는 일들이 너무도 많기 때문이다. 조용하고 차분한 프로스트의 시는 그런 불가사의한 인생의 참모습을 말 없는 자연과 대비하여 끝없이 탐구한다. 실제로 그 자신이 전혀 예기치 못한 개인적인 불행을 연이어 겪었지만, 그 숱한 상실의 아픔과 비애에도 불구하고 그는 길 없는 숲 속을 이리저리 거닐며 삶의 지혜를 얻고자 끊임없이 자기 탐색을 시도한 것이다.

# 에즈라 파운드의 변절

소위 '잃어버린 세대'에 속한 작가로서 다방면에 걸쳐 천재적인 재능을 발휘했던 에즈라 파운드(Ezra Pound, 1885~1972)는 미국의 시인으로 현대 시에 있어서 모더니즘 운동의 기수라 할 수 있다. 특히 이미지즘(imagism)에 입각한 그의 간결하고도 고도로 압축된 시는 20세기 초반 현대 시에 일대 혁명을 불러일으켰다. 제2차 세계대전 당시 파시즘에 동조해 이탈리아에서 반미 활동 및 반유대주의 운동에 전념하다가 종전 후 미군에 체포되어 10년 이상 정신병원에 수용되었던 그는 T. S. 엘리엇 등 동료시인들의 탄원으로 가까스로 풀려난 후 이탈리아로 건너가 그곳에서 생을 마쳤다.

미국 아이다호 주 헤일리에서 태어난 파운드는 어려서부터 머리가 매우 명석해서 불과 15세 나이로 펜실베이니아 대학에 입학할 정도로 조숙했다. 그는 대학에서 알게 된 힐다 둘리틀에게 청혼까지 했으나 그녀의 집안에서 반대하는 바람에 뜻을 이루지 못하고 잠시 교편생활을 하다가 불미스러운 스캔들로 오해를 받자 주저 없이 학교를 그만둔 후 곧바로 미국을 떠나 유럽으로 건너갔다.

런던에서 예이츠, T. S. 엘리엇, 제임스 조이스 등 쟁쟁한 문인들과 교류하는 가운데 모더니즘 운동을 주도한 그는 20세기 시문학에 돌풍을 일으키며 문단의 총아로 떠올랐다. 당시 그는 예이츠의 과거 연인이기도 했던 작가 도로시 셰익스피어와 결혼해 비교적 정신적 안정을 이루는 듯싶었으나 제1차 세계대전을 계기로 자본주의에 영합한 영국 사회에도 실망을 느끼고 종전 이후에는 파리로 이주해 다양한 분야의 예술가들과 어울리며 교류했다.

그의 시 〈지하철 정거장에서〉는 파리의 지하철에서 마주친 어두운 군중 틈에서 벚꽃처럼 하얀 여인과 아이의 얼굴을 보고 쓴 일본 하이쿠 스타일의 매우 간결한 시로 이미지즘의 정수로 꼽히는 작품이다. 군더더기가 없는 깔끔한 내용에 선명한 이미지가 돋보이는 이 시는 현대 자본주의 사회의 어두운 한 단면을 암시하는 것으로 보이기도 한다.


군중 속에서 유령처럼 나타나는 얼굴들.
까맣게 젖은 나뭇가지 위의 꽃잎들.


지하철에서 쏟아져 나오는 다른 군중의 모습은 그저 어두운 나뭇가지로 보이는 시인의 눈에 활짝 핀 꽃의 모습으로 갑자기 나타난 하얀 얼굴의 여인과 아이의 존재가 극명한 대조를 이루는 장면인데, 단 두 줄로 압축된 시행 안에는 먹고 살기에 바쁜 현대인의 삶에 지친 모습이 숨겨져 있다. 그런데 일본의 하이쿠를 모방한 것으로 보이는 이 시는 실제로 17세기 일본에서 활동한 바쇼의 〈연못〉과 비교해 볼 때 파운드의 시는 오히려 구차스러워 보인다.

오래된 연못
개구리
풍당!


오랜 정적을 깨는 개구리 한 마리의 풍당 소리가 잔잔한 파장을 일으키며 연못과 일체를 이루는 절묘한 순간을 포착한 시인의 감각이 단연 돋보이는 시라 하겠다. 바쇼에 버금가는 고바야시 이싸(小林一茶)의 작품 역시 기발하기는 마찬가지다. 미국의 작가 샐린저가 자신의 작품 속에 인용할 정도로 감탄을 금치 못했던 이싸의 하이쿠를 소개하면 다음과 같다.


오, 달팽이
후지산에 오른다
천천히 천천히


눈에 잘 띄지도 않는 달팽이의 모습과 거대한 후지산의 대비가 실로 절묘한 이 시는 자연과 일체를 이룬 시인의 안목을 통해 작은 미물조차도 소중히 아끼는 섬세한 마음을 전하고 있다. 아무리 파운드가 동양 사상에 정통했다고 해도 이런 경지에까지는 도달하지 못했던 것으로 보인다. 그가 진정으로 자연과 일체를 이루는 동양 사상을 터득했다면 그렇게 파시즘을 찬양하고 유대인을 증오하지는 않았을 것이기 때문이다.

결국 그가 주도했던 이미지즘 운동은 진지한 삶의 성찰이 아니라 단순히 감각적인 차원에 머물고 말았다는 아쉬움을 남긴다. 그럼에도 불구하고 그의 존재는 20세기 시문학에서 가장 영향력 있는 거물로 추앙받고 있는데, 필생의 대작으로 간주되는 그의 〈캔토스〉는 현대판 〈신곡〉이라는 찬사가 지나치지 않을 정도로 동서양을 넘나드는 박학다식함을 과시하고 있다. 그러나 결국에는 무솔리니와 히틀러의 파시즘을 칭송하는 내용으로 흐름으로써 아무리 천재적인 시인이라 하더라도 세상을 바라보는 안목에는 한계가 있음을 여지없이 드러낸다. 그런 점에서 현대인의 지친 삶의 모습을 묘사한 그의 또 다른 시 〈찻집〉은 차라리 애잔한 여운을 남기는 작품이라 하겠다.

> 찻집의 저 아가씨
> 예전처럼 그렇게 예쁘지 않네.
> 팔월이 그녀 곁으로 지나갔네.
> 우리에게 머핀을 갖다 줄 때
> 주변에 풍겨 주었던 그 젊음의 빛도
> 이젠 더 이상 풍겨 줄 수 없겠지.
> 그녀도 중년이 될 거야.

싱싱한 젊음으로 눈길을 끌던 찻집의 아가씨가 어느덧 삶에 지치고 세월의 여파로 예전의 매력을 점차 잃어 가는 모습을 안쓰럽게 바라보는 시인의 마음이 가슴 뭉클하게 와 닿는 시다. 하지만 시인의 그런 측은지심은 예이츠의 시 〈이니스프리의 호도〉를 패러디한 것으로 알려진 작품 〈호수의 섬〉에서는 오히려 찾아보기 힘들다.

> 오, 신이여, 비너스여, 도둑 떼의 신 머큐리여,

간청하노니, 내게 주소서. 조그만 담배 가게를,

선반들에 가지런히 쌓여 있는

작고 반짝이는 상자들과 함께

묶이지 않은 향기로운 씹는담배와

독한 살담배와

반짝이는 유리 진열장 안에 흩어진

반짝이는 버지니아 담배가 있고,

너무 번들거리지 않은

천칭 저울도 하나쯤 있는,

잠시 머리를 매만지며, 버릇없는 말로

한두 마디 수작을 거는 매춘부들도 있는.


오, 신이여, 비너스여, 도둑 떼의 신 머큐리여,

조그만 담배 가게를 빌려 주거나

아니면 다른 일자리라도 주소서.

쉴 새 없이 머리를 써야 하는

이 빌어먹을 글 쓰는 일만 아니라면.


시인이 왜 쉴 새 없이 머리를 써야 하는지 알 수는 없으나 어린 시절의 추억이 담긴 호수 이니스프리를 그리워하는 예이츠와 달리 파운드는 여기서 자신에게 일자리 하나를 달라고 신들에게 기원하고 있다. 그것도 빌어먹을 글 쓰는 일만 아니라면 무엇이든 좋다는 푸념을 늘어놓는다. 감각적인 이미지만을 그토록 강조하던 파운드가 이처럼 뜬금없이 일자리 타령을 늘어놓는 이유는 무엇일까.

아마도 그것은 그 자신이 혐오해 마지않던 무질서하기 그지없는 자본주의 사회에 대한 반감 때문이 아닐까 한다. 혼돈에서 질서를 그리고 복잡성에서 간결함을 추구했던 그로서는 난잡하고 쓰레기 더미 같은 미국 사회, 그리고 몰락한 귀족들의 나라 영국 사회에 대한 실망과 좌절감으로 인해 자신이 몸담을 적절한 이상향을 찾지 못해 안달이 나 있었던 것이다.

결국 파운드는 높은 이자를 받아먹고 배를 불리며 살아가는 타락한 수전노들, 다시 말해 유대인이 없는 세상을 꿈꾸고 그런 자신의 이상을 실현시켜 줄 새로운 영웅으로 무솔리니를 선택한 셈이다. 일사분란하게 움직이는 검은 셔츠당의 젊고 활기찬 행진 모습에서 그는 새로운 질서와 희망을 구한 것이다. 파운드는 자신의 확고한 신념에 의해 히틀러와 무솔리니를 찬양하고 반유대주의를 널리 전파했다.

하지만 무질서한 세상을 혐오하고 질서와 순수함, 그리고 간결함을 추구했던 그는 새로운 이상향을 건설한다는 과대망상에 사로잡힌 나머지 파시즘과 손을 잡는 우를 범하고 말았다. 게다가 그는 기혼자임에도 불구하고 파리에서 만난 바이올리니스트 올가 럿지와 관계를 맺고 아내인 도로시와 더불어 기묘한 삼각관계를 유지했는데, 그 후 올가와는 그가 죽을 때까지 50년 이상 연인 관계에 있었으니 그가 추구했던 질서와 순수함의 실체가 과연 무엇인지 혼란스럽기만 하다.

사실 파운드의 결혼 생활은 행복하지 못했다. 신경쇠약에 걸린 그는 마침내 파리를 떠나 이탈리아의 조용한 마을에 정착했지만, 올가가 그의 딸을 낳았다는 소식을 들은 아내 도로시는 한동안 별거를 선언하기도 했다. 그러나 그 후 도로시 역시 아들을 낳게 되자 문제가 더욱 복잡해지고 말았다. 고도로 압축된 간결한 시를 썼던 파운드였지만, 자신의 사생활만큼은 그렇게 간결하지 못했던 모양이다.

그런데 그 골치 아픈 문제는 의외로 간단히 해결되었다. 올가의 딸은 아기가 없는 한 농부의 아내에게 맡겨졌고 도로시의 아들은 런던에 있는 친정에 맡겨졌기 때문이다. 물론 그것은 파운드의 결정에 의한 것이 아니라 두 여성이 독자적으로 처리한 결정이었다. 그리고 도로시가 매년 아들을 보러 영국으로 갈 때마다 파운드는 베니스에 있는 올가의 집에서 함께 시간을 보냈는데, 그런 이중생활은 종전이 이루어질 때까지 계속 유지되었다.

제1차 세계대전의 원인이 자본주의 때문이라고 생각한 파운드는 파시즘이야말로 새로운 사회 개혁의 희망이라고 굳게 믿고 1933년 헤밍웨이의 반대에도 불구하고 마침내 무솔리니를 직접 만나 자신의 신념을 그에게 전했다. 그리고 미국의 해밀턴 대학에서 명예박사 학위를 수여받고 이탈리아로 다시 돌아간 직후부터 노골적인 반유대주의 성향의 글을 쓰기 시작했는데, 당시 그는 유대인의 존재를 질병의 화신으로 간주하며 세계 정복의 야욕에 불타는 유대인의 음모를 경계해야 한다고 널리 호소했다.

제2차 세계대전이 발발하자 파운드는 목소리를 더욱 높여 로마 방송에도 진출했는데, 처음에는 이탈리아 정부도 그를 이중 첩자로 의심해 선뜻 허락하지 않았지만, 그의 확고한 신념을 인정하고 마침내 그를 방송에 출연시켰다. 그 후 파운드는 고기가 물을 만난 듯이 파시즘을 찬양하고 유대인을 헐뜯는 방송을 계속했는데, 그 활동은 그가 미군에 체포될 때에 이르러서야 비로소 멈추게 되었다.

미군이 시실리 섬에 상륙했을 무렵 파운드는 로마에 있었는데, 혼자 수백 마일을 걸어서 북쪽으로 피신한 그는 가까스로 라팔로에 당도했지만, 결국에는 마을에 진주한 미군에 체포되고 말았다. 그는 이적 행위와 반역죄 혐의로 구금 상태에 있으면서도 일본과의 평화 협상을 촉구하는 전문을 트루먼 대통령에게 보내게 해 달라는 요청을 하는가 하면, 이탈리아와 독일에 대해서도 관용을 베풀도록 호소하는 마지막 방송을 허락해 달라고 간청했으나 그의 요구는 당연히 묵살되었다.

이처럼 아무리 비범한 인물이라 해도 눈에 뭔가 막이 씌면 현실 판단 능력에 커다란 구멍이 나는 모양이다. 수백만의 무고한 인명을 무참하게 학살한 나치 독일과 일본임을 잘 알고 있었을 그가 그들에 대해 관용과 선처를 바랐다는 사실은 지금까지도 풀리지 않는 수수께끼라 하겠다.

어쨌든 그는 본국으로 송환되어 마땅히 사형 집행을 받고도 남을 처지였으나 세계적인 시인이라는 명성 덕분에 그래도 살아남았고, 그 대신에 정신병원에 연금되었다. 그의 담당 변호사는 감형을 위해 파운드의 정신 상태가 정상이 아님을 입증시키고자 애썼으나 당시 정신과의사들은 그가 정신분열증이 아니라 단지 나르시시즘적 인격의 소유자일 뿐이라고 진단했다. 그의 정신 상태는 말짱했다는 얘기다. 파운드는 병원에서도 유대인 의사와는 대화를 거부했으며, 방문자들에게 시온의정서를 읽어 주는 등 유대인에 대한 혐오감은 여전했다. 결국 의사들은 더 이상 파운드가 치료적인 목적으로 병원에 있어야 할 상태가 아님을 인정하고 그의 방면을 건의하기에 이르렀다.

12년에 걸친 기나긴 정신병원 생활에서 풀려난 파운드는 마침내 이탈리아로 다시 돌아갔다. 백발이 성성한 70세 노인이 되어 나폴리 공항에 도착한 그는 대기하고 있던 기자들 앞에서 파시스트식의 경례를 하며 미국 전체가 정신병원이라고 일갈했다. 그런 점에서 그는 완벽하게 자신이 잃어버린 세대에 속하는 인물임을 입증한 셈이다. 하지만 정신분열증만 광기에 속하는 게 결코 아니다. 도덕적인 광기는 뚜렷한 치료 방법조차 없기에 더욱 골치 아픈 난치병이 아닌가.

파운드와 도로시는 이탈리아 북부 티롤지방 메라노 근교의 브룬넨 부르크 성에 머물며 올가가 낳은 딸 메리와 함께 살았다. 하지만 그는 자신의 작품뿐 아니라 자신이 살아온 과거의 행적이 모두 쓸데없다고 여기는 등 극심한 우울증에 빠져 고생했으며, 게다가 치매 증세까지 보이기 시작했다. 딸 메리는 그런 아버지를 극진히 보살폈으나 남편에게 지쳐 버린 도로시는 대부분의 시간을 런던에서 아들과 함께 보냈다.

도로시가 곁에 없을 때는 올가와 함께 시간을 보낸 파운드는 불편한 몸을 이끌고도 신파시스트들이 벌이는 행사에 참가하는가 하면 엘리엇의 장례식에 참석하기도 했다. 그 후 장폐색으로 베니스 병원에 입원한 파운드는 잠이 든 상태에서 87세를 일기로 조용히 눈을 감았다. 그의 장례식에 끝내 참석하지 못한 도로시는 이듬해에 영국에서 사망했으며, 그의 임종을 곁에서 지켜본 올가는 1996년에 죽어서 파운드의 묘지에 나란히 묻혔다. 참으로 기구한 운명의 길을 걸은 세 남녀였다.

이들의 기묘한 삼각관계를 보노라면, 파운드의 시 〈체스놀이 시합에서의 독단적인 말〉이 연상된다. 정적인 이미지즘에 불만을 느끼고 동적인 움직임을 이미지로 형상화한 작품인데, 체스판의 규칙과 질서에 따른 숨겨진 힘의 파괴력이 느껴지는 내용이지만, 쫓고 쫓기는 두 사람의 힘겨운 승부가 마치 파운드 자신을 가운데 두고 한판 승부를 겨루는 두 여성의 모습을 연상시킨다면 지나친 억측일까.


손 뻗쳐 여러 각도에서 공격하고,

한 가지 색으로 버틴다.

체스판은 빛으로 살아 있다……


한 판이 끝나고 체스에 진 사람은 판 모양을 헐어 버리고 다시 만
　들며 이기는 순간까지 계속 체스를 두려고 한다.


빙글빙글 돈다, 가운데 모이고, 외통수 장군, 소용돌이 속에서 왕
　은 쓰러진다.

충돌, 눈에 띄는 줄무늬들, 강한 색채의 선들,

안에서 작용하는 차단된 빛, 도망, 시합의 재개.


　그렇다. 파운드의 정치적 행보나 그가 벌인 애정 행각과 무관하게 그는 이런 시를 통해 자신의 개인적 갈등과 고민을 시각적인 이미지로 드러내 보여 주고 있지 않은가. 이리저리 공격하며 어떻게든 버티고 승부에서 진 사람은 그 판을 헐어 버리고 이기는 순간까지 계속 체스를 두려고 하는 정신없이 돌고 도는 소용돌이 속에서 결국 지쳐 버린 왕 파운드는 쓰러지고 만다. 그리고 그 시합은 다시 재개된다. 올가와 도로시 역시 그런 끝없는 게임을 계속한 셈이다. 비록 최종적인 승리는 올가의 몫이긴 했지만.

# 네루다의 사랑과 저항

칠레의 민중 시인이며 사회주의 정치가로 1971년 노벨 문학상을 수상한 파블로 네루다(Pablo Neruda, 1904~1973)는 어려서부터 시를 쓰기 시작해 17세 때 이미 시집을 발간해 문단의 인정을 받은 이래 20세 때 발간한 시집 『스무 편의 사랑의 시와 한 편의 절망의 시』를 통해 칠레 민중의 사랑을 독차지했으며, 라틴아메리카 전체를 통해서도 그의 시처럼 가장 많이 읽히고 사랑받은 작품은 없다고 해도 과언이 아니다.

네루다는 칠레 남부 파랄에서 철도 노동자의 아들로 태어났으나 교사였던 어머니가 그를 낳자마자 세상을 뜨는 바람에 어려서부터 계모 밑에서 자랐다. 다행히 계모는 온순하고 다정한 여성이라 그는 그녀를 따르고 좋아했지만, 매우 거칠고 무지막지한 아버지는 집에만 들어서면 소리나 버럭버럭 질렀지 아들에게는 아무런 관심조차 두지 않았다.

고독한 어린 시절 네루다는 황량한 들판에 무섭게 쏟아지는 폭우를 바라보며 외로움을 달래는 일이 고작이었다. 그런 외로움을 달래기 위해 그는 어려서부터 시를 쓰기 시작한 것이며, 시인이 된 후에도 마치 폭우처럼 쏟아지는 시를 쓴 것이다. 그는 성인이 되어서도 끝없이 여기저기를 떠돌아다니는 보헤미안 기질을 보였는데, 어느 한곳에 마음을 정하지 못하는 방랑벽은 그래서 생긴 듯하다.

소년 시절 스승이었던 시인 미스트랄에게서 문학적 소양을 전수받은 그는 대학 시절 불과 20세의 약관으로 이미 2권의 시집을 내 일약 문단의 총아로 등장했는데, 당시 그는 원주민들이 사용하는 망토와 솜브레로 차림으로 다니며 대중적인 인기를 독차지했다. 그런 인기에 힘입어 그는 20대 중반의 나이에 이미 외교관으로 발탁되어 아시아의 여러 나라를 누볐지만, 어디를 가나 그에게는 낯선 땅이었으며 뼈저린 고독감을 떨쳐 버리기 어려웠다.

이런 외로움 때문이었는지 그는 자바 섬에서 만난 네덜란드 여성 마리카와 결혼했지만 그녀는 스페인어를 전혀 하지 못해 대화조차 불가능할 지경이었다. 결혼 후 네루다는 스페인으로 전출되었고 그곳에서 딸까지 낳았다. 하지만 아내와의 사이가 점차 벌어지면서 아르헨티나 여성 델리아와 관계를 맺기 시작했고, 결국에는 마리카와 헤어지고 델리아와 재혼했다. 마리카는 아이를 데리고 네덜란드로 돌아갔는데, 그 후로는 두 번 다시 만나지 못했다.

스페인에 주재할 당시 개인적으로 우여곡절이 많았던 네루다였지만 창작 태도 면에서도 큰 변화를 이루는 계기를 맞았는데, 그것은 좌파 인민정부가 무너지고 프랑코 우익 독재 정권이 들어서는 모습을 목격하면서부터였다. 특히 동료 시인 로르카가 처형당한 사건 이후 공산주의 이념에 기울어진 그는 노골적인 정치적인 성향을 띠기 시작하면서 파시즘에 대항하는 시를 썼다. 당시 로르카는 한 공개 강연에서 네루다에 대해 철학보다 죽음에 더 가깝고, 지성보다 고통에 더 가까우며,

잉크보다 피에 더 가까운 가장 위대한 라틴아메리카 시인 중 한 사람이라고 치켜세우기도 했다.

1945년 귀국한 후 상원의원으로 활동하는 가운데 공산당에 가입한 네루다는 열렬한 스탈린 숭배자로 공개적인 시 낭송회를 벌이며 대중적인 인기를 누리기도 했다. 그러나 당시 공산당을 불법화한 비델라 대통령을 공개적으로 비난함으로써 자신에 대한 체포령이 떨어지자 지하로 잠적, 말을 타고 안데스 산맥을 넘어 아르헨티나로 도피했다. 그 후 오랜 기간 해외로 망명해 떠돌이 생활을 전전했는데, 망명 기간 내내 네루다는 가수 출신 마틸데 우루티아의 보살핌을 받았다. 마이클 래드포드 감독의 영화 〈일 포스티노〉는 당시 이탈리아의 살리나 섬에 은신 중이었던 네루다와 우편배달부 청년 사이에 시로 맺어진 우정을 그린 작품이다.

1952년 자신에 대한 체포령이 철회되자 다시 칠레로 복귀한 그는 이듬해에 스탈린 평화상을 받는 등 국제적인 명성을 날리기도 했으며, 여러 차례 노벨상 후보로 오르기도 했으나 독재자 스탈린을 숭배했다는 이유로 좀처럼 수상을 하지는 못했다. 스탈린이 죽었을 때도 네루다는 그의 죽음을 애도하는 송시를 바쳤는데, 그런 태도 때문에 오랜 동료였던 옥타비오 파스와도 사이가 멀어졌다.

칠레로 돌아온 네루다는 부인 델리아와 다시 상봉했지만, 이미 마틸데와 정이 든 상태였기에 그 결혼은 더 이상 지속되기 어려웠다. 결국 델리아와 결별하고 마틸데와 결혼한 네루다는 태평양 연안에 위치한 이슬라 네그라에 기거하면서 오로지 시작(詩作)에만 몰두했으며, 1967년 체 게바라가 볼리비아 정글에서 정부군에 의해 사살되었다는 소식을 접하고 그의 죽음을 애도하는 글을 쓰기도 했다.

1969년 네루다는 칠레 공산당 대통령 후보로 지명되었으나 아옌데에게 양보하고 후보직을 사퇴했으며, 이듬해 아옌데가 대통령에 당선되자 프랑스 주재 칠레 대사에 임명되어 파리에 근무했으나 당시 그는 이미 전립선암에 걸려 건강이 악화되고 있었다. 1971년 마침내 힘겨운 진통 끝에 그에게 노벨 문학상이 주어졌는데, 스탈린을 숭배했던 그의 과거 전력 때문에 반대 의견도 만만치 않았다. 아옌데의 제안에 따라 그는 노벨상 수상을 축하하는 7만 군중 앞에서 자신의 시를 낭송했다.

1973년 아옌데 정권이 피노체트의 군사 쿠데타로 힘없이 무너지자 당시 암과 투병 중이었던 그는 병상에서 격렬한 항의를 보내기도 했지만 이미 대세는 기울고 말았으며, 네루다 역시 곧 숨을 거두고 말았다. 피노체트 장군은 네루다의 공개적인 장례식 거행마저 거부하는 바람에 이에 항의하는 대대적인 시위가 벌어지기도 했다. 당시 네루다의 집과 소장품들이 군인들에 의해 모조리 파괴되었으며, 갑작스러운 그의 죽음 때문에 지금까지도 사망 원인에 대한 의혹이 계속 제기되고 있다.

네루다의 삶은 그의 자서전 제목이 〈사랑하고 노래하고 투쟁하다〉라는 것에서 알 수 있듯이 그야말로 고통과 절망 속에서도 생의 희열을 찾기 위한 몸부림이었다. 그것은 다음과 같은 일부 대목을 통해서도 얼마든지 확인할 수 있다. "고통받으며 투쟁하고, 사랑하며 노래하는 것이 내 몫이었다. 승리의 기쁨과 패배의 아픔을 세상에 나누어 주는 것이 내 몫이었다. 빵도 맛보고 피도 맛보았다. 시인이 그 이상 무엇을 바라겠는가? 눈물에서 입맞춤에 이르기까지, 고독에서 민중에 이르기까지, 그 모든 것이 내 시 속에 살아 움직이고 있다."

이처럼 네루다의 삶은 그 자체가 시였으며, 그의 시가 곧 삶이었다.

청년 시절에는 매우 관능적인 사랑의 시를 썼고, 중년기에는 자의식적인 영적 신비에 대해 노래했으며, 장년기에는 사회 고발과 체제 비판적인 주제의 시를, 그리고 말년에 이르러서는 매우 단순하고도 현실적인 문제들을 다룬 시를 주로 썼는데, 그중에서도 그의 초기작 가운데 가장 육감적인 묘사로 유명한 〈한 여자의 육체〉는 누가 보더라도 매우 성적인 장면을 연상하기 마련이다.

여자의 눈부신 허벅지를 하얀 구릉에 비유하고 우악스러운 남성의 육체가 여인의 몸을 마구 파헤쳐 아이를 만드는 모습, 그리고 마치 자신의 무기를 시험하듯 여인의 몸을 단련시키는 난폭함과 복수하듯 거칠게 사랑하는 성과 공격성의 이율배반성, 영원한 갈증과 뒤따르는 피로감, 끝없이 이어지는 고통의 심연, 그럼에도 불구하고 어두운 터널처럼 외롭다는 남성의 푸념. 이 모든 역설적인 현상들이 뒤범벅이 된 상태로 물 흐르듯 이어진다.

여자의 육체, 하얀 구릉, 눈부신 허벅지,
몸을 내맡기는 그대의 자태는 세상을 닮았구나.
내 우악스런 농부의 몸뚱이가 그대를 파헤쳐
땅속 깊은 곳에서 아이 하나 튀어나오게 한다.

터널처럼 나는 홀로였다. 새들이 내게서 달아났고
밤은 내 가슴으로 거세게 파고들었다.
난 살아남기 위해 그대를 벼렸다, 무기처럼,
내 활의 화살처럼, 내 투석기의 돌멩이처럼.

그러나 이제 복수의 시간은 오고, 난 그대를 사랑한다.
가죽과, 이끼와, 단단하고 목마른 젖의 몸뚱이여.
아 젖가슴의 잔이여! 아 넋 잃은 눈망울이여!
아 불두덩의 장미여! 아 슬프고 느릿한 그대의 목소리여!


내 여인의 육체여, 나 언제까지나 그대의 아름다움 속에 머물러
  있으리.
나의 목마름, 끝없는 갈망, 막연한 나의 길이여!
영원한 갈증이 흐르고, 피로가 뒤따르고,
고통이 한없이 계속되는 어두운 강바닥이여.


그러나 이 시는 단순히 말초적인 자극만을 주기 위한 선정적인 시가
아니다. 여기서 말하는 여자의 육체란 곧 사랑과 미움이 교차하는 모
순된 애증의 대상으로 상징되는 구원의 어머니인 동시에 그의 모국이
기도 한 칠레, 더 나아가 폭정에 시달리는 라틴아메리카 전체를 가리
킨 것일 수 있다. 적어도 시인이 염두에 두고 있는 대상은 그럴 것이라
는 추정이 가능하다.

이는 마치 폭압적인 아버지가 지고지순한 어머니를 상대로 성적인
착취를 일삼는 밀실 장면을 어린 아들이 몰래 엿보며 느끼는 분노와
좌절, 흥분 등 실로 복합적인 모순의 감정을 드러낸 시처럼 보이기도
한다. 그런 점에서 어린 아들은 폭군적인 독재자 아버지의 손아귀에서
순결한 어머니를 구하고자 하는 구원환상을 지니지만, 무기력한 자신
의 모습에 실망하기 마련이다.

따라서 네루다의 죄의식과 구원환상은 자신의 모든 불행한 형제들

을 절망에서 구해 내고자 하는 열망으로 승화되는 것이며, 그런 열망은 곧 체 게바라와 같은 혁명가들에게 강력한 동기와 정당성을 부여해 준 결과를 낳은 셈이다. 하지만 그 투쟁은 부모를 향한 갈등의 확산인 동시에 재연이기도 하다.

물론 네루다는 어머니의 얼굴을 기억조차 못하는 입장이었지만, 그녀의 죽음을 재촉한 이면에는 필시 폭군적인 아버지의 학대가 있었을 것이라고 믿었기 쉽다. 게다가 그녀를 대신한 계모 역시 매우 선량한 여성으로 아버지의 학대를 참고 견디며 살았던 여성이었으니 어린 아들 입장에서는 두 여인의 이미지가 하나로 겹쳐 오래도록 그 마음속에 간직되었을 것이다.

반면에 1974년에 발간된 네루다의 시집 『질문의 책』에서는 그야말로 기발한 착상에 바탕을 둔 300개 이상의 질문이 끝없이 이어지고 있는데, 70대 노시인의 손에서 나온 작품으로 믿기 어려울 정도로 놀라운 직관력과 시적 상상력을 발휘하고 있어서 저절로 감탄을 금치 못하게 된다. 너무도 간단명료한 질문들이지만 부질없이 그 적절한 답을 찾기 위해 애쓰다 보면 결국 시인의 엄청난 내공 앞에 두 손 들고 나가 떨어질 수밖에 없을 것이다.

왜 사람들은 헬리콥터들이
햇빛에서 꿀을 빨도록 가르치지 않지?

말해 줄래, 장미가 발가벗고 있는 건지
아니면 그게 그냥 그녀의 옷인지?

나무들은 왜 그들의
뿌리의 찬란함을 숨기지?

빗속에 서 있는 기차처럼
슬픈 게 이 세상에 또 있을까?

연기는 구름과 이야기하나?

청색이 태어났을 때
누가 기뻐서 소리쳤을까?

버려진 자전거는 어떻게
그 자유를 얻었을까?

사랑, 그와 그녀의 사랑,
그게 가 버렸다면, 그것들은 어디로 갔지?

태양과 오렌지 사이의
왕복 거리는 얼마나 될까?

보들레르가 울 때
그는 검은 눈물을 흘렸나?

파블로 네루다라고 불리는 것보다 더

어리석은 일이 인생에 있을까?


'나였던 그 아이는 어디 있을까,

아직 내 속에 있을까 아니면 사라졌을까?'


마치 티 없이 맑은 동심의 눈에 들어온 불가사의한 세상처럼 노시인의 순수한 마음에 비친 이 세상 역시 이해할 수 없는 현상으로 가득 차있다. 네루다의 이런 질문들은 필자의 아들이 아주 어렸을 때 내 손을 잡고 길을 걸으며 그야말로 귀찮을 정도로 끝없이 쏟아붓던 그런 질문과 매우 비슷하다. 그때 내 아들 역시 "달은 왜 우리를 따라다녀?" "그림자는 왜 다리에 붙어 있지?" "자동차 바퀴는 왜 동그래?" 등등 끊임없는 질문 공세로 나를 매우 곤혹스럽게 만들었기 때문이다.

그런데 이처럼 맑고 순수한 질문 가운데는 매우 날카롭고도 예리한 가시가 숨어 있음을 알 수 있다. 헬리콥터로 하여금 햇빛에서 꿀을 빨도록 가르치지 않았기 때문에 그것은 곧 흉물이 되어 시위 군중에 무차별 사격을 가하거나 정치범이 눈을 가리고 뛰어내리도록 위협하는 살인 도구로 변한 것이며, 버려진 자전거가 자유를 얻은 것처럼 보일수도 있지만 그것은 실제로 자유를 얻은 게 아니라 그 자전거의 주인이 갑자기 어디론가 끌려가 실종되었기 때문에 버려진 것임을 알 수있다.

또한 보들레르가 울 때 과연 그가 검은 눈물을 흘렸을까 하는 의구심을 보인 것은 아무리 위대한 시인이라 하더라도 불행한 이웃들에 무심한 시인은 진정한 시인으로 보기 어렵다는 조소일 수도 있다. 보들레르는 흑인 혼혈 여성을 사랑해 오랜 기간 동거했지만, 그가 진정으로 흑인들의 비참한 처지에 공감을 느끼고 사랑했다면 그야말로 검은 피땀이 뒤섞인 눈물을 흘렸어야 한다는 냉엄한 주문인 셈이다.

하지만 우리는 네루다의 끝없는 물음에 여전히 적절한 답을 할 수가 없다. 오로지 작은 생명체에서부터 태양에 이르기까지 그리고 과거와 현재를 자유롭게 넘나드는 시인의 뛰어난 직관력에 그저 입을 딱 벌리고 말문이 막힐 따름이다. 하지만 마지막 부분에 인용한 시구들을 나름대로 짚어 볼 여지는 충분히 있다고 본다.

비록 그는 자신의 이름으로 불리는 것처럼 어리석은 일은 없다고 겸손하게 말하고 있지만, 사실 그 말은 파블로 네루다라는 이름 자체와 그 이름으로 살아온 사람의 인생 사이에 묻혀 있는 그 자신의 개인적인 갈등을 암시한 것일 수도 있다. 성 바울의 이름과 체코 시인 네루다의 이름에서 따온 파블로 네루다는 사실은 인위적으로 지어진 가명일 뿐이었다.

그의 본명은 네프탈리 리카르도 레예스 바소알토로 당연히 아버지의 성을 따른 것이지만, 그는 성인이 되어 법적으로 아버지의 성을 버리고 네루다로 바꿨다. 아버지의 성을 영원히 버린 것이다. 그것은 물론 아버지의 존재를 영구적으로 거부한 것이며, 아버지에 대한 반항의 몸짓이기도 했다. 시인이 되고자 하는 아들의 뜻을 무시하고 애써 쓴 시를 창밖으로 내던지며 불태웠던 강압적인 아버지가 아니었던가.

그런 아버지에게 복수할 수 있는 유일한 길은 아버지보다 위대한 인물이 되어 아버지의 흔적을 완전히 자신의 삶에서 지워버리는 것이었다. 그런 점에서 필명이나 예명을 사용할 수 있는 예술가들에게는 아버지의 성에서 자유로워질 수 있는 특권이 이미 주어져 있는 셈이다. 그와 유사한 문제는 장미가 발가벗고 있는 건지 아니면 옷을 입고 있는 건지 모르겠다는 질문에서도 엿볼 수 있다.

마지막으로 내 속에 있던 그 아이가 어디로 갔는지 궁금해하는 질문 역시 매우 의미심장하다. 정신분석적으로 보자면, 어린 시절에 겪었던 갈등의 잔재를 뜻하는 것일 수도 있고, 더 나아가 일생 동안 마음속에 간직된 내적 대상을 의미하는 것일 수도 있다. 우리는 어차피 어린 시절에 겪었던 심리적 관계의 흔적을 고스란히 각자의 내면 깊숙이 지니고 살아가기 마련이기 때문이다. 프로이트는 그것을 무의식이라 불렀고, 멜라니 클라인은 대상관계라 불렀을 따름이다.

그래서 그는 나무가 자신의 뿌리를 감추고 있는 이유를 모르겠다는 질문을 던지고 있는지도 모른다. 그의 뿌리는 물론 아버지 호세와 어머니 로사였지만, 그는 자신의 뿌리를 감춘 게 아니라 아예 잘라 버렸다. 어머니의 존재는 기억에서 사라진 지 오래이며, 성을 바꿈으로써 아버지와의 인연까지 끊었기 때문이다. 하지만 그런다고 해서 어린 시절의 흔적이 완전히 사라질 수는 없다. 기억에 남아 있지 않더라도 무의식 깊은 곳에는 여전히 자리 잡고 앉아 알게 모르게 시인의 상상력에 영향을 주기 때문이다.

그런 점에서 네루다의 시들은 근원적인 어머니의 품 안을 그리는 염원을 담고 있는 동시에 강압적인 아버지의 존재를 거부하는 몸짓일지도 모른다. 파블로 네루다라는 이름의 나무에 열린 풍성한 가지들과 열매들은 결국 그토록 깊은 곳에 꽁꽁 묻어 놓은 뿌리에서 나온 것이기 때문이다. 네루다는 시 〈종장(終章)〉 마지막 부분에서 자신의 삶이 우연과 필연 사이의 노래였다고 했지만, 그 노래는 우연과 필연을 따지기 이전에 그 자신이 살아온 삶의 총화였다고 할 수 있다.

# 앨런 긴즈버그의 반항과 절규

미국의 유대계 시인 앨런 긴즈버그(Allen Ginsberg, 1926~1997)는 비트 세대(beat generation)를 대표하는 좌파적 저항 시인으로 알려져 있다. 그는 물질만능주의에 물든 미국 산업사회의 더러운 치부를 마치 고대 이스라엘의 예언자처럼 질타했으며, 성서와 마르크스주의를 함께 접목시키고자 했다.

1957년 발표한 그의 시집 『울부짖음』은 바로 그런 비트 운동의 기수가 되었던 매우 도발적인 작품으로 난잡한 표현을 뒤섞은 오물과 섹스 묘사가 가히 충격적이다. 동성애자였던 긴즈버그는 당시 법으로 금지된 동성애의 자유를 위해서도 맹렬한 투쟁을 벌임으로써 수많은 추종자들을 낳기도 했다.

짙은 턱수염과 헝클어진 머리의 시인이 카페와 대학가를 돌며 자작시를 낭송하는 그의 모습은 미국 사회의 소수파에게는 성자의 이미지로, 그리고 다수파에게는 괴짜 시인의 이미지로 매우 상반된 인상을 남겼다.

기득권층에 대한 강한 반발과 저항 의식을 보인 그는 특히 미국의 월남전 개입에 반대하는 반전 운동에 앞장서 젊은이들의 우상이 되기도 했으며, 당시 미국 사회를 뜨겁게 달궜던 히피 운동에도 참여해 마약을 복용하는 등 그만의 특유한 반골 기질을 유감없이 발휘하기도 했다.

　뉴저지 주 뉴어크에서 러시아계 유대인의 아들로 태어난 그는 정신분열증을 앓던 어머니 밑에서 자라면서 어려서부터 극심한 정서적 혼란과 불안정에 시달려야 했다. 편집증적 망상에 사로잡힌 어머니 나오미는 집 안에 도청장치가 있다고 믿었고 걸핏하면 손목을 칼로 그어 자해를 함으로써 가족들을 놀라게 했는데, 정신병원을 수시로 드나들면서도 아들만은 끔찍이 여겼다.

　열렬한 공산주의자였던 어머니는 공산당 집회에 어린 아들을 항상 데리고 다녔는데, 그런 어머니의 특이한 행적은 그의 삶에 결정적인 영향을 끼친 것으로 보인다. 적절한 치료약이 없던 시절에 결국 어머니는 마지막 수단으로 전두엽 절제술까지 받고 거의 폐인이 되다시피 했으며, 그런 어머니의 모습을 무기력하게 그저 지켜볼 수밖에 없었던 아들의 비통한 심정은 이루 다 말할 수 없었을 것이다.

　세상에 대해 치밀어 오르는 분노를 억누를 길이 없었던 긴즈버그는 마침내 어머니가 세상을 떠나자 처녀시집 『울부짖음』을 통해 미국 자본주의의 병폐를 향해 선전포고를 날리게 된다. 그는 여기에 실린 〈아메리카〉라는 시에서 이렇게 노래했다. "내가 일곱 살 때 어머니는 나를 공산당 세포 집회에 데리고 가셨지. 거기서는 표 한 장에 한 줌의 콩을 팔고 있었네. 표는 한 장에 5센트, 연설은 무료였지."

　그러나 이 시는 그 집회에 모인 사람들 모두가 천사처럼 보였다고 하면서도 마지막에 가서는 모두 다 스파이임에 틀림없다는 말로 끝을 맺음으로써 그 자신의 혼란된 정서 상태를 드러내고 있다. 자신의 어머니에 대해 젊고 아름다운 공산주의자로 기억하는 이 특이한 시인은 어머니를 위해 쓴 〈카디쉬〉라는 시에서 다음과 같이 쓰고 있다.

> "한번은 어머니가 나를 자기 옆에 눕히려 한다고 생각한 적도 있다. 싱크대에서 혼자 즐기기도 했고, 방을 거의 다 차지한 큰 침대에 누워 있기도 했다. 엉덩이 둘레에 걸친 옷은 걷어 올렸고, 털에 난 상처, 수술 자국, 췌장, 복부의 상처, 유산, 충수, 끔찍하게 두꺼운 지퍼처럼 지방을 당기는 베인 자국과 꿰맨 자국. 두 발 사이의 긴 누덕누덕한……"

그는 더 이상 언급하기가 두려워 말을 맺지 못한다. 카디쉬란 유대인 관습에서 망자들에게 올리는 마지막 기도를 뜻하지만, 그는 어머니 장례식에서 이 기도를 올리지 못했다. 따라서 그는 불행했던 어머니와의 영원한 이별과 상실을 애도하는 뜻에서 이 시를 쓴 것이다.

그녀는 자신의 아들에게 남긴 마지막 편지에서 모든 열쇠는 창틀에 비친 햇살에 있다고 말하고, 부디 착하게 살면서 약물을 멀리하라고 타이르며 결혼할 것을 당부했다. 비록 그녀는 공산주의자이자 정신이상자로서 그렇게 비명에 갔지만, 신에 대한 믿음만큼은 끝까지 버리지 않은 것이다. 그러나 아들은 이런 어머니의 마지막 부탁조차 들어주지 않았다.

그는 평생을 독신으로 살면서 종교적으로는 유대교나 기독교가 아니라 오히려 불교 신자가 됨으로써 부모의 종교를 버렸으며, 인도의 신비주의 사상에도 깊이 빠지는 모습을 보였다. 또한 이념적으로는 공산주의자였으나 자본주의 사회뿐 아니라 공산주의에 대해서도 따끔한 일침을 가함으로써 미국 사회는 물론 공산국가들에서조차 몹시 골치 아픈 존재였다. 특히 미국 사회의 치부를 다룬 시 〈너무나 많은 것들〉은 자본주의 사회의 아킬레스건을 마구 건드리는 차가운 조소라 할 수 있다.

> 너무나 많은 공장들
> 너무나 많은 음식
> 너무나 많은 맥주
> 너무나 많은 담배
> 너무나 많은 철학
> 너무나 많은 주장
> 그러나 너무 부족한 공간
> 너무 부족한 나무
>
> 너무나 많은 경찰
> 너무나 많은 컴퓨터
> 너무나 많은 가전제품
> 너무나 많은 돼지고기
>
> 회색 슬레이트 지붕들 아래
> 너무나 많은 커피
> 너무나 많은 담배 연기

너무나 많은 종교

너무나 많은 욕심

너무나 많은 양복

너무나 많은 서류

너무나 많은 잡지


지하철에 탄 너무나 많은

피곤한 얼굴들

그러나 너무나 부족한 사과나무

너무나 부족한 잣나무


너무나 많은 살인

너무나 많은 학생 폭력

너무나 많은 돈

너무나 많은 가난

너무나 많은 금속 물질

너무나 많은 비만

너무나 많은 헛소리

그러나 너무나 부족한 침묵


긴즈버그는 어머니의 뜻과는 달리 마약을 복용하며 히피처럼 살았으며, 동성애자가 되어 반전 운동의 기수로 앞장서는 가운데 기존의 가치관에 저항하여 자본주의적 횡포에 맞선 비트 세대의 선두주자로 활동했다. 미국 사회에 대한 그의 애증이 뒤섞인 양가적인 감정은 마치 자신의 어머니를 향한 혼란된 감정과 매우 비슷하다. 어쩌면 그것은 어머니가 죽어 가면서 남긴 이중구속적인 메시지(double bind message)에 대한 마지막 반발의 모습일지도 모른다. 마약도 끊고 신을 믿으며 결혼해서 착하게 살라는 어머니의 마지막 부탁은 세상을 불신하고 툭하면 자해를 하며 아들을 놀라게 했던 반항적인 공산주의자 어머니의 모습과는 너무도 모순된 것이기 때문이다.

그런 모순된 감정은 그의 시 〈아메리카〉의 일부 구절에도 잘 드러난다. 여기서 미친 요구로 그를 지긋지긋하게 만드는 아메리카는 결국 광기에 빠져 그를 혼란스럽게 만들었던 어머니를 상징한다. 그러나 비록 광기에 빠진 어머니였음에도 불구하고 사랑할 수밖에 없었던 그 자신의 이율배반적인 태도를 그대로 반영하기도 하는데, 그것은 마치 우리나라의 수필가 김소운이 〈목근통신〉에서 '나를 낳아 준 어머니가 문둥이라 하더라도 나는 그 어머니를 클레오파트라와 바꾸지 않겠다.'라고 외친 말과 일맥상통하는 태도처럼 보인다.

> 아메리카여 나는 너에게 모든 것을 주었기에
> 나에겐 아무것도 남아 있지 않네.
> 1956년 1월 17일 아메리카는 2달러 27센트
> 나는 내 마음이 너무나 싫어.
> 아메리카여 너는 인간의 전쟁을 언제나 끝내려나?
> ……
> 올바른 정신이 들 때까지 나는 시를 쓰지 않겠네.
> ……
> 아메리카여 너의 미친 요구가 나는 지긋지긋하다네.

아메리카여 결국 완벽한 것은 저세상이 아니라

바로 너와 나라네.


긴즈버그는 어디에도 구속받지 않는 자유와 해방을 구가한 삶을 살았으나 자신이 속한 사회에서는 철저히 소외된 이단아가 되었다. 그것은 그의 어머니가 그랬던 것처럼 제대로 통합에 이르지 못한 일종의 분열된 의식에 머문 상태에서 자신들에게 주어진 부당한 운명을 거부하려는 필사적인 몸부림으로 보인다. 결국 이것도 저것도 아닌 철저한 소외자로서 그가 의지할 유일한 곳은 아버지로 상징되는 정치적 이념이 아니라 어머니의 따스한 품과도 비슷한 신비주의적 몽환의 세계였던 것이다.

따라서 그는 엄마 품에 안긴 채 그녀에게 지나치게 의존한 나머지 자신에게 다가오는 아빠를 밀쳐내며 거부하는 아기의 몸짓을 그대로 드러낸 셈이다. 그의 시집 『울부짖음』의 제목은 그런 점에서 시인 자신의 매우 원초적인 감정을 암시하는 것이기도 하다. 말을 배우기 이전의 유아에게 자신을 드러내는 유일한 수단은 언어가 아니라 단지 울부짖는 것이기 때문이다.

그는 그렇게 노래가 아니라 울부짖음을 통해서 자신의 분노와 좌절, 정서적 혼란을 뱉어 낸 것이다. 어머니가 겪었던 소외감과 정체성 혼란의 문제를 아들인 긴즈버그 역시 공유한 셈이며, 유대 혈통 때문에 그 어디에도 속할 수 없다는 좌절감에서 비롯된 분노의 표시로 그는 소위 무정부주의적 혁명의 기치를 내건 예언자를 자처한 셈이다. 그래서 이 세상을 지배하는 모든 아버지들의 이념적 허구성에 대한 반항, 그리고 그 피해자요 희생자인 어머니에 대한 그리움과 애도의 반응이 그의 모든 시를 지탱하는 원동력이 되었던 것처럼 보이기도 한다.

30대 중반 무렵부터 이미 간염에 걸린 긴즈버그는 결국 만성 간염에서 발전한 간암으로 세상을 떴는데, 그럼에도 불구하고 그는 평생 동안 담배를 끊지 못했으며, 게다가 마약까지 복용했다. 설상가상으로 40대 이후에는 뇌졸중의 여파로 안면신경마비까지 와서 한쪽 눈을 제대로 뜰 수 없게 되는 불운이 겹쳤는데, 그에게 내려진 최종적인 진단명은 레이노드씨 병(Raynaud's disease)으로 지나친 흡연과 스트레스로 인해 상태가 더욱 악화된 것으로 보인다. 하지만 자신에게 주어진 명성을 유지하기 위해 바쁜 일정에 쫓긴 그는 적절한 치료를 받지 않았다.

병원에서 마지막으로 퇴원해 귀가한 후 자신의 죽음을 예감한 그는 친구와 동료들에게 수시로 전화를 걸어 작별 인사를 나누었는데, 대화 도중에 어린애처럼 흐느끼기도 했다. 결국 그는 71세를 일기로 숨을 거두었으며, 그의 정신적 스승인 겔렉 린포체가 침상 곁에서 티베트 불교 의식에 따라 그의 마지막 가는 길을 배웅하는 기도와 찬송을 계속했다. 그렇게 세상을 하직한 그가 과연 저세상에서는 자신의 어머니를 다시 만날 수 있었을까 궁금해지기도 한다.

# 실비아 플라스의 〈아빠〉

　충격적인 자살로 생을 마감한 실비아 플라스(Sylvia Plath, 1932~1963)는 미국의 여류 시인으로 그녀의 충격적인 자살만큼이나 그녀의 시 또한 매우 혼란스럽고도 도발적인 내용으로 가득 차 있다. 마치 화산 폭발처럼 용솟음치는 그녀의 시는 자신의 내면에서 분출되는 지독한 감정의 응어리 그 자체라 할 수 있으며, 용암처럼 꾸역꾸역 토해 내는 그녀의 뜨거운 감정들은 모순되고 혼란스러운 그녀의 삶 자체를 여과 없이 드러내기도 한다.

　31세라는 꽃다운 나이에 비극적인 자살로 생을 마감한 그녀는 특히 끔찍스러운 자살을 통해 세상에 큰 충격을 던짐으로써 무명 시인에서 일약 세계적인 페미니스트 시인의 반열에 오르게 되기도 했지만, 무엇보다도 그녀가 발표한 일종의 고백시들은 그녀 자신의 고통스러운 삶 자체가 녹아들어 있다는 점에서 많은 독자들의 심금을 울린다고 하겠다. 특히 오늘날에 와서는 수많은 페미니스트들의 우상으로 떠오르면서 여권 운동의 상징적 존재가 되었다.

실비아 플라스는 미국 사회가 경제 대공황의 돌풍에 휘말려 혼란에 빠져 있을 무렵, 보스턴 근교에서 생물학 교수의 딸로 태어났다. 독일계 이민 출신이었던 아버지는 가부장적인 권위주의자로 타협을 모르는 완고한 인물이었으며, 그보다 20년 연하인 어머니 오렐리아는 비록 생활력은 매우 강했지만 잔정이 없는 여성이었다.

어려서부터 문학적 재능을 보였던 플라스는 이미 여덟 살 때 처음으로 시를 발표하기도 했지만, 바로 그 무렵에 갑자기 아버지가 세상을 떠나면서부터 그녀에게는 엄청난 시련이 닥치기 시작했다. 아버지의 죽음을 인정할 수 없었던 어린 플라스는 그의 무덤을 파헤쳐 확인하고 싶은 충동마저 느낄 정도로 그 충격이 매우 컸던 것이다. 그 때문에 그녀는 다시는 결코 하느님을 찾지 않을 것이라 맹세하고 이듬해 첫 번째 자살을 시도하기에 이른다.

아버지가 세상을 떠난 후 어머니는 두 자녀를 데리고 친정에 얹혀살며 교편생활로 생활을 꾸려 나갔는데, 스미스 대학에 진학한 플라스는 재학 중에 우울증이 발병하면서 두 번째 자살을 시도했으며, 정신병원에서 전기충격 요법을 받은 후 다행히 호전되어 우수한 성적으로 학업을 마칠 수 있었다. 그녀가 당시 겪었던 끔찍한 경험은 자전적 소설 〈벨 자〉에 생생히 묘사되어 있다.

장학금으로 영국 유학을 떠난 그녀는 케임브리지에서 테드 휴즈를 만나 서로 첫눈에 반하게 되었는데, 결국 두 사람은 1956년에 결혼식을 치르고 딸까지 낳았으며, 그녀의 첫 시집 『거상』도 이 무렵에 출간했다. 그러나 행복도 잠시일 뿐, 1962년 아들을 낳고부터 남편이 애시어 웨빌과 불륜 관계를 맺고 있다는 사실을 알고 난 이후 심한 언쟁 끝에 별거를 선언하고 자녀들과 함께 런던에 거주하며 〈아빠〉〈라자러스 부인〉 등 많은 시를 썼다.

자살하기 불과 한 달 전 그녀는 자전적 소설 〈벨 자〉를 영국에서 출간했지만, 1963년 2월 극도의 우울증에 빠진 플라스는 이른 아침에 어린 남매가 자고 있는 사이에 가스 오븐에 머리를 박고 자살했다. 그녀의 끔찍스러운 죽음으로 남편 테드는 죽을 때까지 사람들의 따가운 눈총을 받으며 지내야 했다. 그 후 테드 휴즈는 애시어 웨빌과 살면서 딸까지 낳았지만, 다시 외도를 시작하는 바람에 그녀 역시 플라스와 똑같은 방법으로 가스 오븐에 머리를 처박고 어린 딸과 함께 동반 자살하고 말았다. 플라스가 죽은 지 6년 후인 1969년의 일이었다.

테드 휴즈는 1970년 캐롤 오처드와 재혼해서 30년 가까이 살았으며, 그에 대한 오명에도 불구하고 1984년 영국 시인으로서는 가장 큰 영예인 계관시인이 되어 죽을 때까지 그 신분을 유지했다.

비정하고 냉담한 어머니의 전형으로 사람들로부터 백안시당했던 플라스의 어머니 오렐리아는 치매를 앓다가 1994년 87세를 일기로 세상을 떠났다. 플라스의 딸 프리다는 그 후 성장하여 런던에서 시인 및 화가로 활동하고 있으나, 아들 니콜라스는 자신의 외조부처럼 생물학자가 되어 알래스카에서 어류 연구에 몰두하던 중 그 역시 우울증에 걸려 2009년 갑자기 47세 나이로 목을 매어 자살하고 말았다.

비록 짧은 생애였지만, 어릴 때부터 이미 자살 기도까지 했던 플라스는 극심한 우울증에 시달리며 매우 고통스러운 삶을 살았던 여성이었다. 어머니의 사랑을 제대로 받지도 못하고 일찍 아버지를 잃었으며, 자신의 불행한 삶을 보상해 주리라고 믿었던 결혼 생활마저 남편의 배신으로 극도의 절망감에 빠진 나머지 끔찍스러운 자살로 생을 마감한 그녀의 비극적인 삶은 수많은 여성들에게 공분을 느끼도록 하기에 충분하다.

그녀가 거침없이 쏟아 냈던 시어들은 독자들의 간담을 서늘케 할 정도로 날카롭고 거칠며 난폭하기 그지없다. 물론 그 중심에는 사랑에 대한 갈망과 원망, 분노와 좌절, 그리고 지독한 증오심이 자리 잡고 있다. 그녀의 독설과 역설은 특히 많은 여성들에게는 짜릿한 카타르시스와 공감을 선사하는 반면에, 많은 남성들에게는 은근히 뒤끝이 켕기는 씁쓸한 여운을 남기기 마련이다.

피맺힌 절규에 가까운 그녀의 가장 유명한 시 〈아빠〉는 "아빠는 개자식, 난 이제 끝났어."라는 마지막 시구로 끝을 맺고 있는데, 이 한마디에 많은 여성들은 열렬한 지지와 공감을 보냈다. 그러나 여기서 말하는 아빠는 반드시 아버지만을 뜻하는 것이 아니라 남편도 포함되는 말이다. 더 나아가 이 세상의 모든 그 잘난 오빠들도 예외가 아니다.

다시 말해서 "모든 남자는 개자식들, 이젠 끝났어."라는 의미이기 때문에 많은 여성들이 그토록 열광했던 것이다. 아무도 감히 할 수 없었던 그야말로 통쾌한 일갈이 아닌가. 물론 플라스는 이 세상 모든 남자들을 의식하고 이 시를 쓴 것은 아니었을 것이다. 그녀는 단지 자신을 버린 두 남성, 아버지와 남편을 염두에 두고 이 시를 쓴 것이겠지만, 독자들은 그렇게만 받아들이지 않을 게 분명하다. 그런 점에서 〈아빠〉의 마지막 부분을 인용해 보자.

"만일 제가 한 남자를 죽였다면,
전 둘을 죽인 셈이에요.
자기가 아빠라고 하며,
내 피를 일 년 동안 빨아 마신 흡혈귀.

아니, 사실은 칠 년 만이지만요.

아빠, 이젠 누우셔도 돼요.

아빠의 살찐 검은 심장에 말뚝이 박혔어요.

그리고 마을 사람들은 조금도 아빠를 좋아하지 않았어요.

그들은 춤추면서 아빠를 짓밟고 있어요.

그들은 그것이 아빠라는 걸 언제나 알고 있었어요.

아빠, 아빠, 이 개자식, 난 이제 끝났어.”


여기서 7년 동안 내 피를 빨아먹은 흡혈귀는 아버지가 아니라 남편 테드 휴즈다. 그녀의 결혼 생활이 7년 만에 파경을 맞이했기 때문이다. 물론 플라스의 아버지는 그녀가 여덟 살이었을 때 세상을 떠났으며 딸을 착취한 적도 없다. 그러나 두 남성의 이미지가 아빠라는 호칭 속에 중첩되어 나타난 것만은 분명하다. 그것은 자신이 한 남성을 죽였다면 두 남성을 죽인 것이나 마찬가지라고 주장한 점에서도 드러난다. 하지만 마을 사람들이 춤추며 짓밟고 지나갈 정도로 그녀의 아버지는 몹쓸 짓을 한 적이 없는 사람이다. 그는 단지 땡벌 연구에만 몰두했던 고지식한 생물학 교수였을 뿐이다.

오히려 사람들로부터 손가락질을 받은 인물은 남편 테드 휴즈였다. 처자식을 두고도 외도에 빠진 그를 두고 사람들은 끊임없이 입방아를 찧었기 때문이다. 존경받는 계관시인으로 온갖 영예를 거머쥔 그였기에 처자식을 버린 그의 행위는 보수적인 영국 사회에서 도저히 용납되기 어려운 패륜으로 비쳐졌기 쉽다.

아무리 고백시라고 해도 분명 플라스는 지나치게 과장된 어법으로 일관하고 있다는 느낌을 받는다. 자신이 아버지를 죽였어야 마땅하지만 그럴 시간이 주어지지 않았다는 점을 아쉬워하면서도 정작 그녀 자신은 아버지가 죽은 직후 자살을 시도하기까지 했다. 이처럼 이율배반적인 모습은 처음부터 끝까지 일관되게 유지된다.

그러나 그녀의 태도는 극단적인 이분법적 흑백논리에 빠져 있음을 알 수 있다. 무엇보다도 선악의 구분이 지나치게 단순하다. 오히려 그녀는 자신의 내면에 감추어 둔 악한 부분을 상대에게 뒤집어씌우고 스스로 만들어 낸 가공의 악인을 상대로 무모한 싸움을 벌이고 있는 모습을 보여 준다. 정신분석에서는 그것을 '투사적 동일시'라고 부른다.

어떤 사람들은 엘렉트라 콤플렉스로 그녀의 갈등을 설명하기도 하지만, 오이디푸스 콤플렉스와 용어상의 차이는 큰 의미가 없다고 본다. 동전의 앞뒷면이나 다름없기 때문이다. 다만 그녀는 아버지를 그토록 증오하면서도 강한 집착을 보였으며, 어머니에 대해서도 역시 마찬가지로 극심한 양가적 태도를 지녔는데, 일반 독자들은 주로 그녀의 작품을 통해 어머니 오렐리아가 매우 냉담하고 거절적인 여성이었다는 인상을 받기 쉽다.

실제로 그녀의 어머니는 곧잘 자신의 이름 오렐리아가 해파리의 학명 Aurelia와 같다는 농담을 딸에게 던지곤 했는데, 해파리는 메두사라고도 불리기도 한다. 그리스 신화에서 메두사는 저주받은 마녀로 머리카락이 온통 뱀으로 되어 있는 끔찍스러운 괴물이다. 메두사는 자신과 눈이 마주친 사람을 모두 돌로 만드는 무시무시한 마녀로 알려져 있으며, 프로이트는 이런 신화의 내용이 거세공포를 반영한다고 해석하기도 했다.

플라스는 자신의 어머니를 그런 메두사에 비유했으니 독일계 이민자 출신의 아버지를 나치에 비유한 것만큼이나 과장이 너무 심했다.

어쨌든 그녀는 자신을 부모의 희생양으로 간주한 셈인데, 그런 인식은 그녀의 시 〈라자러스 부인〉에 잘 나타나 있다. 이 시를 보면 마치 아우슈비츠 수용소 현장을 보는 듯한 착각이 들 정도다.

> 재, 재
> 당신은 들쑤시고 뒤섞지
> 살과 뼈, 거기엔 아무것도 없지
> 비누 조각, 결혼반지, 금박
> 미스터 신, 미스터 악마
> 정신 차려라, 정신 차려라
> 재에서
> 나는 붉은 머리를 하고 다시 일어선다.
> 그리고 나는 공기처럼 남자들을 먹는다.

물론 여기서 라자러스는 미국 최초의 여류 시인 엠마 라자러스를 연상시킨다. 그리고 엠마 라자러스는 유대인이었다. 엠마 라자러스의 시는 자유의 여신상 받침대에 새겨져 뉴욕으로 밀려드는 수많은 이민자들의 불안한 마음을 부드럽게 달래 주기도 했다. 그러나 플라스에게 자유의 여신상이 상징하는 그 자유는 역설적이게도 남성 위주의 자유였을 뿐이다. 플라스는 그런 위선적 모순과 이율배반성에 분노한 것이다.

그런 점에서 플라스와 한때 교분을 나누기도 했던 영국의 시인 알프레드 알바레즈는 그녀 자신이 스스로 낭송해 주던 〈아빠〉와 〈라자러스 부인〉을 듣는 순간, 그녀의 뜨겁고도 원한에 가득 찬 목소리에 소름이 오싹 끼치는 것을 느꼈다고 술회했다. 그가 듣기에 그것은 시라기보다는 차라리 폭행이나 구타에 가까운 것으로 쉽게 말해서 모든 남성들의 뒤통수를 후려 갈기는 맵고 뜨거운 손찌검이었던 셈이다.

아빠를 개자식이라 불렀던 플라스에게 고무된 우리나라 여성들도 1990년대부터 매우 도발적인 시를 토해내기 시작했는데, 그중에서도 가장 대표적인 시인이 김언희라고 할 수 있다. 근친상간적 냄새와 지독한 야유가 물씬 묻어나는 김언희의 시야말로 그동안 남성들의 전유물이었던 언어를 그 뿌리부터 뒤흔든 일대 사건이었던 셈이다. 단적인 예로 그녀의 시집 『말라죽은 앵두나무 아래 잠자는 저 여자』의 가족극장 첫 부분에 나오는 시를 인용해 보자. "아버지가 내 얼굴에 던져 박은 사과/ 아버지가 그 사과에 던져 박은 식칼/ 아버지가 내 가슴에 던져 박는 사과/아버지가 그 사과에 던져 박는 식칼/ 아버지가 내 자궁에 던져 박을 사과/ 아버지가 그 사과에 던져 박을 식칼"

하지만 이처럼 매우 자학적인 몸짓을 통해 뿜어져 나오는 오이디푸스 갈등의 문제는 이 세상의 모든 아버지와 남성들을 파시스트로 몰고 가는 데에는 성공했을지 모르지만, 보다 근원적인 애증의 근원지라 할 수 있는 어머니에 대한 갈망과 좌절에 대해서는 주목하지 못한 느낌이 든다. 하기야 프로이트조차도 근원적인 모자 관계에 대해서는 탐색할 엄두를 내지 못했으니 하물며 작가들에게서 그런 것까지 바란다는 것은 무리임에 틀림없다.

그런 점에서 플라스의 시는 그 자체만으로는 그녀의 실체를 이해하는 데 불충분하다는 느낌이 들 수밖에 없으며, 따라서 그녀가 남긴 자전적 소설과 일기에 대한 탐색이 함께 이루어질 때 보다 적절하고 균형 잡힌 이해가 가능해질 것으로 보인다. 21세 때 기록한 그녀의 일기를 보면 코를 후벼 팔 때마다 느끼는 육감적 희열에 대해 솔직하게 고백하고 있는데, 성과 공격성이 절묘하게 어우러진 자기파괴적인 성향을 엿볼 수 있다.

이처럼 그녀는 매우 담대한 필체로 자신의 은밀한 부분까지 망설임 없이 드러낼 수 있는 아마존의 여전사처럼 보이기도 하는데, 이는 마치 분석 도중에 환자가 자신의 자유연상 내용에 대해 스스로 해석하는 장면을 연상시킨다. 플라스는 비록 정신분석을 받지는 않았지만, 그녀의 모든 작품과 일기를 통하여 이렇게 자신의 내면적 모순과 갈등을 과감하게 드러내기를 주저하지 않았다. 그것은 물론 스스로 주체하기 어려운 부정적 감정들이 용솟음친 결과였겠지만, 마치 분화구에서 뜨거운 용암이 분출하듯 그녀의 내면에 들끓는 불덩어리의 강도는 이미 나약해질 대로 나약해진 자아의 능력으로서는 도저히 그대로 담아 두기 어려웠던 것으로 보인다.

플라스는 자신의 환상 속에서 매우 처절한 투쟁을 벌였다. 물론 그 주된 내적 대상들은 그녀의 부모상이었으며, 부모에 대한 사랑과 증오가 함께 뒤엉킨 양가적 감정은 그녀에게 커다란 고통을 안겨 주었다. 시에서도 드러나듯이 그녀는 자신의 환상 속에서 아버지를 흡혈귀 또는 나치로 간주하고 그녀 자신은 그 희생자인 유대인으로 설정하면서 흡혈귀와 메두사인 부모 사이에 벌어진 격렬한 투쟁의 비극적인 부산물로 자신의 위치를 고정시킨다. 이처럼 임의로 설정된 구도 속에서 그녀 자신은 숭고한 희생양으로 거듭나는 것이다.

물론 이런 상징적 비유의 구도는 시인 자신의 고유한 권리요 자유에 속하는 문제임에 틀림없겠지만, 그녀가 처하고 살았던 시대적 상황과는 뭔가 겉도는 느낌을 준다는 점에서 아쉬움을 남긴다. 적어도 시인의 존재가 시대의 예언자라는 관점에서라면 말이다. 그녀가 살았던 시기는 그야말로 거센 사회적 격동기였다. 그녀가 태어난 1932년부터 생을 마감했던 1963년까지 30여 년의 기간은 경제 대공황, 나치즘과 파시즘, 스페인 내전, 제2차 세계대전, 원폭투하, 전후 동서 냉전, 한국전쟁, 중동전쟁 등 숱한 문제로 수천만의 민중들이 고통받던 시절이 아니었던가.

하지만 플라스의 삶에서는 그런 시대적 아픔의 흔적이 전혀 묻어나지 않는다. 오로지 자신을 버린 부모와 남편에 대한 원망과 분노로 일관하고 있다. 물론 이 모든 시대적 고통과 참극들이 남성 주도로 일어난 사건들이라는 점에서는 할 말이 없지만, 그럼에도 불구하고 그녀가 세상을 보는 관점은 너무도 협소하기 그지없다는 점에서 아쉬움을 남긴다.

그런 점에서 본다면 그녀는 큰 것을 바란 것도 아니고 단지 한 여성으로서 행복한 가정을 꾸리며 살고 싶다는 어찌 보면 매우 소박한 꿈을 지녔던 것으로 보이기도 한다. 다만 일상적 주부로서의 자질구레한 뒤치다꺼리들이 창작 활동에 걸림돌이 되는 것을 두려워했을 수는 있겠다. 그러나 무엇보다 그녀에게 더욱 큰 문제가 되었던 것은 오랜 기간 적절히 해소되지 못한 갈등적 요소를 그대로 안은 채 너무 서둘러 결혼으로 도피한 점이라 할 수 있다.

다시 말해서 그녀는 결혼에 대한 충분한 마음의 준비가 되어 있지 못한 상태에서 너무 일찍 어머니의 탯줄을 끊어 버린 셈이다. 그러나 어려서 아버지를 잃은 직후 자살을 시도할 만큼 남다른 집착을 지녔던 딸의 입장에서 볼 때, 아무런 해명도 없이 갑자기 자기 곁을 떠나 버린 아버지는 단지 병으로 세상을 뜬 것이 아니라 이 세상에 자기만을 홀로 남겨 둔 채 훌쩍 종적을 감춰 버린 배신자에 불과했을 것이다.

그런 점에서 어머니는 그녀에게 단지 연적에 지나지 않았던 존재였으며, 자신의 모든 것을 의탁할 삶의 안식처로는 자리 잡지 못한 것으로 보인다. '꿩 대신 닭'이라는 말도 있지만, 아버지라는 꿩을 잃어버린 딸의 입장에서는 모든 것을 잃었다는 절망감 때문에 어머니가 꿩 대신 닭이 될 수도 있다는 사실을 인정하기 어려웠다. 물론 남편을 잃은 어머니의 비통한 심정을 이해할 만한 공감 능력을 딸에게 요구한다는 게 무리일 수도 있겠지만, 바로 그런 점이 플라스의 나르시시즘이 지닌 한계였을 것이다.

자신이 세상의 중심이요, 세상은 오로지 자신만을 위해 봉사해야 한다는 그녀의 나르시시즘은 이미 비극적 사건의 씨앗을 잉태하고 있었던 것이다. 자신의 기대만큼 상대가 헌신적이지 못할 때 나르시시스트들은 엄청난 좌절과 분노를 폭발시킨다. 그런 감정적 폭발의 중심에는 스스로 감당하기 어려울 정도로 강한 질투심이 도사리고 있기 쉽다.

그녀의 어머니와 아버지는 그리 살갑고 다정한 사이는 아니었다. 그랬기 때문에 그녀는 어머니를 따돌리고 손쉽게 아버지를 독점할 수 있었다. 그러나 그녀에게 아버지의 상징적 대리인이었던 테드 휴즈는 아버지와 전혀 달랐다. 그는 바람둥이였던 것이다. 남편의 외도는 그만큼 그녀에게 도저히 용납될 수 없는 나르시시즘적 좌절과 분노를 불러일으킨 셈이다. 그녀의 자존심은 남자에게서 사랑을 구걸하는 행위를 허락지 않았다. 오로지 배신을 당했다는 증오심만이 그녀를 온통 사로잡았을 뿐이다.

별거 후 그녀는 매우 자학적인 우울 상태로 빠져 들었다. 그녀의 일기는 자신에 대한 자학적인 태도를 적나라하게 보여 준다. 자신을 추녀라 부르고 남자를 유혹할 능력이 없음을 한탄하며 그런 자신의 모습에 스스로 자괴감을 감추지 못한다. 이성을 끌어당기는 매력이 도대체 무엇일까 궁금해하면서 그녀는 그토록 쾌락을 갈망할 수밖에 없는 자신의 모습을 스스로 비하하기도 한다. 그것은 물리치기 어려운 유혹인 동시에 그녀 자신의 표현대로 여자라는 동물에게는 참으로 딱한 질병이었던 셈이다.

그래서 그녀는 다음과 같이 일기에 썼다. "증오가 내 살갗에 퍼석거리며 야단법석을 떨어 댄다. 찬란한 이미지를 전복하는 그을음. 내 얼굴을 나도 모르겠다. 어느 날은 개구리처럼 흉측한 모습이 거울에 반사되어 툭 튀어나온다. 두꺼운 모공 투성이의 피부, 체처럼 거칠고 부드러운 고름으로 점들이 비집어 나오고, 시꺼먼 더러움, 불순하고 딱딱한 핵들, 거칠게 긁히는 소리."

이처럼 자신의 얼굴 모습을 마치 흉측한 괴물이나 마녀의 얼굴처럼 묘사한 대목을 읽다 보면 그녀가 왜 하필이면 자신의 얼굴을 가스 오븐 속에 밀어 넣고 자살했는지를 얼핏 이해할 수 있을지도 모르겠다. 분노와 증오심에 가득 찬 얼굴이 아름답게 보일 리 만무하다. 그녀는 자신의 얼굴에서 메두사의 끔찍스러운 몰골을 보았는지도 모른다.

더욱이 앞에서도 언급했듯이 메두사는 해파리의 다른 명칭이기도 하며 해파리의 학명 Aurelia는 그녀의 어머니 이름과 똑같다는 점에서 플라스는 자신의 얼굴에서 스스로 인정하고 싶지 않은 나쁜 어머니의 모습을 보았을지도 모른다. 그것은 일종의 투사이며 자신의 나쁜 측면에 대한 부정이기도 했다. 실제로 그녀는 시 〈메두사〉를 통해 어머니에 대한 부정적인 이미지를 표현하기도 했다. 그리고 유고시집 『아리엘』에 수록된 시 〈거울〉에서 그녀는 이렇게 외친다.

매일 아침 어둠을 대치하는 것은 그녀의 얼굴이다.

내 속에서 젊은 소녀를 익사시키고, 그리고 내 속에서 늙은 여인이

매일 아침 그녀를 향해 솟아오른다. 끔찍한 물고기같이.


여기서 그녀의 내면에 간직된 젊은 소녀는 누구이고 그 소녀를 익사시킨 늙은 여인은 과연 누구를 지칭하는 것일까. 그리고 그 늙은 여인은 왜 끔찍한 물고기인가. 그러나 그토록 끔찍한 물고기처럼 솟아오르는 늙은 여인의 모습은 바로 어머니 오렐리아인 동시에 그녀가 익사시킨 젊은 소녀는 플라스 자신이 되는 것이다.

이처럼 가해자와 피해자의 이미지가 중첩된 가운데 그 어떤 광기에 사로잡힌 그녀는 자신의 모든 부정적인 측면들을 일거에 지워 버리고자 하는 충동에 휘말렸기 쉽다. 물론 그녀 자신의 내면에 자리 잡은 파괴적인 대상과의 동일시가 퇴행적으로 변형된 결과 오히려 희생자와 결합된 모습으로 나타난 것으로 볼 수도 있다.

그녀는 나치의 상징으로 표현된 아버지와의 동일시를 포기하고 나치의 희생자인 유대인을 자신과 동일시했지만, 실제로 그녀의 아버지 오토는 나치에 반대한 사람이었다. 그녀 자신도 그 사실을 잘 알고 있었음에도 불구하고 아버지를 흡혈귀에 비유한 것은 단순히 증오심을 표현한 것이라기보다는 혼란된 양가적 감정이 표출된 결과로 보이기도 한다. 또한 아버지뿐만 아니라 자신을 배신한 남편의 이미지도 함께 중첩된 것이 아닐까 한다. 자신을 버린 두 남성은 바로 아버지와 남편이었기 때문이다.

플라스의 시는 고통 그 자체다. 그녀의 삶과 죽음에 접근하는 일도 그래서 고통스럽기만 하다. 그렇다고 해서 고통을 외면하는 일은 비겁

한 행위다. 그것은 나의 고통이든 타인의 고통이든 마찬가지다. 그녀는 고통의 심연 속을 헤엄치다 그 안에서 질식사하고 만 것이다. 물론 그녀가 그런 고통과 시련을 극복하고 오래도록 살아남아 더욱 위대한 작품들을 남겼더라면 하는 아쉬움이 크지만, 불행히도 그녀의 병든 자아는 그럴 힘조차 없었다. 마치 고집 센 아버지처럼 그의 딸 역시 그 어떤 치료적 도움도 거부한 채 스스로 목숨을 끊은 것이다.

엄밀히 말해서 플라스는 홀로 죽은 게 아니다. 그녀의 선택은 상징적 동반 자살로 볼 수도 있기 때문이다. 다시 말해서 그녀 자신의 내면에 간직된 모든 내적 대상들과 함께 죽은 것이다. 그녀를 그토록 힘겹게 만들었던 부모와 남편 모두와 함께 말이다. 따라서 그녀는 결코 혼자 죽은 것이 아니다. 이 세상 모두를 껴안고 함께 죽은 셈이다. 그리고 그녀는 오늘날에 와서 모든 박해받는 여성들을 대표하는 희생자요 순교자가 되었다.

물론 사람들은 저마다 다른 동기에서 그녀의 삶과 죽음에 관심을 기울이기 마련이겠지만, 항상 죽음의 충동에 사로잡혀 살았던 그녀는 그런 충동에서 벗어나기 위해 끊임없이 시를 썼다고 볼 수 있다. 결국 그녀가 선택한 가장 극단적인 형태의 자살은 누군가로부터 도움을 요청하는 마지막 외침인 동시에 일종의 무모한 도박이었던 셈이다.

# Part 5
# 동방의 노래

# 중국의 시선, 이백과 두보

중국 역사상 최고의 시인으로 꼽히는 이백과 두보는 동시대에 활동한 인물들로 함께 산둥 지방을 여행하며 잠시 어울리기도 했다. 하지만 이들이 전혀 다른 삶의 행보를 걸었다는 사실에서 알 수 있듯이 성격은 서로 판이했다. 한때는 그들을 함께 일컫는 말인 이두(李杜)가 곧 당시(唐詩)를 의미했을 정도로 이 두 시인은 중국, 특히 당나라 시대의 시문학을 대표하는 인물들이다. 이백과 두보는 중국의 시선으로 알려져 있는데, 이 두 사람의 삶과 성격이 전혀 달랐기 때문에 어떤 이들은 이백을 시선(詩仙)이라 부르고 두보는 시성(詩聖)이라 칭하기도 한다.

이태백으로 잘 알려진 이백(李白, 701~762)은 촉나라 쓰촨 성 태생으로 청년 시절에는 도교를 수양했으나 그 후 고향을 떠나 여기저기를 전전하며 술과 시로 세월을 보내느라 무역상이었던 아버지의 유산을 탕진하기도 했다. 속설에는 그의 아버지가 북방 이민족 출신이며 어머니는 서역 출신이라는 말도 있지만 입증된 사실은 아니다.

40대에 잠시 장안에서 관리 생활도 했으나 무료함을 이기지 못해 다시 여행길에 오른 그는 56세 때 현종의 아들인 영왕의 군대에 동참했다가 반란죄 명목으로 유배당하기도 했으나 다행히 도중에 풀려나 고향으로 돌아왔다. 말년에는 다시 전국을 유람하다가 안휘성에서 61세를 일기로 세상을 떴다.

'달아 달아 밝은 달아 이태백이 놀던 달아'로 시작하는 노래에서 알 수 있듯이 이백은 술과 시로 일생을 보내며 1,000편이 넘는 시를 남겼다. 오죽하면 술에 취해 물속에 비친 달을 건지겠다고 하다가 물에 빠져 죽었다는 전설까지 생겼겠는가. 한마디로 이백은 땀 흘려 일 한 적이 없으며 결혼도 하지 않고 일생을 보낸 희대의 한량이었던 셈이다. 그런 점에서 볼 때, 시대의 아픔과 비애를 읊은 두보와는 너무도 큰 대조를 이룬다.

두보가 시구 하나하나에 심혈을 기울여 진지한 태도로 시를 대한 것과는 달리 이백은 그야말로 자유롭고 호방하며 즉흥적으로 시를 쓴 천재였다. 그의 시는 스케일이 매우 클 뿐만 아니라 박진감이 넘치며 때로는 매우 몽환적이기까지 하다. 이백의 시에는 자잘한 속세의 번민을 떨쳐 버린 도인의 면모가 나타나 있다. 그의 시 〈달빛 아래 홀로 술 마시며(月下獨酌)〉에 그런 기백이 잘 표현되어 있다.

> 月旣不解飮　달도 원래 술 마실 줄 몰랐고
> 影徒隨我身　그림자도 그저 내 몸 따라 움직일 뿐
> 暫伴月將影　그런대로 잠시 달과 그림자 데리고
> 行樂須及春　이 봄 가기 전에 즐겨나 보세
>
> 我歌月徘徊　내가 노래하면 달은 서성이고

| 我舞影零亂 | 내가 춤추면 그림자 소리 없이 나를 따른다 |
| 醒時同交歡 | 깨어 있을 때는 함께 즐기지만 |
| 醉後各分散 | 취하고 나면 제각기 흩어지겠지 |

이백의 시 〈산중문답(山中問答)〉 역시 속세를 벗어난 그의 초탈한 모습을 보여 준다. 마치 무릉도원에 사는 신선과도 같은 모습이지만, 당시 그가 처했던 사회적 혼란상에 견주어 본다면 일종의 현실도피성 태도라 할 수도 있다. 그러나 10년 가까이 지속된 안녹산의 난으로 중국 전역의 민심이 도탄에 빠진 시점이었음을 감안한다면 이백의 호연지기는 어지러운 세상에 신물이 난 시인의 허탈한 심경을 극복하기 위한 고육책이었기 쉽다. 왜 산에 사느냐고 묻길래 그저 웃기만 했다는 첫 구절은 마치 김상용의 시 〈남으로 창을 내겠소〉의 마지막 구절 '왜 사냐건 웃지요'와 너무도 흡사하다.

| 問余何事棲碧山 | 왜 산에 사느냐 묻길래 |
| 笑而不答心自閒 | 웃기만 하고 아무 대답 아니했지. |
| 桃花流水杳然去 | 복사꽃잎 아득히 물에 떠가는 곳 |
| 別有天地非人間 | 여기는 별천지라 인간 세상 아니라네 |

물론 이백은 한때나마 벼슬을 탐하고 관직에 머문 적도 있었다. 비록 젊은 시절 산에서 무예를 익히며 협객 노릇도 해 보고 본의 아니게 역모에 가담해 유배를 당하기도 했지만, 고질적인 그의 방랑벽은 어쩔 수가 없었다. 그가 왜 일찌감치 고향을 떠나 일생 동안 전국을 유랑하고 다녀야만 했는지는 물론 알 수가 없다. 그러나 적어도 그가 부모 곁

에서 행복을 느끼지 못했던 것만은 분명한 사실이다.

프로이트는 건강한 삶이란 일과 사랑 두 가지 분야에서 적절한 균형을 이루고 만족을 느끼며 살아가는 것이라고 단언했는데, 그런 점에서 볼 때 이백은 두 가지 모두를 포기하고 산 인물이라 할 수 있다. 그는 가정을 이루고 사랑을 베푼 적도 없으며, 노동과는 담을 쌓고 산 인물이기 때문이다. 따라서 적어도 정신분석적 관점에서 보자면, 이백은 건전한 심성의 소유자로 보기 어렵게 된다. 물론 대다수의 천재적 예술가들은 일과 사랑의 적절한 균형과 유지에 어려움을 보인 게 사실이지만, 그것은 그들이 불합리한 세상의 모순에 유달리 민감했고 누구보다 더욱 큰 상처를 받고 좌절했기 때문일지도 모른다.

하여튼 그 무엇에도 얽매이는 것을 싫어했던 그는 안하무인적인 자유분방한 태도 때문에 황제 앞에서도 술에 취한 채 시를 짓는가 하면, 지위고하를 막론하고 그 앞에서 술주정을 부리기도 했다. 그야말로 술취한 광인 노릇을 자처한 셈이다. 좋게 말하면 도인의 경지요, 나쁘게 말하면 천방지축으로 제멋에 겨워 산 인생이다. 그런 이백도 고향은 그리웠던지 〈정야사(靜夜思)〉를 통해 외로움을 달래기도 했다.

床前明月光　머리맡에 밝은 달빛,
疑是地上霜　땅에 내린 서리인가.
擧頭望明月　고개 들어 밝은 달 바라보다가
低頭思故鄕　다시 고개 숙여 고향을 생각하네.

달을 친구 삼아 찬 서리 맞으며 누운 방랑길에서 문득 떠오른 고향을 그리워하는 시인의 마음이 구구절절 배어 있는 명시다. 아주 간단하고도 쉬운 글귀를 동원해 많은 여운을 남기는 이백의 장기가 단연 돋보이는 작품인데, 그런 점에서 고향에 대한 그리움을 애절한 심정으로 노래한 두보의 시 〈강벽(江碧)〉은 풍요로운 자연에 비해 고향으로 돌아가지 못하는 시인의 초조한 마음이 무척이나 애처로워 보인다.

江碧鳥逾白　강 푸르니 새 더욱 희고
山靑花欲燃　푸른 산에 꽃은 불타는 듯
今春看又過　이 봄 또 지나가는데
何日是歸年　언제나 돌아갈 날 오려는지

　술과 달에 취해 온갖 시름을 잊고 살았던 현실도피주의자 이백과는 달리 두보(杜甫, 712~770)는 처질하리만큼 고달픈 시련과 가난 속에 고통받으며 살았던 현실주의자였다는 점에서 너무도 대조적이다. 당나라 때 허난성에서 관리의 아들로 태어난 그는 일찌감치 벼슬에 오를 뜻을 품고 진사 시험에 응시했으나 낙방이라는 고배를 마신 후로는 산둥 지방에서 이백과 함께 시를 읊으며 세월을 보내기도 했다.
　하지만 벼슬에 대한 미련을 버리지 못한 두보는 그 후 장안으로 가서 10년에 걸친 노력 끝에 가까스로 직책을 맡았으나 그것은 고작해야 무기 출입이나 관리하는 매우 낮은 벼슬이었을 뿐이었다. 그때부터 두보는 귀족들의 사치와 부패, 죽지 못해 살아가는 백성들의 뼈아픈 현실에 눈뜨고 모순에 가득 찬 세상을 비판적인 안목에서 바라보기 시작했다.
　당시 양귀비에게 빠진 현종이 국사를 게을리하면서 안녹산의 난이 터지고 온 나라가 도탄에 빠진 시기에 두보는 잠시 집에 들렀다가 자신의 어린 아들이 제대로 먹지 못해 굶주려 죽은 사실을 알고 비탄에 빠진 나머지 그동안 벼슬에 눈이 멀었던 자신의 모습을 후회하고 잘못 돌아가는 사회의 타락상을 비판하는 시를 쓰기도 했다.

현종의 뒤를 이어 즉위한 숙종의 눈에 들어 잠시 벼슬을 얻기도 했으나 얼마 가지 않아 그의 미움을 사게 되어 파직당했으며, 그 후로는 여기저기를 전전하며 떠돌이 생활을 이어갔는데, 당시 48세였던 그가 가족을 데리고 동곡현에 머물렀을 때 쓴 〈비가(悲歌)〉는 두보의 시 가운데 가장 슬픈 시로 알려진 작품이다. 두보는 그 후에도 유랑 생활을 계속하다가 결국에는 양자강을 오가는 뱃길에서 58세를 일기로 생을 마감했다.

두보의 대표작으로 꼽히는 〈비가(悲歌)〉는 일명 〈동곡현 비가(同谷縣悲歌)〉로도 불리는데, 7편의 시 가운데 첫 번째 비가를 소개하면 다음과 같다. 풀뿌리를 캐며 하루하루를 연명해야만 했던 그의 참담한 심정이 시구 하나하나에 묻어나는 그야말로 비탄의 노래라 할 수 있다. 여기서 자미(子美)는 두보의 자(字)로 그의 호는 소릉야로(少陵野老)였다.

| | |
|---|---|
| 有客有客字子美 | 나그네여! 자미(子美)라 부르는 나그네여! |
| 白頭亂髮垂過耳 | 헝클어진 흰머리가 귀를 덮었네. |
| 歲拾橡栗隨狙公 | 원숭이 따라 도토리 줍는 사이 |
| 天寒日暮山谷裏 | 산골짜기 해 저물어 날은 차갑고 |
| 中原無書歸有得 | 중원에서는 소식 없어 돌아갈 길 없구나. |
| 手脚凍皴皮肉死 | 손발은 얼어붙어 살가죽이 터지고 |
| 嗚呼一歌兮歌已哀 | 아, 한 곡조 노래하니 서글퍼라. |
| 悲風爲我從天來 | 슬픈 바람 나를 위해 하늘에서 불어오네. |

스산한 가을바람이 느껴지는 산골짜기를 누비며 허기를 채우기 위해 도토리를 주우러 다니는 40대 백발 시인의 모습을 상상해 보면 세상에서 소외된 처절한 아픔이 느껴진다. 눈앞에 굶주린 처자식과 떠나버린 머나먼 고향땅을 생각하며 얼어붙은 손으로 도토리를 줍던 시인은 참담한 심경으로 노래를 읊어 보지만, 하늘에서는 말없이 스산한 바람만 불어올 뿐이다.

얼마나 세파에 시달렸으면 40대에 벌써 머리가 하얗게 세어 버렸을까. 세상에서는 나이 40이 불혹의 나이라고들 하지만 굶주린 배를 채우기 위해 짐승처럼 산속을 헤매며 도토리나 주우러 다녀야 하는 기막힌 처지의 모습이 실로 눈물겹지 않은가. 그런데 두 번째로 이어지는 비가에는 더욱 딱한 정경이 그려진다. 빈손으로 집에 돌아오니 적막한 방 안에는 아들딸 잃은 소리만이 그를 맞이하고, 그래서 비통한 목소리로 또 노래를 부르니 이웃들이 모두 측은해하더라는 내용이다.

이처럼 구구절절 실제 삶에서 우러난 시이니만큼 그 어떤 기교나 잔재주가 다 필요 없는 일이 아니겠는가. 살가죽이 터진 그의 굵은 손마디처럼 두보의 시 역시 가녀린 여인의 슬픔이 아니라 가혹한 운명과 맞부딪쳐 어떻게든 헤쳐 나가려는 사나이의 비장함이 스며 있다. 여기에는 자신의 불운을 남의 탓으로 돌리는 옹졸함이 끼어들 여지조차 없어 보인다.

지금까지 살펴보았듯이 당시(唐詩)를 대표하는 두 거장 이백과 두보는 동시대를 살았으면서도 너무나 대조적인 삶의 태도를 지녔다고 할 수 있다. 비록 술에 절어 살았지만 천재적인 광기의 소유자였던 이백에 비하면 두보의 삶은 그야말로 처절한 생존 투쟁으로 일관한 것이었다. 따라서 세상과 등지고 오로지 유유자적한 도가의 경지를 추구했던 이백을 신선에 비유하고 냉혹한 현실을 어떻게든 이겨 내기 위해 몸부림친 두보를 시성이라 부르는지도 모른다.

　그런 점에서 생생한 현실적 고통에 바탕을 둔 두보는 묵자의 사상에 더 가까운 시인이라 할 수 있으며, 세상을 등지고 살았던 이백은 노자 사상에 근접한 시인이라 하겠다. 이백이 세상사에 대해 부정적인 태도로 일관하며 자신의 이웃들에 대해 아무런 관심도 기울이지 않았던 반면에, 두보에게는 나라와 이웃 그리고 가족이 전부였기 때문이다. 그래서 굳이 불교식으로 말한다면, 이백은 소승적 차원의 천재요, 두보는 대승적 차원의 순교자였다고 할 수도 있겠다. 아무리 가혹한 시련과 고난이 주어지더라도 결코 좌절하거나 분노하지 않고 묵묵히 자신에게 주어진 운명을 받아들이고 끝까지 삶에 충실하며 최선을 다했던 두보야말로 진정으로 위대한 시인이 아니겠는가.

# 바쇼와 이싸의 하이쿠

마츠오 바쇼와 고바야시 이싸는 일본 하이쿠(俳句)의 대가들이다. 하이쿠의 가장 큰 특징은 그 간결함과 섬세함에 있는데, 그토록 간결한 표현에는 고도의 압축과 상징이 동원되기 마련이어서 깨끗하고 화끈하며 '아싸리' 한 것을 자랑으로 여기는 일본인의 정서에도 딱 들어맞는다고 할 수 있다.

그런 점에서 일본의 하이쿠는 비록 몇 마디 되지 않는 시어의 나열에 불과한 것으로 평가절하될 수도 있겠지만, 고도로 압축된 시어와 시어 사이에 숨겨진 실로 정교한 우주적 통찰을 엿볼 수 있는 묘미가 있다. 그것은 육안으로 도저히 감지할 수 없는 자연의 미세한 움직임까지 포착해 내는 매우 감성적인 심안(心眼)의 동원을 요구하는 것이기도 하다.

우리나라 시조의 형태도 하이쿠와 유사한 면이 있지만, 주로 운율과 형식에 치우친 시조와는 달리 하이쿠는 순간적으로 포착된 자연의 모습이나 이치를 정지된 화면처럼 보여 주는 동시에 억제된 정서의 공유에 중점을 둔다는 점에서 차이가 있다고 하겠다. 따라서 하이쿠는 간결하고 깔끔하게 잘 정돈된 일본의 음식 및 정원 문화를 연상시킨다.

## 바쇼의 하이쿠

마츠오 바쇼(松尾 芭蕉, 1644~1694)는 일본 에도시대를 대표하는 가장 유명한 하이쿠 시인이다. 바쇼(芭蕉)라는 필명은 그가 평소에 좋아하며 가꾸던 바나나 나무에서 따온 것이다. 그는 일본 하이쿠의 거장으로 수많은 제자들을 키워 냈으며, 가장 세계적으로 잘 알려진 일본 시인이기도 하다.

바쇼의 본명은 마츠오 긴사쿠(松尾 金作)로 일본 이가 지방의 우에노 부근에서 사무라이의 아들로 태어났다. 물론 그의 아버지는 장차 자신의 아들도 성장해서 무사가 되기를 원했겠지만, 어린 바쇼는 처음에는 주방 일을 돕다가 주군인 토도 요시타다를 시중드는 일을 맡게 되면서 그와 더불어 하이쿠를 배우게 되었다. 그러다가 요시타다의 죽음으로 바쇼는 비로소 하인 생활에 종지부를 찍고 그 집을 떠나게 된다. 사무라이의 꿈을 접은 것이다.

그 후 바쇼는 에도로 가서 시를 공부하고 예전에 볼 수 없었던 매우 간명한 형식의 하이쿠를 발표함으로써 주목을 끌기 시작했다. 시인으로서의 명성이 자자해지면서 그에게 가르침을 받으려는 많은 제자들이 모여들었으며, 바쇼는 제자들이 지어 준 오두막에서 기꺼이 그들을 가르쳤다.

그러나 그의 마음은 항상 평안치 않았으며 외로움과 허전함으로 가득 차 있었다. 그는 마음의 평안을 위해 좌선과 명상에도 몰두해 봤지만 마찬가지였다. 1682년 겨울 그의 오두막이 화재를 입어 전소하고 뒤를 이어 어머니가 세상을 뜨자 더욱 마음의 평정을 찾지 못한 그는 곧바로 여행길에 올랐다.

당시만 해도 도적이 들끓는 여행길에 홀로 나서는 일은 매우 위험했기 때문에 제자들이 말렸지만 그를 제지하지는 못했다. 바쇼는 답답한 오두막에 갇혀 있는 것보다 차라리 자연을 벗 삼아 홀로 떠도는 여행길에서 마음의 평안을 찾을 수 있었다. 그리고 방랑 생활을 마치고 에도로 귀환하면서 숱한 걸작들이 쏟아져 나왔다. 1686년에 지은 그 유명한 하이쿠 〈연못〉도 그렇게 해서 나온 것이다.

> 오래된 연못
> 개구리
> 퐁당!

오랜 정적에 싸인 연못에 개구리 한 마리가 뛰어듦으로써 그 연못이 살아 있는 생명체임을 입증한다. 그 기막힌 조화는 퐁당 소리 하나로 압축되어 나타난다. 장난꾸러기 같은 개구리 한 마리가 연못에 뛰어들며 일으킨 물의 파장은 마치 연못의 얼굴에 퍼져 나가는 잔잔한 미소 같이 보인다. 연못과 개구리가 한순간 일체를 이루는 모습이다. 그 장면은 여러 긴 말이 필요 없는 자연의 오묘함을 일깨워 주는 순간이며, 그 순간을 포착하는 시인의 마음과 시선은 매우 섬세하기 그지없다. 이처럼 바쇼는 자연의 일부가 됨으로써 마음의 평정과 깨달음을 얻고자 했다.

마침내 1689년 그는 번거로운 집과 제자들에서 벗어나 장기간의 여행을 계획하고 일본 북부 지방으로 길을 떠나 무려 수천 킬로미터에 달하는 거리를 도보로 혼자 여행했다. 그리고 1694년 다시 여행을 떠나지만 도중에 위장병에 걸려 결국 세상을 떠났다. 이처럼 그의 방랑벽은 도저히 멈출 수 없는 그 어떤 강력한 힘에 이끌린 것이었다. 그것은 자연에 대한 사랑의 표현이기도 했지만, 그에게 자연은 바로 어머니 그 자체이기도 했다.

그가 여행길을 떠나기 시작한 것도 그의 나이 38세 때 어머니가 세상을 떠난 직후부터였다는 점을 고려한다면 어머니를 잃었다는 상실감과 외로움을 견디기 힘들어했음을 알 수 있다. 그리고 바쇼는 오십 평생 한 번도 가정을 이루고 살지 않았다. 그것은 아마도 신성한 어머니에 대한 숭배와 무사였던 아버지에 대한 두려움 때문이었을지 모른다. 더욱이 그의 거세공포는 아버지가 칼잡이라는 사실로 인해 더욱 증폭되었을 수 있다.

그런 저런 이유 때문에 바쇼는 항상 집 안에 머무른다는 사실 자체가 몹시 불안했을 것이다. 따라서 그는 항상 홀로 노상에 있을 때가 가장 마음이 편했던 것처럼 보인다. 자연 한가운데 있을 때 비로소 그는 어머니의 품 안에 있을 때처럼 안정을 되찾은 것이다. 바쇼의 그런 구도자적 자세는 아주 미세한 자연의 모습을 통해서도 우주를 관통하는 철학적 깨달음으로 나아가려는 직관적 태도를 보여 준다. 단적인 예를 들어 보자.

> 한낮의 정적
> 매미 소리가
> 바위를 뚫는다

느닷없이 숲의 정적을 깨는 매미 소리가 바위를 뚫을 정도인 것은 오래된 바위로 상징되는 무지의 세계에 날카로운 깨달음을 던지는 비수처럼 시인의 마음을 뒤흔들기 때문이다. 그 소리는 생명의 존귀함을 알리는 우주적 차원의 깨달음이기도 하다. 그러나 그 소리는 자연의 섭리를 벗어날 수 없다. 울고 있는 매미와 노래하는 시인은 어찌 보면 같은 운명을 타고난 것인지도 모른다. 매미의 울음소리는 까닭 모를 안타까움을 자아내기 마련인데, 바쇼는 그런 매미의 죽음을 이렇게 애도한다.

> 너무 울어
> 텅 비어 버렸는가
> 이 매미 허물은

울다 죽은 매미의 텅 빈 허물을 통해 바쇼는 인간의 운명에 대해서도 일말의 측은지심을 느낀 것인지도 모른다. 작은 미물의 죽음을 통해 모든 생명체의 말로를 안타까워하는 시인의 섬세한 마음이 묻어난다. 그런 연민의 정은 삶의 무게에 등골이 휘어진 수선화의 자태를 통해서도 드러난다.

> 첫눈이 내린다
> 수선화 줄기가
> 휘어질 만큼

이처럼 바쇼는 자신의 주관적인 감정을 노골적으로 드러내는 법이 없지만 은유적인 방식으로 그리고 매우 우회적인 수법으로 다양한 자연현상을 섬세한 시어를 통해 묘사해 낸다. 그 자신은 일생 동안 마음의 평정을 이루지 못했지만 그의 하이쿠는 고도로 압축된 형태의 자연을 통해 우주적 신비를 마치 한 장의 예술사진처럼 극명하게 보여 주고 있는 것이다.

물론 그는 거창한 철학적 메시지를 전한다는 허세조차 거부한다. 그리고 마치 그 어떤 깨달음을 얻은 구도자이기라도 한 것처럼 자신을 가식적으로 꾸미지도 않는다. 오로지 그 어떤 의미심장한 단서를 제시하고 그 여운만을 남길 뿐 나머지는 오로지 독자들의 마음에 맡긴 것이다. 하이쿠의 묘미는 바로 그런 점에 있는 것이다.

## 이싸의 하이쿠

고바야시 이싸(小林一茶, 1763~1828)는 일생 동안 총 2만 여 편의 하이쿠를 남겼다. 보통 이싸(一茶)로 알려진 그의 필명은 직역하면 '한 잔의 차'라는 뜻이다. 말 그대로 한 잔의 차 속에 담긴 이루 형언하기 어려운 삶의 무수한 애환이 그의 간결한 몇 마디 시어에 절절이 묻어난다고 할 수 있다.

이싸는 시나노 지방의 한 농가에서 태어났다. 그의 어릴 때 이름은 고바야시 야타로(小林弥太郎)였다. 그러나 그는 출생 직후부터 시련을 맞이해야만 했다. 그는 세 살 때 어머니가 세상을 떠나는 바람에 주로 할머니 손에 키워졌으며, 그로부터 5년 뒤에 아버지가 재혼함으로써 계모와 이복동생과 함께 살아야 했다.

게다가 자신을 돌봐 준 할머니가 그의 나이 14세 때 세상을 떠나면서 그는 외롭고 우울한 아동기를 보내야 했다. 그리고 계모는 매우 거칠고 사나운 여성이었으므로 의지할 곳을 찾지 못한 이싸는 홀로 들판을 배회하며 외로움을 달래기 일쑤였다.

더욱이 아버지는 어린 그를 에도 지방으로 보내 집안의 생계를 도우라는 지시를 내렸다. 그리고 그 후 10년간 이싸가 무엇을 하고 지냈는지에 대해서는 알려진 사실이 없다. 분명한 사실은 그가 성인이 될 때까지 단 한 번도 따뜻한 가족의 정을 맛보지 못하고 살았다는 점이다.

어쨌든 그는 일본 각지를 전전하며 어렵게 살았으며, 1801년 아버지가 세상을 떠나자 상속 문제로 계속해서 자신의 계모와 다툼을 벌였다. 오랜 법정 시비 끝에 상속 재산의 절반을 얻게 된 이싸는 나이 49세가 되어서야 비로소 고향에 돌아오게 되었으며, 귀향 직후에 혼인해서 잠시나마 안락한 삶을 누렸다.

그러나 행복도 잠시일 뿐 그에게는 또 다른 비운이 닥쳐왔다. 그의 어린 자식들이 셋씩이나 연이어 죽은 것이다. 그리고 아내마저 병으로 시름시름 앓다가 1820년에 세상을 떠났다. 그 후 이싸는 두 번 더 결혼하지만 그의 마음은 항상 어둡기만 했다.

이처럼 그는 행복과는 거리가 먼 생애를 살았지만, 그런 점이 오히려 수많은 하이쿠를 낳게 만든 원동력이 된 듯싶다. 1827년 화재를 입어 집마저 잃은 그는 헛간에서 지내기도 하는 등 시련은 멈추지 않았다. 그리고 이듬해 그는 외롭게 세상을 떠났다. 그토록 시련과 이별의 아픔으로 가득 찬 그의 삶은 매미의 울음조차 예사롭지 않게 들도록 이끈다.

올해의 첫 매미 울음

인생은
쓰라려, 쓰라려, 쓰라려

위의 시는 매미의 울음소리가 마치 이싸 자신의 쓰라린 인생을 대변
하는 것처럼 해석한 것으로 볼 수 있다. 여담이지만 우리나라에서도
매미의 일종을 '쓰르라미'로 부르기도 한다. 그런데 그의 외롭고 슬픈
삶을 더욱 극명하게 나타낸 시도 있다. 다음은 이싸가 어린 두 딸을 잃
고 아들마저 죽은 뒤에 쓴 시다.

이슬의 세상은
이슬의 세상
하지만, 하지만…….

더 이상 말을 잇지 못하는 것은 덧없는 이슬 같은 세상인 줄 알면서
도 앙금처럼 남아 있는 아픔과 슬픔을 어찌할 수 없기 때문이다. 그에
게 처자식을 모두 잃은 상실의 아픔은 다리 위의 거지를 부러워할 정
도로 큰 것이었다.

다리 위의 거지도
아들을 위해
반딧불을 잡으려 하네

이싸는 가난에 허덕이는 자신의 모습을 거지와 동일시하면서도 그
나마 부성애를 발휘할 수 있는 거지 형편이 자신보다 낫다는 느낌을

지울 수가 없었던 것이다. 더구나 그가 죽기 몇 달 전에는 화재로 그의 유일한 재산이었던 오두막마저 홀랑 잃고 말았다. 이처럼 이싸는 예기치 못한 시련을 당하면서도 유머 감각을 잃지 않고 억세게도 운이 없는 자신의 신세를 담벼락에 내려앉은 눈에 비유하기도 했다. 일종의 자기연민인 셈이다.

불쌍한 눈
하필이면 담벼락에
내려앉다니

지붕 위나 뜰에 내려앉은 눈은 그래도 팔자가 좋은 편이다. 가장 불운한 눈은 자리 잡을 장소도 마땅치 않은 담벼락에 내려앉은 눈이다. 그래도 이싸는 불평하지 않고 자신의 마음을 비운다. 나이 오십을 맞이한 생일에 그는 다음의 시처럼 달관에 이른다.

지금부터는
모든 것이 남는 것이다
저 하늘까지도

그동안의 삶이 무언가를 얻기 위해 살아온 생애였다면 이제 앞으로 남은 생은 조금씩 마음을 비워 나가야 할 과정임을 암시한 것이다. 더 이상 얻을 것이 없는 시인은 마음을 비운 상태에서 모든 것을 그 자리에 있는 그대로 둘 것임을 작심한다. 젊은 기상이 하늘을 찌를 듯하던 시절을 뒤로하고 이제부터는 겸허히 머리 숙여 자연의 일부로 회귀할 뜻을 보인 것이다. 자연이란 말뜻 그대로 스스로 있는 것이 아니겠는가.

　그러면서 죽음을 맞이하는 가운데 마지막으로 남긴 시에서는 "태어나서 목욕하고/ 죽어서 목욕하니/ 이 얼마나 어리석은가"라고 노래한다. 깨끗이 씻는다는 일이 자연의 순환이라는 관점에서 보자면 매우 부질없는 짓이기 때문일 것이다. 이싸는 한평생을 홀로 외롭고 가난하게 살았다. 그의 시에 빠짐없이 등장하는 벌레들, 벼룩, 이, 파리, 모기, 귀뚜라미, 반딧불, 달팽이, 지렁이 등이 그의 유일한 친구였을 정도로 이싸는 외롭고 궁핍하게 살았다.

　　돌아눕고 싶으니
　　자리 좀 비켜 주게
　　귀뚜라미여

　자연과의 친화를 통해 끝없는 구도의 길을 걷는 바쇼에 비해 이싸의 특징은 매우 인간적이라는 점이다. 그는 인간적인 결함과 연약함을 숨기지 않고 있는 그대로 인정하고 솔직담백하게 드러낸다. 그러면서도 이싸는 매우 겸손한 태도로 모든 생명의 존귀함을 전달한다.

　그것은 일방적인 강요에 의한 것이 아니라 함께 느낌을 공유함으로써 독자들로 하여금 다시 한 번 생각해 볼 수 있는 기회를 제공하는 권유의 형식이다. 작은 벌레와도 함께 공존하기를 원하는 그의 섬세한 마음씨는 진정한 불심 및 인도주의를 실천하는 소시민적 교양을 대변한다.

## 시조와 하이쿠

지금까지 살펴본 것처럼 하이쿠는 세상에서 가장 짧은 형태의 시로 유명하다. 물론 시의 생명은 압축과 상징이다. 산문이 설명에 의존한다면 시는 직관에 의존한다. 따라서 시인은 사물의 본질에 다가가기 위해 자신의 주위에 펼쳐지는 삼라만상에 주목하고 그 본질을 자세히 바라본다. 시인이 소설가보다 섬세한 감수성을 지녀야 하는 이유는 바로 거기에 있다. 그리고 그런 섬세함의 극치를 우리는 하이쿠에서 발견한다.

또한 하이쿠는 마치 사무라이 검법처럼 번득이는 예리함으로 한순간에 삶의 급소를 찌른다. 순식간에 승부를 가르는 것이다. 그러기 위해서는 고도의 집중력이 요구된다. "저녁 달빛 아래 달팽이가 허리까지 옷을 벗었다"라고 노래한 시에서 이싸는 조그만 달팽이의 모습에서조차 에로틱한 자태를 포착한다.

이처럼 하이쿠는 모든 자연현상과 인간 감정의 어느 한순간을 포착하되 그런 미세한 시선을 통해 사물의 본질적인 핵심에 도달하고자 한다. 이처럼 단 한 줄로 쓰인 것이라 해도 하이쿠는 항상 긴 여운을 남긴다. 그 여운은 동양화의 여백처럼 항상 마음의 넉넉함과 여유로움을 공유하게 만든다.

바쇼의 활동 시기는 우리나라로 치면 조선 시대 중엽인 숙종 때에 해당된다. 그리고 이싸는 조선 시대 후기인 정조 및 순조 때에 활동했다. 일본에 하이쿠가 있다면 우리나라에는 시조 문학 및 가사 문학이 존재한다. 우리의 시조 문학은 고려 말에서 조선 중엽까지 전성기를 이루는었는데 문학이라기보다는 오히려 노래에 가깝다.

또한 시조의 끝마무리도 어찌어찌하노라 또는 어떠어떠하리라는 식의 선언적 어투로 일관한다. 일종의 해설적 방식에 의존하는 것이 특징이다. 그 내용 또한 자신의 신세에 대한 한탄이나 후대 사람들을 위한 교훈적인 가르침을 담고 있는 경우가 많다. 다시 말해서 전달하고자 하는 메시지가 분명한 점이 특색이다.

시조가 담고 있는 스케일은 상대적으로 매우 크고 포괄적이며 사내대장부로서의 호방한 기개를 과시하는 반면에 하이쿠는 매우 정적이고 내향적인 특성을 지님으로써 여성적인 섬세함을 보인다. 즉, 시조 시인의 안목은 다소 과장되고 거시적인데 반해 하이쿠 시인의 안목은 은밀하고 미시적이다. 이어령 교수의 베스트셀러 〈축소지향의 일본인〉을 보면 아주 작은 것에서 미적 가치를 추구하는 일본인의 특성이 잘 드러나 있다.

시조는 그 메시지를 독자들 앞에 호기 있게 내던지고 따르려면 따르고 아니면 말고 식으로 유유히 사라지는 모습임에 반해 하이쿠는 그 어떤 메시지를 강요하는 법이 없이 조용히 보여 주기만 한다. 그리고 나머지는 독자들의 몫으로 남겨 둔다. 이런 점이 시조와 하이쿠의 커다란 차이점이라 하겠다. 다시 말해 시조는 일방적인 선언임에 반해 하이쿠는 함께 그 어떤 감흥을 공유하려는 자세를 보인다는 점에서 다르다는 것이다.

또한 우리의 시조 문학은 문자를 깨우친 양반계급 및 선비들을 중심으로 발전한 문학 장르임에 비해 하이쿠는 서민층 위주의 정서를 대변한다는 점에서 차이가 난다고 할 수 있다. 따라서 하이쿠는 누구나 가까이서 접할 수 있는 일상적인 사물에 시선을 집중시킨다는 점에서 그리고 그 어떤 무리한 강요도 하지 않는다는 점에서 폭넓은 대중들의 사랑을 받기에 이미 충분한 조건을 안고 출발했다고 볼 수 있다.

그런 점에서 우리 시조의 대표적인 작품으로 조선 중기의 학자 양사언의 시조를 인용해 보자. "태산이 높다 하되 하늘 아래 뫼이로다/ 오르고 또 오르면 못 오를 리 없건마는/ 사람이 제 아니 오르고 뫼만 높다 하더라" 중국 산둥성에서는 그나마 가장 큰 산에 속하는 태산을 거론하며 시인은 인간의 나태함을 준엄하게 꾸짖는다.

태산과 인간을 대비함으로써 시인의 호방한 기개를 엿보게 하는 모습이다. 그러나 태산보다 훨씬 더 높은 백두산을 두고도 굳이 중국의 명산을 거론한 것은 시인의 사대주의 정신을 드러낸다는 점에서 뒷맛이 영 개운치가 않다. 어쨌든 이와 대조적으로 이싸의 시를 인용하면 다음과 같다.

오, 달팽이
후지산에 오른다
천천히 천천히

여기에는 이러니저러니 군소리가 없다. 오직 서두르지 않고 말없이 산에 오르는 달팽이의 모습만을 보여 줄 뿐이다. 자세히 보지 않으면 눈에 잘 띄지도 않는 달팽이와 드높은 후지산을 대비한 것은 실로 절묘한 기법이다. 태산에 오르는 인간의 모습에 비해 후지산을 오르는 달팽이의 모습이 더욱 안쓰러움을 안긴다. 또한 인간에 비할 수 없이 작은 미물에 지나지 않는 달팽이를 동원함으로써 시인은 거대한 산뿐이 아니라 그토록 애처로운 미물도 자연의 일부임을 강조한다.

다시 말해서 시조는 마치 동양화의 화폭처럼 원거리에서 바라본 인간과 자연을 노래하지만 하이쿠는 매우 근접한 거리에서 사물을 세밀하게 관찰한다. 그러한 시선은 아주 미세한 동작과 현상을 통해서 예기치 못한 결과를 포착해 낸다. 이처럼 자세히 보는 행위는 섬세한 관찰력을 요구한다. 바쇼의 유명한 하이쿠 한 수를 더 인용해 보자.

> 울타리 옆을 자세히 보니
> 그곳에 냉이꽃이
> 피었구나

어느 울타리 옆에 핀 냉이꽃은 흔해 빠진 식물에 불과하다. 그러나 시인은 그대로 지나치지 않고 그것을 자세히 들여다보며 새롭고 놀라운 감흥에 젖는다. 다 똑같아 보이는 냉이꽃도 자세히 들여다보면 각자의 얼굴이 다른 것임을 발견한 것이다. 여기서 중요한 점은 자세히 들여다본다는 사실이다. 이싸의 하이쿠도 마찬가지로 세밀한 시선을 던진다.

> 달팽이 얼굴을 자세히 보니
> 너도
> 부처를 닮았구나

미물에 지나지 않는 달팽이 얼굴에서 부처의 모습을 읽어 내는 시인의 마음은 이미 우주와 맞닿아 있다. 그것은 자세히 들여다보지 않으면 읽어 낼 수 없는 경지라 하겠다. 그래서 이싸는 계속해서 주의 깊게 달팽이를 관찰하고 그 표정까지 읽어 내는 것이다.

이처럼 자연과 인간의 감정을 노래하면서도 두 나라의 시인들이 취하는 기법과 태도는 차이가 있다. 시조 시인은 자신의 감정을 매우 강한 어조로 전달한다. 그것이 탄식조이건 훈계조이건 간에 그 호소력은 매우 선이 굵고 호쾌하다. 그것이 설사 교훈적이고도 비판적인 내용을 담고 있더라도 그런 차이는 여전하다.

변계량의 시조를 보면 그런 차이를 손쉽게 알 수 있다. "내해 좋다 하고 남 싫은 일 하지 말며/ 남이 한다 하고 의(義) 아너든 좇지 마라/ 우리는 천성을 지키어 생긴 대로 하리라" 이는 줏대 없이 흔들리는 인간 심성의 이기심과 탐욕을 경계하는 노래다. 단언적인 내용에 감히 아니라는 반론을 제기하기가 송구스러울 정도다. 그러나 이싸는 이처럼 직접화법으로 질타하지 않는다.

벼룩을 눌러 죽이며
입으로는 말하네
나무아미타불

이싸는 그렇게 거창한 메시지가 아니면서도 사소한 인간의 움직임을 통해 위선적인 자기기만의 세계를 여지없이 폭로한다. 이러한 언행 불일치는 모든 인간이 공유하고 있는 허점이기도 하다. 장황한 설법보다 이 간결한 표현 한마디로 독자들은 실로 많은 생각을 하게 되는 것이다. 그러한 살생은 벼룩에 그치는 것이 아니라 언제 어디서도 얼마든지 인간을 향할 수도 있는 일이기에 이싸의 하이쿠는 오늘날의 현대인들에게도 크나큰 각성을 던진다.

이처럼 하이쿠가 일방적으로 강요하지 않으면서도 강한 설득력을 갖는 이유는 절제의 묘미에 있다 하겠다. 그것은 배우가 연기할 때 노골적인 감정 표현을 자제하고 미묘한 몸짓이나 섬세한 얼굴 표정을 통해 더욱 큰 감동을 선사하는 고도로 세련된 기법과 상통한다. 우리는 흔히 가창력이 뛰어난 가수나 울부짖고 소리치는 연기자에게 박수를 보내는 경우가 많지만 진정한 감동은 오히려 절제된 표현에서 비롯된다는 점을 인정해야 할 것이다. 신파조의 최루성 멜로드라마에 비해 어두운 표정의 주인공이 보여 주는 기나긴 침묵의 라스트 신이 오히려 더욱 큰 감동과 여운을 남기는 것도 그런 절제의 효과 때문일 것이다. 하이쿠는 그런 점에서 절제와 겸손의 미덕과 더불어 모든 사물에 대한 공감적 태도를 강조한다고 하겠다.

# 방랑 시인 김삿갓

방랑 시인 김삿갓으로 알려진 김병연(金炳淵, 1807~1863)은 조선 후기에 활동한 풍자 시인으로 일생 동안 전국을 방랑하며 천 편에 가까운 시를 남겼다. 그는 항상 삿갓을 쓰고 다녔기에 김립(金笠)이라고도 불렸다. 그의 시는 어지럽고 타락한 세상을 특유의 해학과 풍자로 조롱하며 개탄한 것으로 유명한데, 뛰어난 재치와 문장력으로 가는 곳마다 이름을 날렸지만, 가족과 인연을 끊은 채 홀로 여기저기를 떠돌다 56세를 일기로 세상을 떴다.

원래 그는 경기도 양주의 몰락한 양반 가문에서 차남으로 태어나 홀어머니 밑에서 자랐다. 어려서부터 문재가 뛰어나 신동으로 소문이 자자했으며 20세 때 과거에 급제했는데, 당시 공교롭게도 과거 홍경래의 난에서 김익순이 저지른 역적 행위를 비판해 보라는 시제를 받고 서슴지 않고 예리한 비판을 가하는 답을 올렸다. 그러나 나중에 어머니로부터 김익순이 바로 자신의 친조부임을 알게 되면서 큰 충격을 받은 나머지 곧바로 삿갓을 쓰고 정처 없이 방랑길에 올라 두 번 다시 집으로 돌아가지 않았다.

그동안 어머니는 멸족의 위기에서 살아남기 위해 자식들에게 그런 사실을 비밀에 부치고 있었던 것이지만, 유달리 자존심이 강했던 김병연은 수치심과 배신감을 이기지 못하고 홀연히 집을 떠난 것이다. 시 한 수를 읊어 밥 한 끼, 막걸리 한 잔을 겨우 얻어먹는 문전걸식으로 전국을 떠돈 그는 항상 삿갓으로 얼굴을 가리고 다녔으며, 병연이라는 이름도 버리고 삿갓으로 고쳤는데, 자신의 분신과도 같은 삿갓에 대해 〈詠笠(내 삿갓)〉이라는 시를 남겼다.

| 浮浮我笠等虛舟 | 가뿐한 내 삿갓이 빈 배와 같아 |
|---|---|
| 一着平生四十秋 | 한 번 썼다가 사십 년 평생 쓰게 되었네. |
| 牧堅輕裝隨野犢 | 목동은 가벼운 삿갓 차림으로 소 먹이러 나가고 |
| 漁翁本色伴沙鷗 | 어부는 갈매기 따라 삿갓으로 본색을 나타냈지. |
| 醉來脫掛看花樹 | 취하면 벗어서 구경하던 꽃나무에 걸고 |
| 興到携登瞰月樓 | 흥겨우면 들고서 다락에 올라 달구경 하네. |
| 俗子依冠皆外飾 | 속인들의 의관은 모두 겉치장이지만 |
| 滿天風雨獨無愁 | 하늘 가득 비바람 쳐도 나만은 걱정이 없네. |

비록 떠돌이에 빈털터리 신세지만 자신의 처지를 한탄하지 않고 유유자적한 태도를 보이는 시다. 그런 가운데서도 겉치장과 의관에만 신경 쓰는 속인들에 대한 조롱도 잊지 않고 있다. 하지만 그도 사람인지라 두고 온 고향에 대한 그리움을 〈자탄(自嘆)〉이라는 시에서 다음과 같이 읊고 있다.

| | |
|---|---|
| 嗟乎天地間男兒 | 슬프다 천지간 남자들이여 |
| 知我平生者有誰 | 내 평생을 알아줄 자가 누가 있으랴. |
| 萍水三千里浪跡 | 부평초 물결 따라 삼천리 자취가 어지럽고 |
| 琴書四十年虛詞 | 거문고와 책으로 보낸 사십 년도 모두가 헛것일세. |
| 靑雲難力致非願 | 청운은 힘으로 이루기 어려워 바라지도 않았거니와 |
| 白髮惟公道不悲 | 백발도 정한 이치이니 슬퍼하지 않으리라. |
| 驚罷還鄕夢起坐 | 고향길 가던 꿈꾸다 놀라서 깨어 앉으니 |
| 三更越鳥聲南枝 | 삼경에 새 울음만 남쪽 가지에서 들리네. |

　아무도 알아주지 않는 방랑 생활과 자신의 학식으로 바로잡을 수 없는 어지러운 세상을 탄식하면서도 시인은 고향으로 돌아가고 싶은 유혹에 갈등하는 모습을 보이고 있다. 오죽 고향이 그리웠으면 꿈에서마저 고향 가는 길에 몸을 실었을까. 그런 고향 생각은 〈사향(思鄕)〉에서 더욱 절절이 드러난다.

| | |
|---|---|
| 西行已過十三州 | 서쪽으로 이미 열세 고을을 지나왔건만 |
| 此地猶然惜去留 | 이곳에서는 떠나기 아쉬워 머뭇거리네. |
| 雨雪家鄕人五夜 | 아득한 고향을 한밤중에 생각하니 |
| 山河逆旅世千秋 | 천지 산하가 천추의 나그네길일세. |
| 莫將悲慨談靑史 | 지난 역사를 이야기하며 비분강개하지 마세. |
| 須向英豪問白頭 | 영웅호걸들도 다 백발이 되었네. |
| 玉館孤燈應送歲 | 여관의 외로운 등불 아래서 또 한 해를 보내며 |
| 夢中能作故園遊 | 꿈속에서나 고향 동산에 노닐어 보네. |

나그네의 설움과 외로움은 고향 생각을 더욱 부추긴다. 어느 부잣집에서 푸대접을 받은 뒤에 그는 〈스무나무 아래(二十樹下)〉라는 기발한 시로 자신의 처량한 신세를 달래기도 한다. 여기서 스무나무는 느릅나무과에 속하는 나무 이름이다.

二十樹下三十客　스무나무 아래 서러운 나그네가
四十家中五十食　망할 놈의 집안에서 쉰밥을 먹네.
人間豈有七十事　인간 세상에 어찌 이런 일이 있으랴.
不如歸家三十食　차라리 집으로 돌아가 선밥을 먹으리라.

한문과 우리말 뜻이 절묘하게 조합된 이 시에서 서른으로 발음되는 30(三十)은 '서럽다' 그리고 '설익었다' 는 뜻으로, 마흔으로 발음되는 40(四十)은 '망할' 이라는 뜻으로, 쉰으로 발음되는 50(五十)은 '쉬었다' 는 의미로, 일흔으로 발음되는 70(七十)은 '이런' 을 뜻하는 말로 사용되고 있다. 일종의 말장난이라고 할 수 있지만 시인이 그런 유머를 통해 자신의 참담한 심정을 승화시키고 있음을 알 수 있다. 그의 이런 재치는 〈개성 사람이 나그네를 내쫓다(開城人逐客詩)〉라는 시에서도 유감없이 발휘된다.

邑號開城何閉門　고을 이름이 개성인데 왜 문을 닫나
山名松嶽豈無薪　산 이름이 송악인데 어찌 땔나무가 없으랴.
黃昏逐客非人事　황혼에 나그네 쫓는 일이 사람 도리 아니니
禮義東方子獨秦　동방예의지국에서 자네 혼자 되놈일세.

최근 개성공단에서 내쫓긴 우리 기업체 직원들을 생각하면 김삿갓의 시가 저절로 떠올려진다. 말뜻 그대로 문이 열린 성(開城)인데 왜 문을 닫느냐며 동방예의지국 백성으로서 도리가 아님을 꾸짖던 김삿갓이 지금 살아 있다면 실로 감회가 깊을 것이다.

그런 야박한 인심에도 불구하고 김삿갓은 그 특유의 재치로 하룻밤을 묵는 데 성공한다. 어느 산골 서당에 하룻밤 묵을 것을 간청하니 심술궂은 훈장이 까다롭기 그지없는 '멱(覓)' 자 운을 네 번이나 불렀는데, 김삿갓은 끄떡없이 〈제목을 잃어버린 시(失題)〉라는 제목의 시로 위기를 모면했다.

| | |
|---|---|
| 許多韻字何呼覓 | 수많은 운자 가운데 하필이면 '멱' 자를 부르나. |
| 彼覓有難況此覓 | 그 '멱' 자도 어려운데 또 '멱' 자를 부르다니. |
| 一夜宿寢懸於覓 | 하룻밤 잠자리가 '멱' 자에 달렸는데 |
| 山村訓長但知覓 | 산골 훈장은 오직 '멱' 자만 아네. |

이쯤 되면 천재가 아닐 수 없다. 또한 그는 당대의 시인들이 상상조차 할 수 없던 시제로 시를 읊기도 했는데, 일상적인 서민들의 애환이나 주변에서 흔히 볼 수 있는 사물들을 자유분방하게 시로 표현함으로써 마치 현대 시인의 모습을 대하는 것 같은 착각마저 일으킨다. 그의 〈요강(溺缸)〉이라는 시를 보면 특히 그렇다.

| | |
|---|---|
| 賴渠深夜不煩扉 | 네가 있어 깊은 밤에도 사립문 번거롭게 여닫지 않아 |
| 令作團隣臥處圍 | 사람과 이웃하여 잠자리 벗이 되었구나. |
| 醉客持來端膽膝 | 술 취한 사내는 너를 가져다 무릎 꿇고 |

| 嫦娥挾坐惜衣收 | 아름다운 여인네는 널 끼고 앉아 살며시 옷자락을 걷네. |
| 堅剛做體銅山局 | 단단한 그 모습은 구리 산 형국이고 |
| 灑落傳聲練瀑飛 | 시원하게 떨어지는 물소리는 비단 폭포를 연상케 하네. |
| 最是功多風雨曉 | 비바람 치는 새벽에 가장 공이 많으니 |
| 偸閑養性使人肥 | 한가한 성품 기르며 사람을 살찌게 하네. |

김삿갓은 삼천리 전국을 유람하면서도 자연경관에 대해서는 별다른 관심을 보이지 않은 게 특징이다. 뼈아픈 가족사를 뒤로 하고 자신의 수치스러운 신분을 숨긴 채 사방을 떠도는 신세였던 그의 입장에서는 아무리 아름다운 산천경개조차 제대로 눈에 들어오지 않았을 것이다. 그에게는 가난하고 헐벗은 백성들의 가슴 아픈 삶이 더욱 절실한 문제 였기 때문이다.

그래서 그의 눈에는 오히려 아녀자들이 사용하는 맷돌이 마음에 와 닿았기 쉽다. 그의 시 〈맷돌(磨石)〉은 아무도 눈여겨보지 않는 돌덩어리 조차도 시제로 삼았다는 점에서 진정한 현대 한국 시의 원조로 꼽을 만하다. 물론 맷돌을 돌리는 여인의 모습에서 에로틱한 연상을 했는지 도 모르지만, 오히려 고향에 두고 온 가엾은 아내나 어머니의 모습을 떠올렸기 쉽다.

| 誰能山骨作圓圓 | 누가 산 속의 바윗돌을 둥글게 만들었나. |
| 天以順還地自安 | 하늘만 돌고 땅은 그대로 있네. |
| 隱隱雷聲隨手去 | 은은한 천둥소리가 손 가는 대로 나더니 |
| 四方飛雪落殘殘 | 사방으로 눈싸라기 날리다 잔잔히 떨어지네. |

항상 허기진 시인의 눈에는 여인들이 빚는 송편조차도 시제로 등장하는데, 그의 시 〈송편(松餠)〉이 그 단적인 예다. 송편을 동그란 새알과 조개 같은 입술, 반달 등에 비유한 점은 시인의 놀라운 미적 감각을 드러낸 것으로 그를 단지 세상을 등지고 떠돌아다니기나 하는 그런 방랑 시인으로 간주할 수 없게 만든다.

手裡廻廻成鳥卵　손에 넣고 뱅뱅 돌리면 새알이 만들어지고
指頭個個合蚌脣　손가락 끝으로 낱낱이 파서 조개 같은 입술을
　　　　　　　　맞추네.
金盤削立峰千疊　금쟁반에 천봉우리를 첩첩이 쌓아 올리고
玉箸懸燈月半輪　등불을 매달고 옥젓가락으로 반달 같은 송편을
　　　　　　　　집어 먹네.

그는 동물 묘사에도 뛰어났는데, 소와 고양이, 쥐, 갈매기, 모기, 벼룩, 심지어 원숭이까지 등장한다. 예를 들어 그의 시 〈벼룩(蚤)〉을 보면 시인의 섬세한 관찰력이 단연 돋보인다. 특히 벼룩에 물린 자국을 복사꽃 만발한 봄날 경치에 비유한 부분은 실로 절묘하다.

貌似棗仁勇絶倫　모습은 대추씨 같지만 용기가 뛰어나
半風爲友蝎爲隣　이와는 친구 삼고 전갈과는 이웃일세.
朝從席隙藏身密　아침에는 자리 틈에 몸을 숨겨 찾을 수 없고
暮向衾中犯脚親　저녁에는 이불 속에 다리 물려고 가까이 오네.
尖嘴嚼時心動索　뾰족한 주둥이에 물릴 때마다 찾아볼 마음이
　　　　　　　　생기고

赤身躍處夢驚頻　알몸으로 뛸 때마다 단꿈이 자주 깨네.

平明點檢肌膚上　밝은 아침에 일어나 살갗을 살펴보면

剩得桃花萬片春　복사꽃 만발한 봄날 경치를 보는 것 같네.


　　그는 이처럼 일상적인 서민들의 생활상뿐만 아니라 돈으로 모든 것을 좌지우지하는 물질만능주의에도 일침을 놓는다. 그의 시 〈돈(錢)〉이 그렇다. 나라와 집안을 풍족하게 만드는 게 돈이기도 하지만 사람을 죽이기도 하고 살리기도 하는 돈이야말로 경계의 대상임을 암시하고 있다.


周遊天下皆歡迎　천하를 두루 돌아다니며 어디서나 환영받으니

興國興家勢不輕　나라와 집안을 흥성케 하여 그 세력이 가볍지 않네.

去復還來來復去　갔다가 다시 오고 왔다가는 또 가니

生能死捨死能生　살리고 죽이는 것도 마음대로 하네.


　　세상의 모순을 꼬집는 일도 김삿갓의 가장 큰 장기 중 하나다. 그의 〈허언시(虛言詩)〉가 대표적인 예다. 사슴이 알을 품고 게가 꼬리를 치며 중이 상투를 틀 수 없는 일이지만, 이런 모순된 모습을 통해 헛되고 거짓투성이인 세상을 빗대어 해학적으로 묘사한 것이다. 사실 유머와 승화야말로 자아의 방어기제 가운데 가장 성숙한 기제에 속하는 것으로 아무리 고통스러운 현실이라 하더라도 자신의 부정적인 감정을 유머로 승화할 수 있는 인물이야말로 진정으로 성숙한 심성의 소유자라 할 수 있는데, 김삿갓이 바로 그런 사람에 속한다고 볼 수 있다.


青山影裡鹿抱卵　푸른 산 그림자 안에서는 사슴이 알을 품었고

| 白雲江邊蟹打尾 | 흰 구름 지나가는 강변에서 게가 꼬리를 치는구나. |
| 夕陽歸僧髻三尺 | 석양에 돌아가는 중의 상투가 석 자나 되고 |
| 樓上織女囊一斗 | 베틀에서 베를 짜는 계집의 불알이 한 말이네. |

 백발이 성성하도록 전국을 떠돌던 김삿갓은 결국 전라남도 화순을 거쳐 동북에서 객사했는데, 그 후 둘째 아들 김익균이 아버지의 유해를 영월로 옮겨 태백산 기슭에 묻었다고 한다. 그의 삶은 어찌 보면 매우 무책임한 것이기도 하지만, 그럼에도 불구하고 그 자식이 아버지의 유해를 고이 모셔간 것을 보면 아버지의 심정을 충분히 이해한 것처럼 보인다. 그런 걸 불가에서는 이심전심이라고 하던가. 하지만 정신분석에서는 그런 이심전심을 감정이입 또는 공감이라고 부른다. 어쨌든 김삿갓은 자신의 불행을 조상 탓으로 돌리지 않고 오히려 자신이 스스로 속죄양이 됨으로써 세인들로부터 조상의 잘못을 용서받고자 한 것으로 보인다.

 비록 역적의 후손으로 몰려 출셋길이 막혔다고는 하나 양반의 후예로서 자부심이 매우 강했던 김병연은 삶을 구걸하며 사는 길보다는 차라리 이름 없는 식객으로 살면서 죽 한 그릇 구걸하는 길이 더욱 떳떳한 삶이라고 여겼던 것이다. 그런 점에서 그의 불우했던 삶을 단순히 자학적인 몸짓으로 보거나 부질없는 자존심의 발로로 치부해 버리기 어렵겠다. 오히려 자신이 취했던 경솔하고도 안이한 태도를 스스로 탓한 나머지 자청해 속죄의 길로 들어선 것이 아닐까 한다. 그것은 일종의 허탈감에서 비롯된 결정이었기 쉽다. 하지만 그는 그런 가슴 아픈 심경을 해학과 풍자로 승화하며 외로운 삶의 고된 여정을 계속해 나간 것으로 보인다.

# 미야자와 겐지의 불교적 이상주의

　37세 나이로 요절한 미야자와 겐지(宮澤賢治, 1896~1933)는 일본의 시인이요 아동문학가다. 그는 자신에게 주어진 시대적 모순에 저항하다 폐렴에 걸려 짧은 생애를 마치고 말았다. 그가 자신의 심리적 모순과 갈등에서 헤어나지 못해 정신적 방황을 거듭하고 있을 무렵, 바로 그 시기에 바다 건너 멀리 프로이트는 그러한 심리적 고통의 본질을 탐구하고 그 해법을 찾기 위해 안간힘을 쓰고 있었다.

　물론 미야자와는 프로이트의 정신분석에 대해 전혀 아는 바가 없었지만, 그는 남다른 직관과 감수성으로 인간 내면에 흐르는 무의식적 갈등 및 환상과 맞부딪치며 그것을 시의 언어로 형상화하고자 했다. 그런 점에서 미야자와가 오늘날에 와서 더욱 그 진가를 인정받고 있는지도 모른다.

　미야자와는 일본 이와테 현 하나마키 시에서 부유한 전당포 주인의 장남으로 태어났다. 그러나 원래 정이 많았던 그는 어려서부터 가난하고 헐벗은 농민들에게 연민의 정을 느낀 나머지 그들을 상대로 돈을 빌려 주고 이자를 챙겨 부유하게 사는 자신의 집안에 대해 강한 반감을 지니고 있었다. 일찍부터 사회적 불평등에 눈이 뜬 것이다.

모리오카 농림학교를 졸업한 미야자와는 그 성실함이 인정되어 모교에 남아 교편을 잡을 기회도 있었으나 아버지의 전당포 사업에 대한 혐오감 때문에 고향을 떠나 동경으로 무작정 상경한 후 친구와 함께 기거하며 문필 활동에 몰두했다.

그러나 일 년도 채 안 되어 병석에 누운 누이동생 도시꼬가 세상을 떠나자 고향에 돌아와 하나마키 농고의 교사로 약 5년간 근무했다. 이 시기에 틈틈이 시를 썼으며 동화는 생활비에 보탬이 되기 때문에 쓴 것이었다. 1924년 시집 『봄과 아수라』를 냈지만, 그는 평생 무명작가에 불과했다. 누이동생이 죽은 후 그는 가족들과의 모든 교류를 끊었으며, 부모의 유산도 모두 남동생에게 넘겨주었다.

미야자와는 매우 금욕적인 불교 신자인 동시에 채식주의자로 에스페란토를 배우며 농민 운동가로 활동하기도 했다. 그는 자신의 작품 속에 묘사한 이상향을 '이하토브'로 명명했는데, 이는 그의 고향 이와테와 발음이 비슷하다. 에스페란토 식으로는 이하토보라고도 부른다.

이상에 불탄 그는 1926년부터 사망할 때까지 청년들을 규합해서 고향에 사는 가난한 농민들의 물질적, 영적 생활의 개선을 위해 새로운 농업 기술 및 품종을 소개하고 가르치는 데 헌신했으나 현지인들의 반응은 시큰둥하기만 했다. 현실의 장벽에 부딪쳐 절망감에 빠진 그는 건강마저 잃고 더욱 큰 좌절에 빠졌다. 상당 기간 늑막염으로 고생한 그는 결국 1933년 급성 폐렴으로 쓰러져 세상을 뜨고 말았다.

자의식이 매우 강했던 미야자와는 어릴 때부터 부모에 대한 혐오감으로 결코 행복하지 못했으며, 가난한 농민들을 착취하면서 배를 불리는 부모의 모습이 그에게는 항상 역겨움의 대상일 뿐이었다. 그에게 유일한 위안거리가 있었다면 착한 누이동생 도시꼬뿐이었지만, 병약했던 그녀는 얼마 살지 못하고 세상을 뜨고 말았다.

미야자와가 죽은 누이를 위해 쓴 시 〈영결(永訣)의 아침〉을 보면 그의 남다른 누이 사랑이 어느 정도였는지 짐작할 수 있다. 숨을 거두면서도 오빠에게 진눈깨비 한 사발을 청하는 누이동생의 모습이 애처롭기 그지없다.


오늘 안으로

먼 곳으로 떠나 버리는 나의 누이여

진눈깨비가 내려서 밖은 유별나게 밝단다.

(진눈깨비 갖다 주라)

불그스름해서 더욱 음산한 구름으로부터

진눈깨비는 질퍽질퍽 내린다.

(진눈깨비 갖다 주라)

파란 수초 모양이 그려진

이빨 빠진 이 두 개의 사발에

네가 먹을 진눈깨비를 담으려고

나는 구부러진 총알처럼

이 어두운 진눈깨비 속으로 튀어나왔다.

(진눈깨비 갖다 주라)

납 빛깔의 어두운 구름으로부터

진눈깨비는 질퍽질퍽 잠겨 내려온다.

아아 누이동생 도시꼬야

죽는다는 이 시점에 이르러

나를 한층 더 밝게 해 주려고

이렇게 깨끗한 눈 한 사발을

너는 나에게 부탁한 것이리라.

고맙다 애써 기운 차린 듯 보이려는 누이야

나 또한 똑바로 앞으로 나아갈 것이니

(진눈깨비 갖다 주라)

극심한 열과 신음 속에서

너는 나에게 부탁한 것이다.

은하나 태양대기권이라고 불리는 세계의

하늘에서 떨어지는 눈의 마지막 한 사발을…….


죽어 가면서도 오빠의 걱정을 덜어 주려는 누이의 고운 마음씨와 그런 누이동생을 위해 한 사발의 눈을 퍼 담는 오빠의 갸륵한 정성이 가슴을 찡하게 울리는 시다. 하지만 그토록 아끼고 사랑하던 누이의 죽음은 그에게 감당하기 힘든 상처를 남겼다. 1921년 미야자와는 한 친구에게 보낸 편지에서 당시의 절망적인 상황을 이렇게 썼다.

"오늘 나의 첫 번째 관문이 완전히 무너져 수상한 세력이 엄청난 기세로 샘솟아 오른다네. 이보게, 오늘 나의 두 번째 관문 역시 완전히 무너져 얼굴에 칠흑같이 어두운 머리카락을 뒤집어쓴 세력이 검은 연기처럼 밀어닥친다네. 오늘 나의 성곽은 어느 틈에 땅속을 파고 몰려 온 세력으로 가득 차서 나는 어느 상자 속에 들어가 간신히 몸을 숨기고 있다네."

여기서 미야자와는 엄청난 힘으로 자신을 몰아붙이는 정신적 위기

상황에서 꼼짝도 못하고 숨죽여 은신하고 있는 심각한 상태의 자기 모습을 보여 주고 있다. 물론 분석적인 용어를 빌면 그가 말한 나의 관문이란 자아경계를 의미한 것으로 볼 수 있다. 의식적인 자아의 영역으로 물밀듯이 솟아오르는 무의식적 이드의 충동, 또는 그 위협하에 놓인 불안정한 자아의 모습이기도 하다.

그런 자아의 상징으로 성곽의 이미지를 동원한 것으로 보이는데, 어둠의 세력에 점령당한 성곽이란 곧 무의식에 압도된 자아를 의미하는 것이다. 그런 위기에서 탈출하는 비상수단의 하나로 그는 상자 속으로 기어들어가 자신을 숨기지만, 그것은 곧 자폐적인 상태를 뜻한다. 자아의 힘으로 막을 수 없는 무의식적 충동의 실체를 불교에서는 마(魔) 또는 '그것'으로 부르기도 한다. 프로이트는 이드의 충동을 Es라고 명명했는데, Es는 독일어로 '그것'을 의미한다. 물론 기독교에서는 그것을 의인화하여 사탄이라고 부른다.

금욕주의자인 미야자와가 직관적으로 느낀 것은 어쩌면 엄청난 힘으로 와 닿는 성적인 충동이거나 공격적인 충동이었을지도 모른다. 어쨌든 그는 어머니에 대한 실망감을 누이동생에게서 보상받고자 했으며 아버지에 대한 분노와 실망은 아버지로부터 착취당한 농민들을 돕는 사회 운동을 통해 극복하고자 했다.

그리고 불교적 이상에 입각한 금욕과 채식주의는 자신의 내면에 자리 잡은 어둠의 세력으로부터 자신을 보호하기 위한 자구책이었던 셈이다. 그러나 그 세력의 힘은 자신이 생각했던 것 이상으로 강력했기 때문에 그는 시와 동화의 세계로 도피해 흔들리는 자아를 정화하고자 했던 것이다.

그래서 그는 자신의 시 〈바람에 지지 않고〉에서 표현하기를, 그 무엇에도 흔들리지 않고 남을 도우며 살아가는 그런 사람이 되고 싶다고 외친 것이다. 그것은 역으로 그 자신이 무의식의 파괴적인 힘에 압도되지나 않을까 하는 두려움이 컸기 때문일 수도 있다.

비에 지지 않고
바람에도 지지 않고
눈보라와 여름의 더위에도 지지 않는
튼튼한 몸을 가지고
욕심도 없고
절대 화내지 않고
언제나 조용히 미소 지으며
하루 현미 네 홉과
된장과 나물을 조금 먹으며
모든 일에
제 이익을 생각지 말고
잘 보고 들어 깨달아
그래서 잊지 않고
들판 소나무 숲 속 그늘에
조그만 초가지붕 오두막에 살며
동쪽에 병든 어린이가 있으면
찾아가서 간호해 주고
서쪽에 고달픈 어머니가 있으면
가서 그의 볏단을 대신 져 주고
남쪽에 죽어 가는 사람 있으면

가서 무서워 말라고 위로하고

북쪽에 싸움과 소송이 있으면

쓸데없는 짓은 그만두라 하고

가뭄이 들면 눈물을 흘리고

추운 여름엔 허둥대며 걷고

누구한테나 바보라 불리고

칭찬도 듣지 말고

괴로움도 끼치지 않는

그런 사람이

나는 되고 싶다.


물론 그의 이런 고결한 소망과 다짐은 그의 삶에서 실현될 기회조차 없었다. 그가 처한 사회는 일본 군국주의가 판을 치던 시대였으며, 더욱이 그의 허약한 육체가 뜻대로 움직여 주지 않았다. 그가 서서히 병으로 죽어 가던 시기에 일제는 이미 만주사변을 일으켜 중일전쟁의 서막이 오르고 있던 때였으니 그에게는 더 이상의 희망도 보이지 않는 어두운 시절이었을 뿐이다. 당시 병석에 누워 있던 그가 추운 겨울날 출병하는 조선인의 행렬을 보고 쓴 시 〈조선사람 북을 치며 떠나다(鮮人鼓して過)〉는 우리에게 실로 묘하고도 착잡한 감정을 불러일으킨다.


폐렴에 걸리고 나서 10일간

나는 낮에도 거의 의식을 잃고 잠들어 있었다.

깨어 있을 때는 숨도 제대로 쉬지 못하고

겨우겨우 몸을 움직이는 것조차 어려웠지만

완전히 지쳐 버린 잠 속에서는

나는 자유롭게 움직이고 있었다.

새하얗게 눈을 뒤집어 쓴

거대한 산의 절벽 길로

노란색 삼각기와

새의 깃털을 붙인 창을 가지고

일렬의 군대가 온다.


    일본인이 일으킨 전쟁에 조선인이 동원되어 죽음의 길을 떠나고 병약한 일본인 시인은 그 모습을 지켜보며 죽음을 맞이하고 있다. 참으로 이 율배반적인 장면이 아닐 수 없다. 어쨌든 미야자와 겐지는 그가 활동했던 당대에는 제대로 인정받지 못한 불운의 작가였다. 또한 자신이 속한 세상과는 동떨어진 아웃사이더이기도 했다. 따라서 그는 다소 기인적인 면모를 보이기도 해서 일본 문단에서마저 괴짜 취급을 받은 작가에 속하지만, 우리나라의 이상에 비하면 그래도 순박한 편에 든다고 하겠다.

    비록 그는 부모로 대표되는 착취적인 악의 세상을 거부하고 매우 금욕적인 불교 사상과 환상적인 동화의 세계로 도피하고 말았지만, 그를 가장 괴롭힌 주된 고통스러운 감정은 역시 부모의 존재에 대한 분노와 실망이었다. 하지만 그가 스스로 악으로 간주했던 부모로부터 탈출을 시도했다 하더라도 그에게는 더욱 큰 악의 세력이 다가오고 말았다. 그리고 그 악의 세력은 미야자와 죽고 난 후 곧바로 중일전쟁과 태평양전쟁을 일으킴으로써 온 세상을 생지옥으로 만들고 만 것이다. 다만 한 가지 위안이 된다면 그런 일본에도 미야자와 같은 양심적인 지식인이 살고 있었다는 사실이다.

# 타고르의 〈동방의 등불〉

　인도의 시인으로 1913년 동양인으로서는 처음으로 노벨 문학상을 받은 라빈드라나트 타고르(Rabindranath Tagore, 1861~1941)는 범신론적인 사상을 통해 동양과 서양의 융합에 힘썼으며, 심오하고도 신비적인 내용의 시로 많은 서구인들에게 신선한 충격을 주기도 했다. 인도 독립 운동에 참여하기도 했으나 결국 독립을 보지 못하고 타계했으며, 오늘날에 와서는 간디와 더불어 인도의 국부로 추앙받고 있다. 타고르는 인도의 국가를 작사, 작곡하기도 했다.

　영국의 지배를 받고 있던 인도의 벵골 주 캘커타에서 명문가의 열네 번째 아들로 태어난 타고르는 어려서부터 문학적 재능을 드러내 시를 썼으며, 16세 때 이미 시집을 출간했다. 영국에 유학해 법률을 공부하고 귀국한 그는 벵골어로 계속 시를 쓰면서 인도의 정신적 각성을 촉구하는 동시에 농촌계몽 활동에 전념하기도 했다. 그는 아내와 딸의 죽음을 계기로 더욱 경건하고 종교적인 태도를 지니게 되면서 시집 『기탄잘리』 『정원사』 등을 발표해 세계적인 명성을 얻게 되었다.

노벨 문학상을 수상한 이후 타고르는 세계 각국을 순방하면서 강연 활동을 벌였는데, 그가 1929년 일본을 방문했을 때 동아일보 기자의 요청으로 써 준 시 〈동방의 등불〉은 당시 일제 강점기에 신음하고 있던 조선인들에게 큰 용기와 희망을 불어넣어 주기도 했다. 작가 주요한이 번역해 소개한 〈동방의 등불〉 전문은 다음과 같다.

일찍이 아시아의 황금 시기에
빛나던 등촉의 하나인 코리아
그 등불 다시 한 번 켜지는 날에
너는 동방의 밝은 빛이 되리라
마음엔 두려움이 없고
머리는 높이 쳐들린 곳
지식은 자유스럽고
좁다란 담벽으로 세계가 조각조각 갈라지지 않은 곳
진실의 깊은 속에서 말씀이 솟아나는 곳
끊임없는 노력이 완성을 향해 팔을 벌리는 곳
지성의 맑은 흐름이
굳어진 습관의 모래벌판에 길 잃지 않은 곳
무한히 퍼져 나가는 생각과 행동으로 우리들의 마음이 인도되는 곳
그러한 자유의 천당으로
나의 마음의 조국 코리아여 깨어나소서

마치 종교적 예언처럼 와 닿는 이 시는 지금 읽어도 실로 가슴 벅찬 메시지를 전하는 내용이 아닐 수 없다. 과거의 영광을 지닌 코리아가

비록 지금은 몰락한 처지에 있지만 언젠가는 기나긴 잠에서 깨어나 동
방을 밝히는 등불이 되리라는 소망을 담고 있기 때문이다. 그러나 실
제로 타고르가 기자에게 건네준 시의 전문은 처음 4행이 전부였다.

>일찍이 아사아의 황금 시기에
>
>빛나던 등불 가운데 하나, 코리아
>
>그 등불 다시 켜지는 날에
>
>너는 동방의 밝은 빛이 될지니

  그리고 우리가 〈동방의 등불〉의 내용으로 알고 있는 5행부터 마지
막 부분까지는 유감스럽게도 타고르의 〈기탄잘리〉에 실려 있는 35번
시 내용 그대로다. 다시 말해 타고르가 건네준 4행시와 기탄잘리 35번
을 합성해 〈동방의 등불〉이라고 소개한 것이며, 따라서 시의 마지막
부분 '나의 마음의 조국 코리아여 깨어나소서' 라는 시구도 원래의 내
용 '님이시여, 나의 조국이 눈뜨게 하소서' 를 살짝 변조시킨 것이다.
  물론 저자의 동의도 없이 임의로 짜깁기를 한 행위에 대해 이미 고
인이 된 타고르가 뭐라고 시비를 걸지는 않겠지만, 그것은 엄연히 원
작자의 명예를 훼손시키는 행위임에 틀림없다. 세계적인 명성을 지닌
시인에게 억울한 조선인의 처지를 호소하고 싶었던 기자의 모습이 안
쓰러운 나머지 예의상 몇 마디 적어 준 시구에 그토록 감격해 마지않
았던 우리였다는 점을 볼 때, 타고르는 그런 절박한 심정을 누구보다
잘 이해할 수 있었을지도 모른다. 타고르의 조국 역시 당시에는 영국
의 지배를 받고 있었으니 말이다.
  하지만 타고르가 아시아의 변방에 위치한 작은 약소국 코리아에 대

해 얼마나 알고 있었을지에 대해서는 누구도 장담할 수 없다. 그의 조국 인도만 해도 수많은 소수민족과 무려 3,000개 이상의 서로 다른 언어가 사용되는 대국이며, 그 자신 또한 공용어인 힌두어가 아닌 벵골어로 시를 쓴 사람이었으니 일제의 식민지로 전락한 조선에 대해 아는 바는 극히 적었을 게 분명하다.

타고르의 시는 특히 만해 한용운에게 큰 영향을 끼친 것으로 알려져 있기도 하지만, 그것은 사상적인 측면이라기보다는 문체 면에서 영향을 준 것으로 보는 게 타당할 것이다. 비록 두 사람이 식민 통치하에 살았던 비슷한 처지였다고 하더라도 뼈아픈 시련과 고통의 흔적을 찾아보기 어려운 타고르의 시에서 만해는 별다른 감동을 받기 어려웠을지도 모른다.

타고르가 최남선의 요청으로 써 준 것으로 알려진 시 〈패자(敗者)의 노래〉 역시 조선인을 염두에 두고 쓴 작품이 아니다. 이 시를 우리나라에 처음 소개한 인물은 진학문으로 1917년 최남선이 발간한 잡지 〈청춘〉 11호를 통해서였는데, 이 시는 원래 1916년에 이미 발표한 영문시집 『과일 따기』에 실린 것으로 한국과는 전혀 무관한 내용이기 때문이다.

타고르는 인도 벵골 지방 명문가의 자제로 태어나 위대한 시성으로까지 추앙받는 존재가 되었지만, 그의 신비주의적 경건함은 사실 비참한 현실과는 다소 동떨어진 메시지를 전한다. 물론 우리는 그의 시를 통해 성자다운 모습을 연상하기도 하고, 그와 동시대에 비폭력 저항운동을 벌인 간디의 숭고한 사상과 결부시켜 그를 바라보기도 한다.

그러나 다른 한편으로는 제국주의 침략국인 일본을 수시로 왕래하며 시에 대해 강연을 벌이면서도 그 밑에서 고통받고 신음하는 조선인의 방문 요청을 받아들이지 않은 것은 타고르 역시 대국주의적인 입장을 취하며 약소민족을 소홀히 여겼기 때문이라고 볼 수도 있다. 그가 진정으로 약자의 입장에 공감을 느꼈다면 그렇게 성의 없이 메모처럼 단 몇 줄 적어 주진 않았을 것이기 때문이다.

그런 점에서 우리는 그가 써 준 〈동방의 등불〉을 마치 성자의 옷자락 한 귀퉁이를 하사받은 것처럼 신주 단지 모시듯 할 필요는 없을 것 같다. 게다가 그가 남긴 천 조각 하나를 마치 그가 물려준 옷 한 벌인 양 눈속임까지 하며 억지 춘향 식으로 타고르와 우리를 결부시킬 필요까지 있을까 싶다. 타고르는 실제로는 코리아에 별다른 관심이 없었을 것이기 때문이다. ✎

# 민족시인 김소월

일제 강점기에 활동한 김소월(金素月, 1902~1934)은 서구 문학의 온갖 조류가 밀물처럼 밀려들었던 시기에 민족 고유의 정서를 잘 드러낸 향토색 짙은 시를 계속 발표함으로써 우리나라에서 가장 많은 애송시를 남긴 민족시인이다. 특히 그의 시 〈진달래꽃〉〈산유화〉〈금잔디〉〈초혼〉〈엄마야 누나야〉 등은 한국인이면 모르는 사람이 없을 정도로 많은 사랑을 받은 작품들이다.

김소월은 평북 태생으로 본명은 김정식(金廷湜)이다. 그의 아버지는 철도 공사장에서 일하던 일본인 인부들에게 집단 폭행을 당한 후 정신 이상에 걸린 상태여서 소월은 일찌감치 광산을 경영하는 조부에게 맡겨져 자랐다. 정주 오산학교 시절부터 시를 쓰기 시작한 그는 재학 중이던 14세 때 조부의 강요에 의해 홍단실과 마음에도 없는 혼인을 했으며, 그 후 동경으로 유학을 떠났으나 관동대지진으로 중퇴하고 귀국했다.

고향에 돌아온 그는 생전에 시집 『진달래꽃』을 출간하기도 했지만,

광산 경영과 동아일보 지국 운영에 연달아 실패하자 극심한 가난에 허덕여야 했으며, 처가에 얹혀 지내면서 술로 세월을 보냈다. 원래 심약하고 예민했던 그는 결국 극심한 우울증을 견디지 못하고 아편 음독으로 자살함으로써 32세라는 짧은 생을 마감하고 말았다.

그가 20세 때 처음 발표한 시 〈진달래꽃〉은 이별의 아픔을 그린 서정시로 민요조의 가락을 통해 한국 고유의 한의 정서를 담아 표현한 애송시다. 사랑하는 연인을 어쩔 수 없이 떠나보내는 한 여성의 다부진 마음가짐을 읽을 수 있는 시인데, 자신이 역겹다고 떠나는 길이지만 그가 가는 길에 오히려 진달래꽃을 뿌려 주며 죽어도 울지 않겠다는 여인의 다짐이 매우 당차 보인다.


나 보기가 역겨워

가실 때에는

말없이 고이 보내 드리오리다.

영변(寧邊)에 약산(藥山)

진달래꽃

아름 따다 가실 길에 뿌리오리다.


가시는 걸음 걸음

놓인 그 꽃을

사뿐히 즈려 밟고 가시옵소서.


나 보기가 역겨워

가실 때에는

죽어도 아니 눈물 흘리오리다.

그러나 이처럼 당찬 여성의 모습에 비해 소월 자신은 매우 상처받기 쉬운 연약한 심성의 소유자였으며 정신이상자인 아버지와 과잉 보호적인 어머니, 엄격하고 고집 센 조부, 그리고 마음에도 없는 강요된 결혼 등으로 많은 괴로움을 안고 살아야 했다. 실제로 그는 시만 쓰는 시인이었지 현실적인 생활력은 무능하기 짝이 없는 인물로 자신에게 주어진 경제적, 도덕적 책임에 몹시 버거워했다. 따라서 그의 시 〈진달래꽃〉은 오히려 지겨운 의무감에서 벗어나고픈 시인 자신의 심경을 여인의 모습을 빌어 드러낸 것으로 볼 수도 있다.

물론 일반 독자들은 이 시를 통해 변함없는 한 여성의 사랑과 더불어 슬퍼도 그것을 감히 드러낼 수 없는 뿌리 깊은 한의 정서를 대변한 것으로 받아들이기 쉽겠지만, 단순히 전통적인 순종의 미덕을 강조한 것만은 아니며, 오히려 떠나려는 연인을 우회적인 방식을 통해 어떻게든 붙들어 두고자 하는 간절한 소망의 뜻으로 새길 수도 있다.

이처럼 다소 역설적인 메시지를 전하는 〈진달래꽃〉은 우리 민요 '아리랑'에서 드러난 한의 정서와 그 맥을 같이한다고 볼 수도 있다. 나를 버리고 가시는 님이지만 십 리도 못 가 발병이 나서 결국에는 다시 내 곁으로 돌아오리라는 매우 소극적인 소망을 담고 있는 '아리랑' 역시 "어디 갈 테면 한번 가 보라지, 결국은 다시 돌아올 수밖에 없을걸"이라고 스스로 마음을 달래는 여인의 소망을 담고 있기 때문이다.

처자식을 부양해야 할 책임감으로 인해 엄청난 스트레스를 받은 김소월은 그런 삶의 굴레에서 벗어나고픈 욕구가 매우 컸을 것으로 보이는데, 그런 점에서 소월의 시 〈엄마야 누나야〉는 지극히 짧으면서도 그의 오랜 소망을 간절히 담고 있는 작품이라 할 수 있다. 평화롭고 아름다운 강변에서 엄마와 누나랑 영원히 살고 싶다는 어린 소년의 소박한 심정을 노래하고 있기 때문이다.

> 엄마야 누나야 강변 살자.
> 뜰에는 반짝이는 금모래 빛
> 뒷문 밖에는 갈잎의 노래
> 엄마야 누나야 강변 살자.

하지만 이 시 역시 소월의 가슴 아픈 사연을 담고 있는 작품으로 보인다. 시에서 아버지의 존재는 보이지 않기 때문이다. 정신이상자인 아버지는 소월의 삶에서 빠지고 없는 존재나 마찬가지였다. 아버지 없이 자란 그가 의지할 만한 사람은 오로지 어머니뿐이었다. 더군다나 그는 14세라는 어린 나이에 내키지 않는 결혼까지 억지로 해야만 했다. 그에게는 사랑하지도 않는 부인의 존재란 무의미한 것이었고, 그래서 오직 엄마와 누나랑 함께 강변에서 살고픈 소망을 노래한 셈이다.

그런 점에서 굳이 이 자리에서 프로이트의 오이디푸스 갈등까지 거론할 필요는 없다고 본다. 결국 그가 자신의 시 〈초혼(招魂)〉에서 그토록 절절히 구슬프게 부른 이름의 주인공이 과연 누구일까 생각해 본다면, 그것은 바로 그 자신의 어머니였기 쉽다. 소월의 삶에서 그가 진정으로 사랑하고 의지했던 여성은 어머니밖에 없었기 때문이다.

비록 어머니는 일자무식의 문맹이었지만, 시집을 오자마자 남편이 정신이상자가 되는 바람에 오로지 아들에게만 정을 쏟으며 위안을 삼았는데, 소월은 그런 어머니를 몹시 사랑하고 의지하면서도 다른 한편으로는 소통의 단절과 수치심 때문에 매우 양가적인 태도를 지닐 수밖에 없었다.

산산이 부서진 이름이여!
허공중에 헤어진 이름이여!
불러도 주인 없는 이름이여!
부르다가 내가 죽을 이름이여!
심중에 남아 있는 말 한 마디는
끝끝내 마저 하지 못하였구나.
사랑하던 그 사람이여!
사랑하던 그 사람이여!
붉은 해는 서산마루에 걸리었다.
사슴의 무리도 슬피 운다.
떨어져 나가 앉은 산 위에서
나는 그대의 이름을 부르노라.
설움에 겹도록 부르노라.
설움에 겹도록 부르노라.
부르는 소리는 비껴가지만
하늘과 땅 사이가 너무 넓구나.
선 채로 이 자리에 돌이 되어도
부르다가 내가 죽을 이름이여!
사랑하던 그 사람이여!
사랑하던 그 사람이여!

잘 알려진 작품은 아니지만 소월의 시 〈고락(苦樂)〉을 보면 자신에게 주어진 삶을 얼마나 부담스러워했는지 어느 정도 짐작할 수 있다. 물론 그의 시는 애달픈 이별의 아픔과 슬픔을 노래한 경우가 많지만, 이처럼 자신의 힘겨운 상태를 노골적으로 드러낸 작품은 그리 흔치 않다. 그럼에도 불구하고 그는 이러지도 저러지도 못하는 자신의 처지를 우주순환론적인 자연관을 통해 극복하고자 하는 모습을 보이기도 한다.

칼날 위에 춤추는 인생이라고
물속에 몸을 던진 몹쓸 계집애
어쩌면 그럴 듯도 하긴 하지만
그렇지 않은 줄은 왜 몰랐던고

칼날 위에 춤추는 인생이라고
자기가 칼날 위에 춤을 춘 게지
그 누가 미친 춤을 추라 했나요
얼마나 비꼬이운 계집애던가

〈중략〉

무겁다 이 짐을랑 벗을 겐가요
괴롭다 이 길을랑 아니 걷겠나
무거운 짐 지고서 닫는 사람은
보시오 시내 위의 물 한 방울을

한 방울 물이라도 모여 흐르면

흘러가서 바다의 물결 됩니다

하늘로 올라가서 구름 됩니다

다시금 땅에 내려 비가 됩니다

여기서 소월은 버겁다고 무조건 짐을 내던지는 게 능사가 아니요 그런 삶의 부담과 괴로움을 그대로 지고 가면서 어떻게든 견디는 사람만이 진정으로 사람다운 사람이라고 강조한다. 그러면서 그는 아무리 칼날 위에 춤추는 인생이라 할지라도 그것을 견디지 못하고 물속에 몸을 던진 여인의 나약함을 비웃고 있다.

그러나 소월 역시 그런 미친 춤을 추다가 스스로 생을 마감한 여인처럼 그 자신도 결국에는 그토록 무거운 짐을 내던지고 자살하고 말았지 않은가. 물론 시와 현실이 반드시 일치할 수는 없기 마련이고, 더군다나 그것이 일치한다면 오히려 시가 될 수 없을지도 모른다. 하지만 죽지 못해 살아가던 일제 강점기의 수많은 동포들이 그나마 소월의 시를 읽고 위안을 받으며 용기와 희망을 잃지 않았다는 점을 생각한다면, 그의 비극적인 최후는 많은 이들에게 너무도 큰 실망감을 안겨 주었을 것이라고 짐작할 수 있다.

1934년 12월 하순, 추운 겨울날 소월은 뒷산 무덤가를 배회하다가 하산해 귀가한 후 아내와 함께 밤늦게까지 술을 마셨으며, 술에 취한 아내가 잠이 들자 장에서 구해 온 아편을 먹고 자리에 누웠다. 다음 날 새벽, 잠에서 깬 아내가 발견한 것은 이미 싸늘하게 식은 소월의 시신이었을 뿐이다. 남편의 사랑을 제대로 받아보지도 못한 아내로서 그녀가 받았을 충격과 아픔이 어떠했을지 짐작이 가고도 남는다.

# 이상의 난해시

일제 강점기에 활동하면서 파격적인 난해시를 발표해 세상에 충격을 던져 주었던 이상(李箱, 1910~1937)은 소설에서도 주인공의 이상심리에 기초한 일인칭 소설로 장안에 화제를 불러일으키기도 했다. 그런 점에서 그의 존재는 한국 문학에 있어서 너무도 특이한 위치를 점하고 있다 하겠다.

본명이 김해경(金海卿)인 이상은 서울 사직동에서 이발사인 아버지 김연창과 어머니 박세창의 2남 1녀 중 장남으로 태어나 건축 기사 겸 작가로 활동하다 27세라는 젊은 나이로 요절했다. 한일강제병합이 이루어진 경술국치일 직후에 태어나 중일전쟁이 발발하기 직전에 생을 마감하기까지 어둡고 참담한 시절을 살아가야만 했던 이상이야말로 밝은 세상을 한 번도 목격하지 못하고 세상을 떠난 불행한 천재였다.

그런데 이상은 그가 처한 시대적 불운이나 결핵으로 마감한 짧은 생애뿐 아니라 출생 이후의 성장 과정 또한 불행하기 그지없었다. 그는 태어날 때부터 울지를 않아 어머니의 속을 태우기도 했지만, 다른 무엇보다도 생계의 어려움 때문에 불과 3세 때 부모 곁을 떠나 자식이 없던 백부의 집으로 입양되어 그곳에서 성장해야만 했다.

결국 이상은 따스한 부모 슬하에서 가족의 소중함을 느끼며 살아 본 경험이 없었기 때문에 매우 고독하고 불안정한 심성의 소유자로 성장할 수밖에 없었는데, 게다가 아버지는 일자무식인 곰보에다 손가락 세 개가 없는 이발사였으며, 출신 성분이나 생일조차 알 수 없는 천애 고아 출신이었던 어머니 역시 곰보였다. 유달리 자존심이 강했던 이상에게는 그런 부모의 존재가 매우 수치스럽고도 감추고 싶은 아킬레스건으로 작용했기 쉽다.

이상의 이름을 처음으로 세상에 알린 것은 당시 신문에 연재하던 〈오감도(烏瞰圖)〉를 통해서였지만, 곧이어 독자들의 항의가 빗발치자 시의 연재는 중단되고 말았다. 수수께끼 같은 이 시의 제목은 건축 용어인 조감도(鳥瞰圖)를 식자공이 실수로 잘못 조판한 결과로 보이기도 하지만, 건축기사 출신의 이상이 그런 사실을 모를 리 없었을 것이므로 시인이 의도한 제목이라고 보는 편이 타당할 것이다. 마치 검은 까마귀의 눈을 통해 내려다본 세상이라는 뜻인 것처럼 들리는 이 제목 자체부터가 논란의 대상이 되기에 충분하다.

이상의 모든 시가 상식을 뛰어넘는 내용이기도 하지만, 다른 무엇보다 특이한 점은 정상적인 띄어쓰기를 과감히 무시한다는 사실이다. 그래서 그의 시를 읽는 독자들은 엄청난 스트레스를 받으며 감상해야 한다. 왜 이상은 굳이 그런 기이한 시도로 독자들을 불편하게 만들어야만 했던 것일까. 단순히 특이하게 보임으로써 사람들의 시선을 이끌기 위해서였을까.

그러나 결론부터 말하자면, 이상은 그런 시도를 통해 자신의 근원적인 불안을 거부하고 있는 셈이다. 다시 말해 그것은 분리와 헤어짐을 상징하는 모든 현상에 대한 불안과 두려움이 띄어쓰기에 대한 거부의 몸짓으로 나타난 것이라 할 수 있다. 따라서 모든 활자는 서로 떨어지지 말고 서로 붙어 있어야 했다. 어머니로부터, 그리고 가족으로부터 일찍 떨어져 살아야 했던 이상 자신의 근원적인 불안을 드러낸 모습이 아닐 수 없다.

〈오감도 시제1호〉에서 보여 주는 막다른 길로 질주하는 아이들의 모습은 바로 이상 자신의 모습이기도 하다. 그것도 13이라는 저주받은 불길한 숫자를 등에 업고 말이다. 이상에게 분리는 가장 치명적인 저주요 돌이킬 수 없는 상처가 되었기 때문에 그의 첫 작품은 부모로부터 분리된 저주받은 운명의 아이가 자신의 불안과 두려움을 이기기 위해 막다른 골목길을 무작정 질주하는 장면으로 시작한 것이다.

> 13인의兒孩가도로로질주하오.
> (길은막다른골목이적당하오)

이상은 불길한 숫자 13을 통해 막다른 골목에 처한 아이들의 두려움에 가득 찬 심정을 대변하고 있다. 물론 그것은 희망이라고는 전혀 보이지 않는 일제 강점기의 조선인들의 절박한 모습을 상징하는 것처럼 보이기도 한다. 또한 위에서 그 모습을 지켜보는 까마귀는 이상 자신을 어려서부터 내버린 부모인 동시에 폭압적 지배자인 일본 제국주의를 상징한 것일 수 있다. 그런데 이상의 근원적인 불안은 〈오감도 시제2호〉를 보면 더욱 그 모습이 분명해진다.

나의아버지가나의곁에서조을적에나는나의아버지가되고또나는
나의아버지의아버지가되고그런데도나의아버지는나의아버지대로나
의아버지인데어쩌자고나는자꾸나의아버지의아버지의아버지의……
아버지가되니나는왜나의아버지를껑충껑충넘어야하는지나는왜드디
어나와나의아버지와나의아버지의아버지와나의아버지의아버지의아
버지노릇을한꺼번에하면서살아야 하는것이냐.

　　이상의 자유연상이라 해도 좋을 이 내용을 정리하자면, 결국 나의
아버지가 엄연히 존재하는데 나는 무슨 기구한 팔자를 타고났기에 내
하고 싶은 대로 살지 못하고 자식 노릇을 뛰어넘어 아버지 노릇뿐 아
니라 조상들 가문을 대신하는 꼭두각시로 살아가야 하는가에 대해 늘
어놓는 일종의 푸념이다. 이는 곧 자식을 보살필 능력이 없는 아버지
의 무능력과 직무유기에 대한 비아냥이요 성토라 할 수 있다. 다시 말
해서 부모의 돌봄과 보살핌에 대한 갈망과 원망이 교차하는 모습이다.
그런데 〈오감도 시제13호〉로 가면 이번에는 그의 거세불안이 노골적
으로 드러난다.

　　내팔이면도칼을든채로끊어져떨어졌다.자세히보면무엇에몹시위
협당하는것처럼새파랗다.이렇게하여잃어버린내두개팔을나는촉대
세움으로내방안에장식하여놓았다.팔은죽어서도오히려나에게겁을
내는것만같다.나는이런얇다란예의를화초분보다도사랑스레여긴다.

　　면도칼에 잘린 두 팔의 모습이 뭔가에 위협당한 듯이 새파랗게 질린
모습이지만, 나는 예의를 갖추어 그것들을 촛대처럼 세워 방 안에 장

식하고 화초분보다 더 소중하게 여긴다는 내용인데, 잘린 팔이 이상 자신을 두려워한다는 것은 거세공포에 대한 일종의 투사로 보이는 반면에 화초분은 여성을 상징하는 것이기 쉽다. 물론 여기에 등장하는 면도칼은 이발사인 아버지가 항상 사용하는 도구라는 점에서 더욱 불길한 느낌을 안겨 주는데, 그런 불길한 내용에 어울리게 역시 13이라는 불길한 숫자의 제호가 붙는다. 이처럼 〈오감도〉의 내용은 이상 자신의 근원적인 분리불안과 거세공포에 관련된 갈등을 일련의 단계를 거쳐 전개시키고 있음을 알 수 있다.

난해하고도 곤혹스럽기 짝이 없는 〈오감도〉에 비해 〈거울〉은 비교적 덜 난해한 작품으로 매우 자의식적인 면모가 드러나 있는 그의 대표작 가운데 하나다. 거울을 소재로 했다는 점에서 아버지의 직업이 이발사라는 사실을 떠올릴 필요도 있겠다. 이발사는 거울이 없으면 안 되기 때문이다.

이상은 아버지가 직업적으로 늘 사용하던 거울을 통해 자신의 실존적 또는 정체성 혼란 문제를 응시하는 듯하다. 친부모와 양부모라는 두 상이한 부모를 두었던 그에게는 자신의 존재감 자체에 대한 혼란이 있었을 것이다. 낳은 부모가 참인지 기른 부모가 참인지 그 자신의 정체감에 확신이 없었을 수 있다.

그런 혼란은 자신의 본명인 김해경과 필명인 이상 사이에 가로 놓인 혼란, 일본인도 아니고 한국인도 아닌 제3의 모호한 존재로 살 수밖에 없는 자신의 처지에 대한 불만과 의구심 등 모든 정체성 혼란의 문제를 아우르는 수수께끼였을 것이다. 사실 자신의 원래 성을 마다하고 굳이 필명을 김씨가 아닌 이씨 성으로 바꾼 것도 아버지의 존재를 부정하고 싶었기 때문일지도 모른다. 과연 누가 진정한 자신의 참된 모

습인지 여부를 두고 씨름하는 이상의 모습은 그가 일생을 두고 풀어나
가야 할 미완의 과제였던 셈이다.

거울속에는소리가없소
저렇게까지조용한세상은참없을것이오
거울속에도내게귀가있소
내말을못알아듣는딱한귀가두개나있소
거울속의나는왼손잡이오
내악수(握手)를받을줄모르는–악수를모르는왼손잡이요
거울때문에나는거울속의나를만져 보지를못하는구료마는
거울이아니었던들내가어찌거울속의나를만나보기라도했겠소
나는지금(至今)거울을안가졌소마는거울속에는늘거울속의내가있소
잘은모르지만외로된사업(事業)에골몰할게요
거울속의나는참나와는반대(反對)요마는
또꽤닮았소
나는거울속의나를근심하고진찰(診察)할수없으니퍽섭섭하오

참 자기와 거짓 자기의 분별은 매우 심각하고도 진지한 자기 탐색의
출발점이다. 그런 탐색은 거울을 사이에 두고 참된 자기와 거짓된 자
기가 서로 대면하고 있는 모습을 통해 여지없이 드러난다. 그리고 거
울에 비친 자신의 모습이 매우 낯설게 느껴지는 순간, 시인 자신의 나
르시시즘적 상처가 되살아나면서 진정한 자기의 모습을 찾아 나서기
위한 첫 물음을 던지는 것이다.
　물론 여기서도 이상은 계속 분리를 거부하고 띄어쓰기를 무시하면

서 거울을 통해 자신의 허상과 참된 모습을 끈질기게 탐색하고 있다. 반쪽인 자기는 아직 불완전한 모습이다. 시인은 자신의 불완전성에 대해 늘 허전함을 느끼는 것처럼 보인다. 그것은 거짓된 자기에 대한 불만으로 해석될 수도 있다.

거울 속에 숨어 있는 참 자기는 고요하고 소리가 없는 세계다. 그러나 거짓 자기가 몸담고 있는 이쪽 세계는 시끄럽기 그지없는 환멸의 세계이기도 하다. 그는 자신의 본래의 모습과 화해를 시도하지만 두 인물 간에는 교류와 접촉이 단절되어 있다. 자신이 알지 못하는 또 다른 나의 분신에 대해 그는 접근을 시도하려 들지만, 이들 사이에는 차가운 거울처럼 냉랭한 벽이 가로놓여 있을 뿐이다. 악수를 모르는 왼손잡이란 결국 타협과 화해에 실패한 이상 자신의 모습을 암시한다.

영국의 정신분석가 위니컷은 생의 최초의 단계에 나타나는 참된 자기야말로 모든 창조적인 사고의 근원이 되는 것으로 각자의 삶을 생생하게 느끼며 살아갈 수 있게 만드는 원동력을 제공하는 반면에, 거짓 자기는 현실적인 삶을 이끌어 나가는 데 도움이 될 수는 있지만 자신의 삶에 생기를 느끼지 못하고 오히려 허망함을 느끼게 만든다고 주장했다. 그런 점에서 이상의 거짓 자기는 자신에게 주어진 삶의 조건을 손쉽게 받아들이지 못한 것으로 보이며, 그런 이유 때문에 그는 끊임없이 자기파괴적인 시도를 통해 진정한 자기의 본질을 찾고자 했는지도 모른다.

날이 갈수록 악화되는 폐결핵으로 인해 심한 각혈에 시달린 이상은 자신에게 다가오는 죽음을 예감하는 가운데 쓴 시 〈내과(內科)〉를 통해 그동안 자신이 간직하고 있던 미해결의 부자 갈등을 드러내 보이기도 한다. 전체적인 분위기는 매우 냉소적이고도 허무주의적인 냄새를 풍기지만, 그 안에는 마지막으로 구원의 손길을 바라는 필사적인 몸부림이 담겨 있다.

　　-자가용복음(自家用福音)

　　-혹(或)은 엘리엘리 라마싸박다니

　하이얀천사(天使)

　이수염(鬚髥)난천사(天使)는큐핏드의조부(祖父)님이다.

　수염(鬚髥)이전연(全然)(?)나지아니하는천사(天使)하고혼히결혼(結
　　婚)하기도한다.

　나의늑골(肋骨)은2떠-쯔(ㄴ). 그하나하나에녹크하여본다.

　그속에서는해면(海綿)에젖은더운물이끓고있다.

　하이얀천사(天使)의펜네임은성(聖)피-타-라고.

　고무의전선(電線) 똑똑똑똑 버글버글 열쇠구멍으로도청(盜聽).

　(발신發信) 유다야사람의임금님주므시나요?

　(반신返信) 찌-따찌-따따찌-찌(1) 찌-따찌-따따찌-(2)찌-따찌-따
　　따찌-찌-(3)

　흰뺑끼로칠한십자가(十字架)에서내가점점키가커진다.

　성(聖)피-타-군(君)이나에게세번식(式)이나아알지못한다고그린다.

　순간(瞬間)닭이활개를 친다……

　어얼 크 더운물을 엎질러서야 큰일날노릇-


　첫 부분에 나오는 '엘리엘리 라마싸박다니' 는 예수가 십자가 위에서 숨을 거두기 직전 소리 높이 외쳤던 마지막 절규로 '아버지 아버지 나를 어찌하여 버리시나이까!' 라는 뜻이다. 이상이 예수의 이 마지막

처절한 외침을 인용한 이유는 무엇일까. 그것은 이상에게 있어서 한 평생 잊을 수 없었던 사건, 어린 시절 자신을 버리고 백부의 손에 내맡겼던 부모의 처사에 대한 원망을 담고 있는 것이기도 하다. 부모의 사랑을 받아 보지 못한 이상의 한이 서려 있는 대목이다.

그리고 하얀 천사의 필명은 베드로라 했는데, 베드로는 새벽닭이 울기 전에 주 예수를 세 번씩이나 부인했던 인물로 다시 말해서 아들이 아버지의 존재를 세 번씩이나 부인한 셈이 아닌가. 이상 역시 아버지를 부인하면서도 그에 대한 원망감을 드러내 보이지만, 그래도 뭔가 마지막으로 위로의 말 한마디라도 듣고 싶은 소망을 내비치고 있다.

그런 원망과 소망은 열쇠 구멍을 통해 도청하면서 전화를 거는 장면에서도 나타난다. 마치 '아버지는 어디에 계십니까? 주무시고 계신가요? 아들이 다 죽게 생겼는데, 아버지는 아들을 살릴 생각은 않고 무엇하고 계십니까?' 라고 외치며 아버지에게 항변하는 아들의 모습처럼 보이지만 돌아오는 답변은 없고 찌지직거리는 잡음만 들려온다. 그 소리는 어린 시절 대소변을 가릴 때 사용하던 유아적 표현과 매우 닮았다. '찌찌, 따찌, 따따찌.' 불치병인 폐결핵으로 피를 토하던 이상이 자신의 죽음을 예감하며 두려움에 사로잡힌 나머지 마지막 몸부림을 치는 애절한 모습이 잘 드러난 시라고 할 수 있다. 이상의 그런 절박한 모습은 그의 시 〈각혈의 아침〉에도 그대로 드러나는데 여기서도 하얀 천사 베드로가 등장해 고무 전선을 끌어다가 도청을 하는 장면이 나온다.

이상의 난해시는 작품 해석이라기보다는 일종의 암호 해독 차원에서 풀어야 될 과제일 듯싶다. 하지만 그의 난해성은 매우 의도적인 도발 행위다. 그는 형식만을 파괴하는 것이 아니라 내용 자체도 전복시켜 버린다. 소위 상식이 지배하는 세상 전체가 그의 공격 대상이 되는 셈이다. 그 자신의 태생 자체부터가 상식에서 벗어난 삶이었기 때문이다. 한때는 그의 세상 전부이기도 했던 엄마라는 존재가 일순간에 눈앞에서 사라져 버린 충격적인 사건을 그의 무의식은 잊지 않고 오랜기간 그의 깊은 심층 내면에 간직해 왔으며, 그 충격의 여파는 항상 이상을 괴롭힌 화두로 작용했다.

이상이 보인 다소 기인적인 행보는 그가 처했던 시대적 모순과 광기, 그리고 개인적 불안정에 대항하는 일종의 위악적, 반항적 모습으로 이해할 수 있다. 그리고 그의 시와 소설 속에 나타나는 혼란과 괴팍스러움은 한 작가가 동시대에 던지는 객기라기보다는 이상 자신의 처절한 실존적 몸부림일 수 있다. 그는 그 자신이 미치지 않기 위해서 미친 척이라도 해야 했을 것이다.

이상은 분명 자신의 정체성에 대해서도 혼란을 느끼고 있음을 드러내고 있다. '오까상, 오도상' 같은 일본식 호칭처럼 들리기도 하는 이상이라는 필명과 한국식 본명 김해경 사이의 혼란, 친부모와 양부모사이의 혼란, 조선인으로서 총독부를 위해 일해야만 되는 가치관의 혼란, 성적인 욕망과 파괴적인 욕망 사이의 혼란, 만남과 헤어짐 사이의혼란, 비굴한 현실 적응과 자기 욕망 추구 사이의 혼란, 이 모든 혼란이 이상을 괴롭힌 핵심적인 화두들이었다. 그런 혼란은 그의 시뿐 아니라 소설을 통해서도 드러난다.

시인은 그 시대를 대변하는 예언자라고 할 수 있다. 이상이 마주했던 시대는 미래가 보이지 않는 암담한 시절이었으며, 그와 동시대의한국인들 역시 한 치 앞도 내다 볼 수 없고 말도 함부로 할 수 없었으며 제대로 들을 수도 없는 장님이요 귀머거리, 벙어리 신세로 살아야만했다. 이상의 난해시는 마치 장님을 위해 점자로 쓴 듯한 형식을 취하고 있는데, 이는 곧 삼중고의 장애를 겪고 있던 한국인의 심경을 대변하고 있는 것으로 볼 수도 있다.

프로이트의 정신분석이 자아의 자기기만적 또는 위선적 실상을 정교하게 밝힌 것이라면 이상은 그런 모순과 허구로 가득 찬 위선적 세상에 낙담하고 좌절하면서 오히려 역으로 위악적인 마지막 몸부림을 통해 자신의 무력감에서 벗어나려 시도한 것처럼 보인다. 그에게 부조리한 현실로만 보였던 이 세계는 그의 삶과 함께 시작된 것이기도 하다. 이상은 태어나자마자 백부의 집에 양자로 맡겨진 채 성장했으니, 다시 말해서 정상적인 부모의 슬하에서 푸근한 정을 받고 자라지 못한 것이 우선 문제의 발단이라고 하겠다.

그는 결국 정상적인 가정을 이루어 보지도 못하고 생을 마감했다. 아니, 애당초 그럴 마음이 없었는지도 모른다. 가정에 대한 부정적인 인식이 그의 마음 한가운데 자리 잡고 있었음 직하다. 그렇다고 그는 가족을 대신할 대리적 만족조차 추구하지 않았다. 예를 들어 종교적 또는 정치적 이념으로 뭉친 단체나 집단을 찾을 생각조차 하지 않았던 것이다.

이상은 철저하게 자신의 가족과 이웃으로부터 소외된 삶을 살면서 자조와 자학으로 일관된 모습을 보였던 작가였다. 그는 철저하게 고립된 세계로 자신을 도피시켰다. 그리고 자학의 맨 밑바닥을 두드리는 가운데 스스로의 삶을 곱씹으며 허탈한 시선으로 자기 자신만을 응시했던 것이다.

하지만 이상의 비극은 그가 너무도 일찍 요절하는 바람에 자신의 내적 대상과의 관계 회복을 충분히 이루지 못하고 세상을 마쳤다는 점에 있다. 따라서 그는 자신을 버린 부모에 대해 용서하고 타협할 기회를 잃고 만 셈이다. 불행히도 이상은 이 모든 과정을 거칠 만큼 충분히 오래 살지 못하였다. 다만 그는 자신의 해결되지 못한 복잡한 감정적 문제들을 문학적 수단을 동원하여 그것도 파격적인 형식을 통해 표출시켰을 뿐이다.

파격은 곧 파괴의 다른 얼굴이다. 그런 점에서 이상 문학의 목적은 역설적으로 창조적인 활동을 통하여 모든 상식을 파괴하는 데 있다는 것을 알 수 있다. 그리고 그런 파괴욕을 감추는 데 가장 안성맞춤인 방법은 해학과 난해성으로 가장하는 것이었다. 비록 그것은 진정한 문제 해결이 될 수는 없는 노릇이었지만, 그나마 짧은 이상의 삶을 지탱해 주는 버팀목이 되어 준 것만은 틀림없다. 그러나 진정한 내면적 화해와 용서에 도달하지 못했다는 점에서 이상은 분명 비극적인 삶의 희생양이었다.

이상은 밝은 세상을 한 번도 보지 못하고 살다 간 불운의 작가였다. 따라서 아무런 희망도 보이지 않는 암흑시대를 살면서 그가 철저하게 허무적이고도 퇴폐주의적인 삶에 빠져든 것은 어쩌면 당연했는지도 모른다. 그런 점에서 이상은 동시대의 작가들과 마찬가지로 절망적인 퇴폐주의와 허무주의적 냉소로 일관한 것처럼 보인다.

이상은 실로 괴짜요 기인이라 할 수 있다. 그러나 그는 단지 객기나 부리며 제멋대로 살다 간 망나니 예술가가 결코 아니다. 이루 말할 수 없는 비탄과 절망, 그리고 분노와 좌절이 오히려 그의 창작열에 불을 지핀 연료가 되었다. 그가 마주쳐야 했던 말도 되지 않는 세상의 모순과 역설에 대항하기 위해서는 그와 동일한 역설과 모순으로 맞대응하는 수밖에 없다고 이상은 생각했을 것이다.

# 윤동주의 〈서시〉

일제 강점기에 활동한 시인 윤동주(尹東柱, 1917~1945)는 일본 유학 중에 항일 운동 혐의로 일본 경찰에 체포되어 모진 고문 끝에 후쿠오카 형무소에서 27세의 나이로 아깝게 요절한 시인이자 독립운동가다. 사후에 그의 시집 『하늘과 바람과 별과 시』가 출간되어 지금까지도 많은 독자들의 사랑을 받고 있는데, 그가 남긴 100여 편의 시 가운데 특히 〈서시〉와 〈별 헤는 밤〉 등은 젊은이들에게 애송되는 작품들이다.

윤동주는 만주 북간도에서 독실한 기독교 집안의 아들로 태어나 그곳에서 학교를 다니다가 18세 때 평양의 숭실중학교로 전학했다. 하지만 신사참배 거부 문제로 일제에 의해 학교가 폐교당하자 다시 용정에 있는 광명중학교로 편입했는데, 졸업 후에는 경성으로 유학해 연희전문학교 문과에 입학했다. 당시 그는 의사가 되기를 바라는 아버지와 갈등을 빚기도 했지만, 다행히 조부의 개입으로 자신이 원하는 문과에 진학하게 되었다.

재학 중에 이미 시를 발표하기 시작한 그는 졸업과 동시에 자신의 시집을 출간하고자 했으나 성사되지 못했으며, 대신 일본 유학에 뜻을 두게 되었다. 윤동주의 집안에서는 그의 유학을 돕기 위해 '히라누마<sup>(平沼)</sup>'로 창씨개명까지 했는데, 물론 그것은 본인의 의사와는 관계없이 이루어진 일이었다. 하지만 본의 아니게 히라누마 도오슈<sup>(平沼東柱)</sup>가 된 그는 그 사실로 너무도 괴로워한 나머지 자신의 시 〈참회록〉을 통해 자신의 참담한 심경을 이렇게 노래했다.

파란 녹이 낀 구리거울 속에

내 얼굴이 남아 있는 것은

어느 왕조(王朝)의 유물(遺物)이기에

이다지도 욕될까

나는 나의 참회(懺悔)의 글을 한줄에 줄이자

─만이십사년일개월(滿二十四年一個月)을

무슨 기쁨을 바라 살아 왔던가

내일이나 모레나 그 어느 즐거운 날에

나는 또 한줄의 참회록(懺悔錄)을 써야 한다.

─그때 그 젊은 나이에

왜 그런 부끄런 고백(告白)을 했던가

밤이면 밤마다 나의 거울을

손바닥으로 발바닥으로 닦아 보자.

그러면 어느 운석(隕石)밑으로 홀로 걸어가는

슬픈 사람의 뒷모양이

거울 속에 나타나온다

민족적 자부심에 가득 찬 윤동주로서는 아무리 집안에서 결정한 일이라 하더라도 도저히 참기 힘든 모멸감과 수치심으로 밤을 지새우며 거울 속에 비친 자신의 얼굴을 하염없이 닦고 또 닦은 것이다. 그런 참담한 심경을 안고 떠난 일본 유학이었으니 그곳에서 곧바로 불령선인(不逞鮮人)으로 지목되어 일본 경찰의 감시를 받게 된 것은 불 보듯 뻔한 일이었다. 결국 윤동주는 도중에 학업을 때려치우고 귀국하기 직전 사상범으로 일경에 체포되어 징역 2년형을 선고받고 후쿠오카 형무소에 수감되었는데, 당시 그와 함께 투옥된 고종사촌 송몽규는 생체 실험 대상자로 분류되어 옥중에서 의문사를 당하고 말았다. 그런 사실 때문에 윤동주 역시 생체 실험에 희생되어 사망한 것이라는 의혹이 생기기도 했겠지만, 입증된 사실은 아니다.

어쨌든 지병이 있었던 것도 아닌 20대 건장한 청년이 투옥된 지 불과 1년 만에 갑자기 숨을 거둔 것은 비록 생체 실험에 의한 것은 아니었다 하더라도 혹독한 고문의 후유증일 가능성은 매우 높아 보인다. 더군다나 그가 죽은 후 10일이나 지나서야 유족들에게 사망 통보가 도착한 점, 그리고 아버지가 그의 시신을 인수하러 서둘러 일본에 건너간 후 그의 위독함을 알리는 통지서가 뒤늦게 도착한 점 등이 그런 의혹을 더욱 부추긴 셈이다.

윤동주의 유고 시집 『하늘과 바람과 별과 시』는 1948년에 처음 출간되었는데, 일제에 항거한 양심적인 지식인의 표상으로 청년들의 뇌리에 깊이 각인된 그의 이미지는 특히 오랜 군사독재 정권에 항거하며 민주화 투쟁을 벌이던 학생들 사이에서 가장 인기 있는 시인으로 자리 잡게 하는 데 큰 역할을 한 것으로 보인다. 그중에서도 〈서시(序詩)〉는 누구나 암송할 정도로 인기가 높았다.

죽는 날까지 하늘을 우러러

한 점 부끄럼이 없기를,

잎새에 이는 바람에도

나는 괴로와했다.


별을 노래하는 마음으로

모든 죽어 가는 것을 사랑해야지.

그리고 나한테 주어진 길을

걸어가야겠다.


오늘 밤에도 별이 바람에 스치운다.


비장미가 감도는 이 시는 불의에 항거하는 시인의 불꽃같은 의지와 죽음을 불사하는 굳은 결의, 그리고 하늘을 우러러 한 점 부끄럼이 없다는 양심 고백을 통해 지식인이 걸어가야 할 고난의 길을 암시하고 있다. 부당한 현실 앞에 비겁하게 굴복하지 않고 끝까지 저항하고 말겠다는 남다른 각오뿐 아니라 작은 잎새에 부는 바람에도 괴로워하며 모든 죽어 가는 것들에 대해 연민의 정을 느끼는 시인의 섬세한 마음 또한 독자들의 심금을 울리고도 남는다.

윤동주의 시에 자주 등장하는 하늘과 바람, 그리고 별들은 그가 처한 비극적인 현실을 암시하고 있다. 하늘은 시인의 이상이요, 별은 그 자신의 아름다운 추억이다. 희망이라고는 아무것도 보이지 않는 암담한 현실 속에서도 하늘에 떠 있는 아름다운 별에 도달하고픈 시인의 작은 소망조차도 바람이 끼어들어 방해를 하고 있다. 물론 그 바람은 힘없는 잎새마저 모조리 떨어트려 죽이고 마는 일제가 아니겠는가. 그런데 그의 마지막 시 〈별 헤는 밤〉에 이르면 마침내 그 바람은 사라지고 대신 어머니가 등장한다.

계절이 지나가는 하늘에는 가을로 가득 차 있습니다.

나는 아무 걱정도 없이 가을 속의 별들을 다 헤일 듯합니다.

가슴속에 하나 둘 새겨지는 별을 이제 다 못 헤는 것은 쉬이 아침이 오는 까닭이요, 내일 밤이 남은 까닭이요, 아직 나의 청춘이 다하지 않은 까닭입니다.

별 하나에 추억과 별 하나에 사랑과 별 하나에 쓸쓸함과 별 하나에 동경과 별 하나에 시와 별 하나에 어머니, 어머니,

어머님, 나는 별 하나에 아름다운 말 한마디씩 불러 봅니다, 소학교 때 책상을 같이했던 아이들의 이름과, 패, 경, 옥, 이런 이국 소녀들의 이름과, 벌써 애기 어머니 된 계집애들의 이름과, 가난한 이웃사람들의 이름과, 비둘기, 강아지, 토끼, 노새, 노루, 프랑시스 잠, 라이너 마리아 릴케 이런 시인의 이름을 불러 봅니다.

이네들은 너무나 멀리 있습니다. 별이 아슬히 멀듯이,

어머님, 그리고 당신은 멀리 북간도에 계십니다.

나는 무엇인지 그리워 이 많은 별빛이 내린 언덕 위에 내 이름자를 써보고, 흙으로 덮어 버리었습니다, 딴은 밤을 새워 우는 벌레는 부끄러운 이름을 슬퍼하는 까닭입니다.

그러나 겨울이 지나고 나의 별에도 봄이 오면 무덤 위에 파란 잔디가 피어나듯이 내 이름자 묻힌 언덕 위에도 자랑처럼 풀이 무성할 게외다.

〈별 헤는 밤〉은 연희전문학교 재학 시절 졸업을 앞두고 쓴 시로 어린 시절을 회상하며 멀리 떠난 고향의 그리움을 어머니에게 보내는 편지 형식으로 되어 있다. 처음에는 가을밤 하늘에 떠 있는 별을 바라보며 지난 과거의 추억에 빠져 있다가 점차 자신이 처한 냉엄한 현실로 돌아와 수치심과 자책감, 자긍심 등이 복잡하게 뒤엉켜 시인의 마음을 어지럽힌다.

자신의 이름 석 자를 썼다가 흙으로 덮어 버리며 곁에서 밤 새워 우는 벌레조차 부끄러운 이름 때문에 슬퍼하는 것으로 여기는 시인의 마음은 결국 창씨개명에 대한 울분을 하소연하고 있는 셈이다. 하지만 그는 희망을 버리지 않는다. 얼어붙은 겨울이 지나고 새봄이 오면, 다시 말해서 어둠의 세력이 물러가고 광복의 그날이 오면 자신의 이상을 펼칠 수 있는 희망의 시대가 반드시 올 것이라는 굳건한 믿음을 보여주고 있기 때문이다.

따라서 그가 자신의 시 〈내일은 없다〉에서 오늘은 오늘일 뿐 내일은 오지 않는다고 말한 이유는 새날이 다가올 것이라는 자신의 믿음을 번복해서가 아니라 뭐든지 내일로 미루는 사람들의 나태함을 꾸짖기 위함이었다. 새날을 맞이하기 위해서는 가만히 앉아서 기다리기보다는 지금 당장 뭔가를 해야 한다는 절박한 심정을 드러낸 것이 아닐까 한다.

그런 점에서 매우 자의식적인 그의 시 〈자화상(自畵像)〉은 자기 자신의 안일함과 나태함을 스스로 나무라는 동시에 윤동주 자신에 대해서도 자기연민뿐 아니라 애증이 교차하는 매우 양가적인 태도를 엿보게 한다. 그의 끝없는 자기성찰은 항상 스스로를 고뇌와 번민에 빠트리고 있지만, 그런 자성을 통해 시인은 범인들이 감히 다가설 수 없는 하늘과 별의 세계로 훌쩍 다가가는 것이다. 윤동주도 그런 시인 가운데 한 사람이었다.

산모퉁이를 돌아 논가 외딴 우물을 홀로 찾아가선 가만히 들여다 봅니다.
우물 속에는 달이 밝고 구름이 흐르고 하늘이 펼치고
파아란 바람이 불고 가을이 있습니다.
그리고 한 사나이가 있습니다.
어쩐지 그 사나이가 미워져 돌아갑니다.
돌아가다 생각하니 그 사나이가 가엾어집니다.
도로 가 들여다보니 사나이는 그대로 있습니다.
다시 그 사나이가 미워져 돌아갑니다.
돌아가다 생각하니 그 사나이가 그리워집니다.
우물 속에는 달이 밝고 구름이 흐르고 하늘이 펼치고
파아란 바람이 불고 가을이 있고 추억처럼 사나이가 있습니다.

외진 우물 속에 비쳐진 자신의 모습을 보고 연민과 증오심이 번갈아

오가는 착잡한 심정이 드러난 이 시는 결국 이상과 현실 사이에서 갈등을 겪고 있는 시인의 자화상을 그린 작품이다. 악의 세력이 지배하고 있는 현실과 적당히 타협하며 세속적인 성공을 추구할 것이냐, 아니면 불우한 동포의 처지를 생각하고 악의 세력과 맞부딪쳐 이 한 몸 다 바쳐서 끝까지 저항할 것이냐.

당시 윤동주의 마음은 그야말로 상반된 두 갈래 길에서 극심한 고뇌를 겪었을 것이다. 그러나 그는 결국 마음을 정했다. 비굴한 현실 적응보다는 항거의 길을 택한 것이다. 비록 그 길이 자신을 희생 제물로 삼는 고난의 길이 될 것임을 잘 알면서도 굳이 그 길을 택한 것은 다른 무엇 때문도 아니고 오로지 하늘 우러러 한 점 부끄럼 없는 삶을 살고자 했기 때문이다. 그래서 그는 마침내 모진 고문 끝에 감옥에서 최후를 맞이한 것이다. 그리고 죽어서 자신의 고향땅 북간도에 묻혔다.

# 정신분석 용어 해설

감정이입(empathy): 타인의 느낌이나 생각, 그리고 그 의미 등에 대해 마치 자신의 경험처럼 받아들이는 현상을 말하며, 흔히 공감이라고도 부른다. 다시 말해 타인의 상황에 몰입함으로써 타인의 입장을 자신의 일처럼 이해하게 되는 과정을 말하는데, 그러기 위해서는 안정적이고 성숙하며 관용적인 태도가 요구된다. 의심이 많거나 냉담한 성격의 소유자들은 이런 능력이 결여되어 있기 쉽다.

강박증(obssesive-compulsive neurosis): 주로 강박적인 성격에서 보이는 특성으로 이런 사람들은 매우 사변적이며, 강박적인 사고(obsession)와 강박적 행동(compulsion)에 매달리고, 완벽주의, 원칙주의, 의구심, 청결벽, 인색함, 주도면밀성, 우유부단성, 감정적 냉담성, 도덕주의, 금욕주의, 일중독 등에 얽매여 매우 고지식하고 융통성 없이 살아가기 쉽다.

거세공포(castration fear): 프로이트에 의해 확립된 개념이다. 그는 아동기 시절에 남자아이가 어머니에 대한 근친상간적 욕망과 환상을 품기 마련이지만, 그런 욕망을 지녔다는 이유로 자신의 강력한 라이벌인 아버지의 보복을 두려워하기 쉬운데, 물론 그런 보복은 거세당하지나 않을까 하는 공포심을 불러일으키고 결국에는 그런 두려움을 극복하기 위한 방편으로 아버지의 남자다운 특성을 동일시하게 된다고 설명했다. 반면에 여아의 경우는 자신에게 남근이 없다는 사실로 인해 남근선망(penis envy)의 태도를 지니게 되고 남성들과 경쟁하는 모습으로 발전하기도 한다.

결혼으로의 도피(escape to marriage): 부모에 대한 반발과 거부감으로 지겹고도 불행한 가족의 그늘에서 벗어나기 위한 수단으로 서둘러 결혼하는 현상을 말하는데, 배우자에 대한 사랑보다 새로운 탈출구로서 결혼을 선택하는 경우가 이에 속한다. 그러나 이런 동기에 의한 선택이었다고 해서 반드시 불행한 결혼 생활을 겪는 것만은 아니다.

과대망상(grandiose delusion): 자기 자신에 대해 지나치게 과장된 평가를 하는 잘못된 믿음을 말한다. 근거 없는 우월감과 과대평가, 비현실적으로 허황된 기대에 가득 차 있어서 그런 망상에 근거한 행동 자체도 이상한 형태로 나타난다. 뿌리 깊은 열등감이나 죄의식, 고통스러운 현실에 대한 부정으로 나타나는 경우가 많다.

광장공포증(agoraphobia): 사람들이 많은 공공장소에 대한 극심한 두려움을 말한다. 이런 증상이 있는 사람들은 혼자 외출하기를 꺼리게 되고 동반자가 곁에 있을 경우에만 간신히 외출하기도 한다. 대중교통을 이용하는 데 어려움을 느끼며, 극심한 불안 때문에 혼자 길을 가다 쓰러질까 두려워하는 경우가 많다.

구원환상(rescue fantasy): 아동기 시절에 남자아이는 어머니를 가운데 두고 아버지와 치열한 경쟁을 벌이기 쉬운데, 특히 폭군적인 아버지에게 시달리는 희생적인 어머니를 자신이 구원해야만 한다는 환상에 사로잡혀 아버지를 상대로 내면적인 투쟁을 벌이기도 한다.

근친상간적 욕구(incestuous wish): 이성인 부모에게 지니는 아이의 감정과 태도를 말하는 것으로 반드시 성적인 의미로 사용하는 용어는 아니다. 남아는 어머니에게, 그리고 여아는 아버지에게 더욱 친밀감을 느끼고 접근하는데, 경우에 따라서는 오히려 부모 쪽에서 그런 태도를 조장하기도 한다.

꿈의 해석(Interpretation of Dreams): 1900년에 간행된 프로이트의 기념비적 저술로 방대한 꿈 자료의 해석을 통해 무의식의 존재를 본격적으로 탐색한 책이다. 다양한 꿈의 상징과 꿈 과정에 대한 이론이 망라되어 있는데, 프로이트는 모든 꿈의 목적은 무의식적 욕망과 환상의 소원성취에 있다고 보았으며, 그런 억압된 내용이 꿈으로 나타날 때 의식의 검열이 작용한다고 보았다.

나르시시즘(narcissism): 자기애(自己愛)로 번역된다. 인간은 누구나 다 자기를 사랑하기 마련이지만, 특히 젖먹이 시절에는 전적으로 나르시시즘 상태에 빠져 있다고 보는데, 그런 점에서 자기애는 지나친 자기 사랑, 또는 매우 자기중심적인 성향을 지칭하는 것으로 매우 미숙한 형태의 심리 상태를 뜻한다고 할 수 있다. 따라서 나르시시즘 경향이 두드러진 사람은 타인에게는 관심이 없으며, 오로지 자신의 이익을 위해 타인을 이용만 할 뿐 건전한 대인관계를 이루지 못하는 약점을 지닌다. 이들의 가장 중요한 결함 가운데 하나는 타인의 입장을 이해하지 못하는 공감 능력의 결여라 할 수 있으며, 그래서 매우 냉담하고 이기적이며 정이 없는 사람으로 보이기 쉽다.

노이로제(neurosis): 아동기에 해결되지 못한 갈등의 핵심이 성인기에 가서 다양한 형태의 정신증상을 일으키는 신경증적 상태를 말하며, 인격 기능이 현저히 무너지는 정신병과는 달리 현실 기능은 적절히 유지되는 것이 특징이다. 불안, 우울, 공포, 강박적 사고, 신체적 전환반응, 해리 상태 등 다양한 형태로 나타난다.

대상관계 이론(object relation theory): 영국의 정신분석가 멜라니 클라인에 의해 발전된 대상관계 이론의 핵심은 생의 가장 초기에 형성되는 모자 관계에서 벌어지는 심리적 경험이라 할 수 있다. 대상관계 이론가들은 어머니의 젖가슴만을 상대하는 부분 대상(part object)과 어머니를 총체적인 한 인간으로 인식하는 전체 대상(whole object)의 과정을 거치며 심리적 성숙을 이루어 나간다고 본다. 그런 과정을 통해 형성된 대상과의 심리적 경험은 아이의 내면에 계속 간직되어 성인이 되어서도 그런 내적 대상(internal object)과의 관계를 유지해 나간다고 본다.

대인공포증(anthropophobia): 낯선 사람과 마주치고 어울리는 것을 두려워하는 공포증이다. 공포증은 신경증적 증세로 환자 본인은 자신의 상태가 불합리하다는 점을 잘 알고 있는 반면에 피해망상 때문에 사람들을 두려워하는 정신병 환자는 그런 불합리성을 인식하지 못한다.

대치(substitution): 정신방어기제의 하나로 자신이 간절히 바라던 것을 갖지 못한 경우 좌절에서 비롯된 긴장감을 덜기 위해 그것과 비슷한 것을 취해 대리만족을 느끼는 경우를 말한다. 예를 들어 꿩 대신 닭을 잡아먹거나 자식이 없는 부모가 양자를 들이는 경우가 이에 해당된다. 프랑스 왕비 마리 앙투아네트가 했다고 전해지는 "빵이 없으면 비스킷이라도 먹지"라는 말도 대치의 기제에 속한다.

도덕 정신병(moral psychosis): 도덕, 윤리적 차원에서 초자아 기능에 구멍이 뚫린 상태로 거의 정신병적 수준에 해당하는 성격파탄자를 가리키는 용어다. 대표적인 경우가 반사회성 인격장애라 할 수 있는데, 요즘에 와서는 파괴적인 충동 조절에 어려움을 보이는 경계성 인격장애 역시 초자아 기능의 결함을 보이고 있어 사회적 기능을 제대로 수행하지 못한다는 점에서 도덕 정신병 차원에 가까운 특성을 보이기도 한다.

도덕적 사도마조히즘(moral sadomasochism): 사디즘과 마조히즘은 쾌락적인 만족을 얻기 위해 반드시 상대를 필요로 하는 만큼 단독으로 존립할 수 없는 성도착증이기 때문에 흔히 사도마조히즘(가학-피학증)으로 지칭하지만, 프로이트는 성도착 차원뿐 아니라 도덕적 차원의 사도마조히즘에 대해서도 관심을 기울이고 정신적으로 가학적, 피학적인 태도를 취하는 경우를 도덕적 사도마조히즘이라고 불렀다. 모진 학대를 가하는 남자와 그런 고통을 기꺼이 감수하며 사는 여자의 기묘한 결합에서 그런 성향을 찾아볼 수 있는데, 그런 남녀의 경우 도덕적 사도마조히즘적 관계라고 부르기도 한다.

동일시(identification): 건전한 인격발달 과정에서 가장 중요한 정신방어기제에 속하는 것으로 남아는 아버지의 특성을, 그리고 여아는 어머니의 특성을 자신의 내면에 받아들여 제각기 남성다움과 여성다움의 특징을 형성하게 되는데, 이런 과정은 가장 바람직한 형태로 간주되지만, 경우에 따라서는 병적 동일시, 적대적 동일시, 나르시시즘적 동일시처럼 미숙한 형태로 발전하기도 한다. 무능력한 부모 대신 카리스마적인 지도자를 동일시하는 경우는 병적 동일시(pathologic identification)에 속하며, 포악한 술주정뱅이 아버지를 증오하면서도 그런 아버지를 동일시해 그 자신이 아버지처럼 똑같이 술주정뱅이 폭군이 되거나 처자식을 버리고 가출한 아버지처럼 그 자신도 나중에 똑같은 짓을 벌이는 경우는 적대적 동일시(hostile identification)라고 한다.

마돈나 콤플렉스(madonna-whore complex): 병적으로 왜곡된 애정 관계의 결함을 나타낸 것으로 정상적인 부부관계를 가질 수 없으면서도 창녀와는 성행위가 가능한 비정상적인 상태를 말하는데, 자신이 숭배하는 어머니에 대해 성스럽고 이상적인 이미지를 지니고 있기 때문에 어머니의 상징적 대리인인 아내에게 불안과 죄의식을 느껴 성적인 접근을 하지 못하는 대신 죄의식을 느끼지 않아도 되는 부도덕한 창녀와는 정상적인 성관계를 맺을 수 있게 된다.

무의식(the unconscious): 의식 영역 밖에 존재하는 심층적 정신세계를 뜻한다. 주로 원초적인 욕망과 환상으로 이루어져 있으며, 의식에서 용납되기 어려운 내용이기 때문에 강한 억압을 통해 의식에 떠오르지 못하지만, 보이지 않는 영향을 항상 의식 세계에 미친다. 그러나 무의식의 존재는 꿈이나 공상, 말실수, 노이로제 증상 등을 통해 부분적으로 엿볼 수 있으며, 정신분석에서 다루고자 하는 주된 탐색 대상이기도 하다.

반동형성(reaction formation): 정신방어기제의 하나로 내면에 감추고 있는 감정과 정반대의 태도를 겉으로 취하는 경우를 말하는데, 예를 들어 내면적으로는 항상 성적인 유혹에 시달리는 사람이 겉으로는 성에 대해 매우 혐오적인 태도를 취하는 경우 반동형성의 기제를 동원한 것으로 본다. 겉으로는 열렬한 동물보호 운동을 벌이는 사람이 자신의 내면에는 동물학대 감정을 숨기고 있는 경우도 마찬가지다.

부정(denial)과 투사(projection): 가장 원시적인 방어기제에 속하는 것으로 의식에서 받아들이기 어려운 고통스러운 내용을 사실이 아니라고 부정하거나 외부의 탓으로 돌려 마음의 평안을 얻고자 하는 기제다. '물에 빠진 장님이 개천 나무란다.' '똥 묻은 개가 겨 묻은 개 흉본다.' 등의 속담은 부정과 투사의 좋은 예라 할 수 있다. '잘 되면 내 탓, 못되면 조상 탓' 하는 것도 투사에 해당된다.

분리(splitting): 생후 초기 유아기 시절에 보이는 매우 미숙하고 원시적인 정신방어기제의 하나로 모든 사물을 좋고 나쁜 것으로만 양분해 받아들이는 현상을 말한다. 이분법적 사고 유형과 밀접한 관련이 있다. 유아들은 불쾌한 감정을 스스로 감당하거나 조절할 능력이 없기 때문에 곧바로 그런 감정을 부정하고 외부로 투사해 버리는 속성을 지닌다.

분리불안(separation anxiety): 이별불안이라고도 부른다. 아기가 엄마에게서 떨어질 때 느끼는 강한 불안 심리를 의미한다. 특히 강한 애착관계에 있거나 의존성이 심한 경우 일종의 공포반응에 가까운 극심한 분리불안을 겪기 쉽다. 이유기에 가짜 젖꼭지를 물려 주는 것도 아기의 분리불안을 가라앉히기 위한 방편에 속한다.

사회공포증(social phobia): 사람 자체에 대한 두려움보다 사회적 상황에 노출되는 것을 불안해하고 기피하는 현상을 말한다. 남들과 대화를 나누거나 발표하는 상황에서 남의 시선을 지나치게 의식한 나머지 심장이 뛰고 얼굴이 붉어지며 말이 떨려서 자신의 의견을 충분히 드러내지 못한다.

섹스 공포증(sex phobia): 성에 대한 두려움 및 혐오감으로 성생활을 기피하는 증상을 말한다. 어린 시절 성추행을 당했거나 성에 대한 외상적인 기억이 있을 경우 성인이 되어서도 성생활을 회피하는 경우가 많다. 설혹 무의식적 억압으로 기억에서 사라진 경우라 해도 결혼한 후 성생활에 직면했을 때 기억이 살아나 자신도 모르게 회피반응을 보일 수 있다.

승화(sublimation): 가장 건전한 방어기제의 하나로 꼽히는 승화는 의식에서 용납될 수 없는 부도덕한 욕망이나 환상을 사회적으로 용인될 수 있는 형태로 변형시켜 발산하는 것을 말한다. 예를 들어 누군가를 죽이고 싶도록 미운 감정을 권투나 격투기로 해소하거나 용솟음치는 성적 욕망을 예술적 창작활동을 통해 분출시키는 행위 등이 승화의 기제에 속한다. 집단적으로는 국가 간의 전쟁보다 국가 대항 축구 시합을 통해 부분적으로 적개심을 해소하는 것도 승화의 한 형태로 볼 수 있다.

신경쇠약(neurasthenia): 피로감, 무기력증, 신체적 통증 등의 증세를 동반한 신경증적 상태로 한때는 신체적 과로에서 오는 현상으로 간주되기도 했지만, 오늘날에 와서는 거의 사용되지 않고 있는 병명이다.

신포도 기제(sour grape mechanism): 정신방어기제 가운데 합리화의 일종으로 자신의 능력이 부족해 얻을 수 없는 대상을 평가절하하는 경우를 말한다. 이솝 우화에 나오는 〈여우와 포도〉 이야기에서 따온 용어다.

양가감정(ambivalence): 동일한 대상에 대해 서로 공존하기 힘든 상반된 감정이 동시에 존재하는 상태를 말한다. 예를 들어 사랑과 미움의 감정이 동시에 공존하는 경우가 이에 속한다. 이런 감정의 기원은 어린 시절 경험에서 비롯되기 쉬운데, 예를 들어 애정과 체벌을 동시에 보여 준 부모에 대한 상반된 감정경험 등이 단적인 예라 할 수 있다. 그런 태도는 정신분석 과정에서도 나타나기 마련인데, 자신을 돕기 위해 애쓰는 치료자에 대해서도 친밀감과 적대감을 동시에 느낄 수가 있다.

애정결핍(affection hunger): 어려서부터 적절한 부모의 사랑과 관심, 인정을 받지 못한 상태를 뜻하지만, 주로 모정의 결핍을 의미하는 경우가 많다. 우울하고 불행에 처한 엄마일수록 자신의 아기에게 무관심하거나 냉담한 반응을 보이기 쉬운데, 그런 엄마에게서 키워진 아기는 성장해 가면서 소심하고 우울하며 불안정한 심리에 빠져 외톨이가 되거나 적절한 친구관계를 맺는 데 어려움을 보이기 쉽다.

엘렉트라 콤플렉스(Electra complex): 남아의 오이디푸스 콤플렉스와 따로 구분해 여아에서 아버지에 대한 강한 소유욕과 어머니에 대한 적대감을 지니게 되는 경우를 엘렉트라 콤플렉스라고 부르는데, 카를 융이 처음 명명했다. 그러나 프로이트는 별도의 명칭을 거부하고 여아의 경우에도 오이디푸스 콤플렉스 개념을 동일하게 적용했다.

오이디푸스 콤플렉스(Oedipus complex): 이성의 부모에게 이끌리고 동성의 부모에게 경쟁심을 갖게 되는 아동기 시절의 갈등 상황을 가리키는 용어로 프로이트는 이러한 갈등적 삼각관계에 빠진 시기를 오이디푸스 단계로 부르고 인류 보편적인 현상이라고 했으나 말리노프스키 등 인류학자들은 그런 주장에 반기를 들기도 했다.

요구-공포 딜레마(need-fear dilemma): 충족되지 못한 욕망이나 충동으로 인해 일어나는 내적 긴장 상태를 요구라고 부르는데, 그런 욕망의 충족을 간절히 원하면서도 정작 그런 요구를 들어주고자 접근할 경우 오히려 극심한 두려움을 갖게 되는 이율배반적인 상황을 말한다. 일반적으로 매우 유아적인 태도의 흔적으로 간주된다.

이분법적 사고(dichotomic thinking): 모든 사물을 두 가지 양극단의 흑백논리로만 받아들이는 매우 유아적인 사고방식의 흔적이다. 천국과 지옥, 선과 악, 천사와 악마, 정통과 이단, 적과 동지, 좋고 나쁜 것, 옳고 그른 것, 이롭고 해로운 것, 뜨겁고 찬 것, 고통과 쾌락 등이 존재할 뿐 그 중간이 없는 게 특징이다.

이중구속(double bind): 영국의 인류학자 그레고리 베이트슨이 제안한 용어로, 서로 상반된 메시지를 동시에 전달할 경우 그런 모순된 메시지를 받은 사람이 그 어떤 결정도 내리지 못하고 심리적 혼란 상태에 빠지는 것을 의미한다. 특히 부모가 이런 소통 방식으로 자식들과 계속해서 관계를 맺을 경우 그 자식들은 인식론적 혼란에 빠져 정신병적 상태로 진행될 수도 있음을 강조한 것인데, 예를 들면 병든 어머니가 아이에게 공부를 열심히 하라고 충고하면서도 막상 아이가 학교에 가려고 하면 '네가 없으면 누가 나를 돌봐 주냐.'고 말함으로써 아이로 하여금 이러지도 저러지도 못하게 만드는 경우를 말한다.

자기기만(self-deception): 자기 자신을 스스로 속이는 경우를 말하는데, 위험하고 불행한 환경을 그렇지 않다고 부정하며 스스로를 달래거나 또는 자신의 바람직스럽지 못한 속성과 결함을 부정하고 자신을 비현실적으로 높이는 기만적 태도를 가리킨다. 많은 정신방어기제들은 이처럼 어느 정도 자기기만적인 속성을 통해 자아가 심리적 균형을 이루어 나갈 수 있도록 돕는 역할을 담당하기 마련이다.

자기징벌 환상(self-punishment fantasy): 자신의 공격성 표출이 여의치 않을 경우 그런 공격의 대상이 오히려 자기에게로 쏠리거나 또는 극심한 죄의식으로 인해 자기 자신을 스스로 처벌하고자 하는 자학적이고도 자기파괴적인 환상을 말하는데, 심할 경우에는 자살로 이어지기도 한다.

자동수기(automatic writing): 자신의 의지와 관계없이 기계적인 행동을 반복하는 자동증(automatism)의 하나로 무의식적인 힘에 의해 글쓰기를 행하는 것을 말한다. 일종의 해리 상태에서 나타나는 경우가 많으며, 본인 자신은 초자연적인 힘이 작용해 그런 행동이 나타난다고 믿기 쉽다.

자아와 이드, 초자아(ego, id, super-ego): 프로이트가 후기에 수정한 구조 이론의 핵심으로 인격의 구조를 자아와 이드, 초자아로 구분했다. 여기서 이드는 무의식적 욕망과 충동을 말하며, 초자아는 도덕적인 양심을 이루는 부분으로 자아에게 끊임없이 압력을 행사한다. 자아는 그런 이드와 초자아 사이에서 적절한 균형을 이루기 위해 타협을 모색하는 의식세계의 주체라 할 수 있는데, 현실과의 타협도 추구한다.

자아경계(ego boundary): 자아와 외부 현실 사이에 존재하는 외적 경계와 내면적으로는 자아의 의식과 무의식 사이에 가로놓인 내적 경계를 일컫는 말로 자아 발달이 충분치 못한 유아들은 자신과 타자를 구분하는 경계가 불분명하기 마련이다. 하지만 성인의 경우에도 자아경계의 발달이 충분치 못할 경우에는 현실감을 잃고 정서적 혼란에 빠지기 쉬우며, 특히 정신병 환자들은 자아경계가 무너짐으로써 망상과 현실을 구분하지 못한다.

자유연상(free association): 정신분석에서 가장 핵심적인 치료방법 가운데 하나로 환자는 카우치에 누워 마음속에 떠오르는 모든 생각과 감정을 그 어떤 제약 없이 자유롭게 이야기하도록 되어 있는데, 그것을 자유연상이라고 한다. 그러나 실제로 자유연상은 생각처럼 그렇게 쉽지가 않다.

전이(transference): 정신분석 과정에서 나타나는 매우 특이한 현상으로 환자의 과거에 의미 있는 관계를 맺었던 인물에 대한 감정적 태도가 분석가에게 향해져 나타나는 경우를 전이라 하며, 예를 들어 두려운 아버지 밑에서 자란 환자가 분석가에게서도 동일한 두려움을 갖게 되는 경우를 말한다. 정신분석에서는 이런 전이적 반응을 해석하는 것이 가장 중요한 핵심 과제로 간주한다.

전치(displacement): 부정적인 감정이나 긴장감을 상대적으로 위험하지 않은 대상으로 옮겨 자신의 심리적 균형을 유지하고자 하는 정신방어기제의 하나다. '종로에서 뺨 맞고 한강 가서 눈 흘긴다.'는 속담이나 화난 김에 돌멩이를 걷어차는 행동 등은 전치의 기제를 가리키는 것이다. 엉뚱한 대상에 화풀이하는 대부분의 행동은 전치에 해당된다. 하지만 반드시 나쁜 감정만이 아니라 좋은 감정도 전치될 수 있다.

정신적 외상(psychic trauma): 오랜 기간 반복적으로 성적인 추행에 노출되었거나 부모에게서 버림을 받아 방치된 경험, 또는 반대로 지속적인 아동학대 경험이 있을 경우 심각한 심리적 상처의 흔적을 남기게 되는데, 적절히 치유되지 못할 경우에는 성인이 되어서도 심각한 인격적 손상을 입히게 되는 수가 많아 대인관계 형성이나 사회적응에 큰 어려움을 겪기 쉽다.

정체성 혼란(identity confusion): 미국의 정신분석가 에릭 에릭슨이 소개한 개념으로 그는 이것이 청소년기에 마주치고 해결해야 할 가장 중요한 심리적 과제라고 설명했다. 자기 자신의 정체가 과연 무엇인지에 대해 혼란을 일으키며 정신적 방황을 겪는 시기가 청소년기라는 점에서 이런 개념을 소개한 것이다. 하지만 남성다움과 여성다움을 발휘하는 데 매우 중요한 성별 구분의 차원에서 정체성의 혼란을 느끼는 경우도 있다.

지성화(intellectualization): 강박적인 사람이 주로 사용하는 방어기제의 하나로 자신의 감정으로부터 회피하기 위해 지적인 사고의 세계에 지나치게 매달리는 경우를 말한다. 그러나 엄밀히 말하자면 감정과 사고를 따로 분리시키는 기제는 격리(isolation)라고 부르며, 지성화의 기제를 반드시 병적으로만 볼 수는 없다. 왜냐하면 적절한 승화의 형태로 볼 수도 있기 때문이다.

질투망상(delusion of jealousy): 질투의 한 형태로 자신의 내면에 간직된 결함을 상대방에게 투사함으로써 자신은 결백하며 오히려 상대가 결함을 지닌 존재라고 인식하는 경우를 말하는데, 예를 들어 성적인 불만 때문에 불륜을 저지르고 싶은 욕구에 사로잡힌 사람이 스스로 그런 욕구 자체를 부정하고 배우자에게 투사한 결과 배우자가 불륜을 저지르고 있다고 믿는 의처증이나 의부증 환자에서 볼 수 있는 현상이다.

참 자기와 거짓 자기(true self, false self): 영국의 정신분석가 위니컷이 사용한 용어다. 참 자기란 자신이 생생하게 살아 있다는 느낌을 통해 창조적인 활동을 추진해 나갈 수 있는 상태를 말하는데, 유아기 시절에 충분한 애정을 제공하는 어머니와의 관계를 통해서 얻어지는 매우 긍정적인 자기인식 상태를 말한다. 반면에 거짓 자기란 일종의 자기 방어로 진정한 애정을 공급하지 못하고 단지 기계적으로 아기를 돌보는 어머니의 거짓된 사랑을 진정한 사랑이라고 믿으며 그것에 순응해 살려는 거짓된 자기인식을 뜻한다.

통과의례(rite of passage): 삶의 주기에서 출생, 성인, 결혼, 죽음 등 새로운 의미를 부여하는 단계에 치르는 의례를 가리키는 것으로 네덜란드의 민속인류학자 반 겐넵이 소개한 용어다. 그러나 일반적으로는 삶의 과정에서 반드시 거쳐야 할 힘든 고비를 가리킬 때 사용하는 말이기도 하다. 우리나라의 경우 사춘기적 방황, 입시 관문, 군 입대, 결혼과 분가, 취업 등이 가장 힘든 통과의례로 간주되는 경향이 높다.

퇴행(regression): 예기치 못한 위기나 곤경에 처했을 때 자신을 스스로 방어하기 위해 심리적으로 마치 어린아이처럼 행동하는 경우를 말하는데, 더 이상 앞으로 나아가지 못하고 어린 시절로 되돌아가기 때문에 퇴행이라고 부른다. 가장 전형적인 경우는 정신병 환자에서 볼 수 있으나 정상인에서도 흔히 나타나는 방어기제로 예를 들어 술에 취해 어린아이처럼 굴거나 연인끼리 사랑을 나눌 때도 퇴행적인 모습을 보이기 쉽다.

투사적 동일시(projective identification): 영국의 정신분석가 멜라니 클라인이 소개한 용어로 매우 원초적인 정신방어기제의 하나다. 생후 초기 젖먹이 시절에 유아가 이분법적 논리에 의거해서 자신에게 해롭고 불쾌하게 느껴지는 속성을 어머니에게 투사한 후 그런 나쁜 속성을 어머니가 지닌 것으로 오해한 나머지 어머니에 대해 적대적인 환상을 지니게 되는 과정을 말한다. 이처럼 미숙한 방어기제는 성인이 되어서도 다른 대인관계를 통해서 얼마든지 나타날 수 있다.

편집증(paranoia): 기본적으로 사람을 믿지 못하고 의심하며 매우 경직된 사고와 감정의 특성을 보이는 성격을 편집성 인격이라 부르는데, 이들은 자신의 결함을 남의 탓으로 돌리기 쉬우며, 항상 타인들이 자신을 음해하려 들지도 모른다는 피해 의식을 갖기 쉽다. 그러나 그런 피해 의식이 깊어지면 망상 단계로까지 진전되어 피해망상에 사로잡히게 되는데, 그런 경우를 편집증 상태라고 부른다.

폭식증(bulimia): 엄청난 양의 음식을 쉬지 않고 먹고 토하는 상태를 말하는

데, 특히 스트레스를 받은 직후 폭식을 통해 자신의 기분을 달래는 경우가 많다. 이런 경우 자신의 행동에 대해 극도의 수치심과 후회, 자책감에 빠지기도 한다. 이와는 반대로 신경성 식욕부진증(anorexia nervosa)은 마른 체격을 유지하기 위해 완강하게 식사를 거부하는 경우로 심할 경우에는 사망에 이르기도 한다.

회피성 인격(avoidant personality): 낯선 사람들과의 접촉에서 극도의 불안과 수줍음을 지니기 때문에 정상적인 외부 활동을 피하고 집안에서만 은둔한 상태로 지내는 성격의 한 유형이다. 그러나 가족이나 친숙한 사람들과의 관계는 매우 제한적으로 유지된다. 또한 본인 자신도 남들처럼 정상적인 사회 활동을 원하기도 하지만 감히 실천하지 못하는 경우가 많다.

희생양(scapegoating): 집단 전체의 문제나 결함을 어느 한 사람의 탓으로 돌리는 병적인 방어기제를 뜻한다. 이런 현상은 가정이나 학교, 직장 등에서도 흔히 나타나는데, 속죄양이라고도 한다. 최근 사회문제가 되고 있는 왕따 현상도 일종의 희생양 만들기의 결과로 볼 수 있다. 이것과 반대되는 기제는 일반화(generalization)라고 할 수 있는데, 이는 한 개인의 문제를 집단 전체의 문제 탓으로 돌리는 경우를 말한다.

히스테리(hysteria): 감정적으로 몹시 풍부하고 쾌활한 모습을 보여 겉으로 보기에는 상당히 매력적이긴 하나 사고 능력의 빈곤을 보이는 여성들의 성격을 말하는 것으로 타인의 시선을 끌기 위해 매우 극적이며 과장된 행동이나 제스처를 보이기 때문에 정신의학에서는 연극성 인격으로 부르기도 한다. 정서적으로 매우 불안정하며 변덕이 심하기 때문에 지속적인 애정관계의 유지에 어려움을 보이기도 한다.

# 참고문헌

김소월(1997). 진달래꽃. 서울: 혜원출판사.

김언희(2000). 말라죽은 앵두나무 아래 잠자는 저 여자. 서울: 민음사.

김영민(1998). 에즈라 파운드. 서울: 건국대학교출판부.

김주연(1989). 고트프리트 벤 연구. 서울: 문학과지성사.

류시화(2000). 한 줄도 너무 길다. 파주: 이레.

윤동주(2006). 하늘과 바람과 별과 시. 서울: 연세대학교 출판부.

이규명(2002). 예이츠와 정신분석학. 서울: 동인.

이명우(2014). 김삿갓 시집. 서울: 집문당.

이병욱(2004). 창조성과 정신병리. 정신분석, 15(2), 166-179.

이병욱(2012). 정신분석과 문학: 창조적 작가들의 무의식. 정신분석, 23(2), 109-114.

이병욱(2013). 정신분석으로 본 한국인과 한국문화. 서울: 소울메이트.

이병욱(2014). 프로이트와 함께하는 세계문학일주. 서울: 학지사.

이병윤(1990). 정신의학사전. 서울: 일조각.

이상(2013). 이상 전집 1. 파주: 태학사.

이승훈(1989). 현대시와 프로이트. 현대시사상, 창간호, 93-105.

이어령(2008). 축소지향의 일본인. 서울: 문학사상사.

이재우(1996). D. H. 로오렌스–성을 통한 현대문명의 고발. 서울: 건국대학교출판부.

정경량(1997). 헤세와 신비주의. 서울: 한국문화사.

정종진(1991). 한국 작가의 생태학. 서울: 우리 문학사.

조두영(1999). 프로이트와 한국 문학. 서울: 일조각.

황철암(1994). T. S. 엘리어트: 회의와 참회의 순례자. 서울: 건국대학교출판부.

Arlow, J. A. (1986). The poet as prophet: A psychoanalytic perspective.

*Psychoanalytic Quarterly, 55*, 53-68.

Bateson, G. (1972). *Steps to an Ecology of Mind.* Chicago: University of Chicago Press.

Bergmann, M. S. (1987). *The Anatomy of Loving.* New York: Ballantine Books.

Bowlby, J. (1961). Processes of mourning. *International Journal of Psycho-Analysis, 42*, 317-340.

Eissler, K. (1963). *Goethe: A Psychoanalytic Study.* Detroit: Wayne State University Press.

Erikson, E. H. (1956). The problem of ego identity. *Journal of American Psychoanal Assn., 4*, 56-121.

Fenichel, O. (1945). *The Psychoanalytic Theory of Neurosis.* New York: WW Norton.

Freud, S. (1900). The Interpretation of Dreams. *Standard Editions, 4&5*, London: Hogarth Press.

Freud, S. (1908). Creative Writers and Day-dreaming. *Standard Editions, 9*, London: Hogarth Press.

Freud, S. (1914). On Narcissism: An Introduction. *Standard Editions, 14*, 67-104. London: Hogarth Press.

Freud, S. (1922). Some Neurotic Mechanisms in Jealousy, Paranoia and Homosexuality. *Standard Editions, 18*, 223-232. London: Hogarth Press.

Freud, S. (1922). Medusa's Head. *Standard Editions, 18*, 273-274. London: Hogarth Press.

Freud, S. (1927). Future of an Illusion. *Standard Editions, 21*, 1-56. London: Hogarth Press.

Gordon, L. (2000). *T. S. Eliot: An Imperfect Life.* New York: WW Norton.

Greenson, R. R. (1992). *The Technique and Practice of Psychoanalysis* (Vol I). Madison: International University Press.

Jamison, K. R. (1996). *Touched With Fire: Manic Depressive Illness and* the *Artistic Temperament*. New York: Free Press.

Kaufmann, W. (1992). *Freud, Adler and Jung. Discovering the Mind* (Vol 3). New Brunswick: Transaction.

Klein, M. (1964). *Contributions to Psychoanalysis, 1921-1945*. New York: McGraw-Hill.

Kligerman, C. (1987). Goethe: Sibling Rivalry and Faust. In G. Moraitis & G. H. Pollock (Eds.), *Psychoanalytic Studies of Biography*. Madison: International University Press.

Laplanche, J., & Pontalis J. B. (1967). *Vocabulaire de la Psychanalyse*. Paris: Presses Univ de France. 임진수 역(2005). 정신분석 사전. 서울: 열린책들.

Lawrence, D. H. (1991). *Fantasia of the Unconscious and Psychoanalysis and the Unconscious*. London: Penguin.

Menninger, K. A. (1973). *Man Against Himself*. New York: Harcourt.

Pollock, G. H. (1975). On mourning, immortality, and utopia. *Journal of American Psychoanalytic Association, 23*, 334-362.

Trosman, H. (1974). T. S. Eliot and The Waste Land: psychopathological antecedents and transformations. *Archives of General Psychiatry, 30*, 709-717.

Sachs, H. (1942). *The Creative Unconscious*. Cambridge: Sci-Art Publishing Co.

Segal, H. (1997). *Psychoanalysis, Literature and War*. London: Routledge.

Sontag, S. (1966). *Against Interpretation*. New York: Farrar, Straus & Giroux.

Winnicott, D. W. (1965). *The Maturational Processes and the Facilitating Environment: Studies in the Theory of Emotional Development*. London: Hogarth Press.

Wright, E. (1984). *Psychoanalytic Criticism: Theory in Practice*. New York: Methuen.

## 저자 소개

이 책의 저자 이병욱(Lee Byungwook)은 서울 출생으로 고려대학교 의과대학을 졸업하고 동 대학에서 박사학위를 받았다. 한림대 정신건강의학과 교수로 재직하면서 정신치료와 정신분석에 주된 관심을 기울여 117편의 논문을 발표했다. 대한신경정신의학회 학술부장, 한국정신분석학회 간행위원장 및 회장을 역임하고 제1회 한국정신분석학회 학술상을 받았다.

〈주요 저서〉
프로이트, 인생에 답하다
마음의 상처, 영화로 힐링하기
정신분석을 통해 본 욕망과 환상의 세계
정신분석으로 본 한국인과 한국문화
세상을 놀라게 한 의사들의 발자취
프로이트와 함께하는 세계문학일주

# 카우치에 누운 시인들의 삶과 노래

프로이트의 정신분석으로 감상하는 세계의 명시

Famous Poet's Life and Poems on the Couch

2015년 2월 25일 1판 1쇄 발행
2016년 1월 25일 1판 2쇄 발행

지은이 • 이병욱
펴낸이 • 김진환
펴낸곳 • (주) **학지사**

04031 서울특별시 마포구 양화로 15길 20 마인드월드빌딩
대표전화 • 02)330-5114    팩스 • 02)324-2345
등록번호 • 제313-2006-000265호

홈페이지 • http://www.hakjisa.co.kr
페이스북 • https://www.facebook.com/hakjisa

ISBN 978-89-997-0623-3 03180

정가 15,000원

인터넷 학술논문 원문 서비스 **뉴논문** www.newnonmun.com

이 도서의 국립중앙도서관 출판시도서목록(CIP)은 서지정보유통지
원시스템 홈페이지(http://seoji.nl.go.kr)와 국가자료공동목록시스템
(http://www.nl.go.kr/kolisnet)에서 이용하실 수 있습니다.
(CIP제어번호: CIP2015003535)